칼 융 분석 심리학

이 책은 〈분석 심리학〉이라는 제목으로 출간된 바 있습니다.

칼 융 분석 심리학

초판 1쇄 발행	2021년 6월 30일
초판 2쇄 발행	2022년 7월 15일
초판 3쇄 발행	2023년 9월 30일

원 제	Analytical Psychology(1916)
지은이	칼 구스타프 융
옮긴이	정명진
펴낸이	정명진
디자인	정다희
펴낸곳	도서출판 부글북스
등록번호	제300-2005-150호
등록일자	2005년 9월 2일
주소	서울시 노원구 공릉로 63길 14, 101동 203호(하계동, 청구빌라) 01830
전화	02-948-7289
전자우편	00123korea@hanmail.net
ISBN	979-11-5920-140-0 03180

*잘못된 책은 구입하신 서점에서 바꾸어 드립니다.

칼 융 분석 심리학

Analytical Psychology

칼 구스타프 융 지음 정명진 옮김

차례

이 책(1916년 출간)은 지난 14년 동안 분석 심리학에 관해 쓴 글을 모은 것이다. 이 기간에 새로운 학문 분야가 하나가 생겨났고, 그런 경우에 늘 그렇듯이 관점이나 개념, 공식에 많은 변화가 일어났다.

이 책에서 분석 심리학의 근본적인 개념들을 제시하지는 않을 것이다. 그럼에도 이 책은 취리히 학파(칼 융 학파를 일컫는다/옮긴이)의 정신분석이 발달해온 과정을 어느 정도 보여줄 것이다.

잘 알려진 바와 같이, 심리학에 분석적인 방법을 소개한 공로는 빈의 지크문트 프로이트(Sigmund Freud) 교수에게로 돌려져야 한다. 그 사이에 그의 원래 관점은 근본적인 변화를 겪어야 했으며, 그가 취리히 학파의 관점에 동의하지 않고 있음에도 불구하고 그 변화 중 일부는 취리히 학파가 이룬 성과 때문이었다.

두 학파의 근본적인 차이를 완벽하게 설명할 수는 없지만, 그래도 다음과 같은 사항들을 지적할 수 있다. 빈 학파(1902년 지크문트 프로이트의 아파트에서 모임을 처음 시작한 '빈 정신 학회'를 중심으로 활동한 학파를 일컫는다. 칼 융과 알프레드 아들러는 프로이트 이론과 이견을 보이면서 거기서 빠져나왔다/옮긴이)는 전적으로 성적인 관점을 취하고 있는 반면에, 취리히 학파의 관점은 상징을 중요하게 여긴다. 빈 학파는 심리학적 상징을 증후적으로, 말하자면 어떤 원초적인 정신 성적 과정들의 신호 또는 증거로 해석한다. 빈 학파의 방법은 분석적이고 인과적이다.

취리히 학파는 그런 개념의 과학적 타당성을 인정하지만, 그것만 유일하게 유효하다는 주장엔 반대한다. 왜냐하면 취리히 학파의 경우에 심리학적 상징을 증후적으로만 아니라 상징적으로도 해석하기 때문이다. 말하자면, 취리히 학파는 상징에 뚜렷한 가치를 부여한다.

그 가치는 개인이 살아 온 역사 속에서 원인을 찾는 데에만 있지 않다. 상징의 중요성은 주로 그것이 현재와 미래에 어떤 의미를 지닌다는 사실에 있다. 취리히 학파에게 상징은 억압되고 숨겨진 무엇인가를 가리키는 신호일 뿐만 아니라 미래에 그 사람의 심리적 발달이 이뤄질 길을 예측하고 이해하려는 시도이기도 하다. 이런 식으로 취리히 학파는 상징의 소급적인 가치에 전향적인 중요성을 부여하고 있다.

이렇듯 취리히 학파의 방법은 인간의 정신이 "원인"과 "목표"에 의해 규정된다는 점을 인정하기 때문에 분석적이고 인과적일 뿐만 아니라, 통합적이고 미래 지향적이기도 하다. 특히, 통합적이고 미래 지향적인 측면을 더 많이 강조할 필요가 있다. 왜냐하면 심리에 두 가지 유형이 있기 때문이다. 한 심리는 쾌락주의 원칙을 따르고, 다른 한 심리는 권력 원칙을 따르고 있다. 과학적 물질주의는 전자의 유형에 어울리고, 니체의 철학은 후자의 유형에 어울린다. 프로이트 이론의 원칙은 쾌락주의이고, 아들러(프로이트의 초기 제자 중 한 명이었다) 이론은 권력의 원칙 위에 서 있다.

취리히 학파는 두 가지 유형의 심리(윌리엄 제임스 교수도 이런 유형에 대해 논했다)가 존재한다는 점을 인정하면서 프로이트와 아들러의 견해들이 편파적이며 단지 그들 자신의 심리 유형과 일치하는 범위 안에서만 유효하다고 생각한다. 두 가지 원칙은 모든 개인의 정신에 존재하지만 그 비율은 똑같지 않다.

그러므로 모든 심리학적 상징은 이 두 가지 측면을 다 갖고 있으며, 따라서 이 두 가지 원칙에 따라 해석되어야 한다. 프로이트와 아들러는 심리학적 상징을 분석적이고 인과적인 방법으로 해석하면서 유아기 미발달의 상태로까지 거슬러 올라간다. 따라서 "목표"의 개념이 프로이트의 경우에는 욕망의 성취이고 아들러의 경우에는 권력의 획득이다. 두 전문가들은 실제 분석 작업에서 유아기의 이기적인 목표들을 드러내는 데에만 주력하고 있다.

취리히 학파는 병에 걸린 정신적 태도 안에서만 볼 경우에 심리가 프로이트와 아들러가 묘사하는 것과 비슷하다는 사실을 인정한다. 정말로, 개인이 내면으로 깊이 빠져들면서 분열 상태를 보이며 신경증 환자가 되는 것은 유아기의 터무니없는 심리 때문이다. 그래서 취리히 학파는 여기까진 그들의 이론에 동의하면서 심리학적 상징(환자의 공상이 엮어내는 산물)을 거꾸로 파고들면서 유아기의 근본적인 쾌락주의나 권력 욕구를 찾으려고 노력한다. 그러나 프로이트와 아들러는 자신들의 과학적 생물학주의와 자연주의에 따라 단순히 그런 식의 환원의 결과에 만족하고 있다.

그러나 여기서 아주 중요한 문제가 하나 제기된다. 사람이 자신의 본성에 있는 근본적이고 원시적인 충동을 충실히 따르면서도 자기 자신이나 동료들에게 심각한 피해를 입히지 않을 수 있을까?

　　사람은 성적 욕구나 권력 욕구를 무한정 채우지 못하며, 그 제한도 매우 엄격하다. 취리히 학파는 분석의 최종적 결과까지 고려하고 또 무의식의 근본적인 생각과 충동을 미래에 인격이 발달할 노선을 분명히 암시하는 상징으로 여긴다. 그러나 그런 절차가 과학적으로 정당하다는 점을 뒷받침할 만한 것은 아무것도 없다. 왜냐하면 현재의 과학은 대체로 인과관계를 바탕으로 하고 있기 때문이다. 그러나 인과관계는 하나의 원칙에 지나지 않으며, 심리의 문제는 기본적으로 인과적인 방법만으로는 해결되지 않는다. 왜냐하면 정신도 나름대로 목표를 추구하며 살고 있기 때문이다. 논쟁의 여지가 있는 이런 철학적 주장 외에, 취리히 학파의 가설에 유리하게 작용하는, 매우 중요한 주장이 한 가지 더 있다. 정신 자체가 목적을 추구하는 하나의 생명체로서 "생명 유지에 꼭 필요한 요소"를 갖고 있다는 것이다.

　　유아기 쾌락 욕구에 따라 살거나 유아기 권력 욕구에 따라 사는 것은 절대로 불가능한 일이다. 만약 유아기의 쾌락주의와 유아기의 권력 욕구가 유지되어야 한다면, 그런 것들은 상징적으로 간직되어야 한다. 유아기의 경향들에 이런 식으로 상징을 적용하는 것에서, 철학적이거나 종교적이라고 이름 붙일 수 있는 어떤 태도가 발달할 수 있다. 철학적이거나 종교적이라는 단어들은 개인이 미래에 발달할 노선을 특징적으로 보여준다. 개인은 심리적 사실들이 결합한, 변화 불가능하고 확고한 복합체인 한편으로 극단적일 만큼 변화무쌍한 실체이기도 하다. 거꾸로 어린 시절로 환원하면서 원인만을 파고드는 경우에, 그 인격의 원시적인 경향들이 강화된다. 이런 식의 접근법은, 이 원시적인 경향들의 상징적 가치를 인정함으로써 그 경향들이 균형 상태를 유지하도록 할 수 있을 때에만 유익할 수 있다. 분석과 환원은 똑같이 인과적 진실에 닿으며, 이 과정은 그 자체로 삶에 도움을 주지 않으며 체념과 절망을 낳을 뿐이다. 한편, 어떤 상징에 고유의 가치를 인정하는 경우에 건설적인 진실에 닿을 수 있으며 그 진실은 삶에 도움을 준다. 이 방법은 또한 미래에 발달할 가능성과 희망을 제시한다.

상징이 기능적으로 중요하다는 점은 문명의 역사에서 이미 분명히 확인되고 있다. 종교적 상징은 수천 년 동안 인류의 도덕적 교육에 매우 효과적인 수단을 제공해 왔다. 오직 편견을 가진 정신만이 그런 명백한 사실을 부정할 수 있을 것이다. 구체적인 가치들은 상징을 대체하지 못하며, 오직 새롭고 보다 효과적인 상징만이 케케묵고 낡은 상징을 대체할 수 있을 뿐이다. 대체의 대상이 되는 상징은 지적 분석과 이해의 발달 때문에 유효성을 상실한 상징들이다. 인간의 미래 발달은 오직 인간보다 훨씬 더 앞에 있는 무엇인가를 나타내는 상징들을 통해서만 이뤄질 수 있으며, 이런 상징의 지적 의미는 그 상징이 인류에게 제시될 당시에는 완벽하게 포착되지 않는다. 개인의 무의식은 바로 그런 상징들을 낳으며, 그 상징들은 인격의 도덕적 발달에 대단히 중요하다.

인간은 거의 예외 없이 세상의 의미와 자신의 삶의 의미에 대해 철학적 및 종교적 견해를 갖고 있다. 물론, 그런 견해를 전혀 갖고 있지 않다는 사실을 자랑스럽게 떠벌리는 사람들도 있다. 그들은 인류가 공통적으로 걷고 있는 길에서 벗어나 있는 예외이며, 따라서 인간의 정신에 반드시 필요한 것으로 입증되는 중요한 기능을 한 가지 놓치고 있다.

그런 사람들의 무의식에서, 우리는 현대적인 상징 대신에 케케묵고 낡은 세계관과 인생관을 발견한다. 만약에 반드시 필요한 심리적 기능이 의식의 영역에 존재하지 않는다면, 그 기능은 당연히 무의식에서 케케묵거나 미발달한 원형(元型)으로 존재할 것이다.

이 짤막한 개요는 독자 여러분이 이 책에 담긴 에세이에서 발견하지 못할 것을 보여주고 있다. 이 책의 에세이 하나하나는 앞에 제시한 보다 일반적인 관점들이 발달하기까지 거쳐 온 간이역인 셈이다.

1916년 1월, 취리히에서
칼 구스타프 융

1장

연상 방법

테스트 방식

　미국 클라크 대학으로부터 강의를 해 달라는 초청장을 받았을 때, 나는 나의 작업 방식에 대해, 그리고 특히 어린 시절의 심리에 대해 이야기할 기회가 되었으면 좋겠다는 뜻을 전했다. 나는 이 과제를 다음과 같은 방식으로 성취하길 원한다.

　강의는 나 자신의 이론적 견해만을 전하는 것으로 국한시킬 수도 있지만, 나는 현실의 예를 가능한 한 많이 소개하면서 강의를 보다 쉽게 끌고 가는 것이 바람직하다고 믿는다. 그래서 나에게 실용적으로나 이론적으로 엄청난 도움을 주고 있는 연상 테스트에 대한 이야기부터 들려주고 싶다. 심리학에서 인기를 얻고 있는 연상 방법 자체뿐만 아니라 연상 방법의 역사는 잘 알려져 있기 때문에 여기서 굳이 다시 논할 필요는 없을 것 같다. 환자를 치료하면서, 나는 실용적인 목적을 위해 다음과 같은 자극

1. 머리	35. 산(山)	69. 부분
2. 초록색	36. 죽다	70. 늙었다
3. 물	37. 소금	71. 꽃
4. 노래하다	38. 새롭다	72. 이기다
5. 죽어 있다	39. 관습	73. 상자
6. 길다	40. 기도하다	74. 거칠다
7. 선박	41. 돈	75. 가족
8. 지급하다	42. 바보	76. 씻다
9. 창문	43. 팸플릿	77. 젖소
10. 다정하다	44. 경멸하다	78. 친구
11. 테이블	45. 손가락	79. 행복
12. 질문하다	46. 비싸다	80. 거짓말
13. 차갑다	47. 새	81. 태도
14. 줄기	48. 추락하다	82. 좁다
15. 춤추다	49. 책	83. 남자 형제
16. 마을	50. 불공평하다	84. 두려워하다
17. 호수	51. 개구리	85. 황새
18. 아프다	52. 헤어지다	86. 그릇되다
19. 자존심	53. 굶주림	87. 불안
20. 요리하다	54. 흰색	88. 키스하다
21. 잉크	55. 아이	89. 신부
22. 화나다	56. 보살피다	90. 순수하다
23. 바늘	57. 연필	91. 문(門)
24. 헤엄치다	58. 슬프다	92. 선택하다
25. 여행	59. 자두	93. 건초
26. 푸른색	60. 결혼하다	94. 만족하다
27. 램프	61. 집	95. 조롱
28. 죄짓다	62. 사랑스럽다	96. 잠자다
29. 빵	63. 유리	97. 달(月)
30. 부자다	64. 다투다	98. 훌륭하다
31. 나무	65. 모피	99. 여자
32. 찌르다	66. 크다	100. 학대하다
33. 동정심	67. 당근	
34. 노랗다	68. 칠하다	

어들을 이용한다.

이 목록은 여러 해의 경험을 바탕으로 다듬은 것이다. 목록의 단어들은 현실에서 일어날 수 있는 거의 모든 콤플렉스를 쉽게 확인해낼 수 있는 것들로 특별히 선택되었으며, 배열도 그런 방향으로 이뤄졌다. 앞에서 확인한 것처럼, 단어들은 의미나 문법적 성격 등을 고려하여 적절히 섞여 있다. 그렇게 한 데에는 분명한 이유가 있다.

테스트에 들어가기 전에, 테스트를 받을 사람에게 이런 식으로 설명한다. "당신의 마음에 가장 먼저 떠오르는 단어를 최대한 빨리 대답해 주시면 됩니다." 요구 사항이 너무 간단하기 때문에 누구나 쉽게 따를 수 있다. 게다가, 테스트 자체도 아주 쉬워 보인다. 그러다 보니 누구나 쉽게, 재빨리 대답할 것처럼 보인다. 그러나 예상과 달리, 대답은 빨리 나오지 않는다.

<도표 1>정상적인 반응 유형의 한 예

자극어(刺戟語)	반응 시간(단위 0.2초)	반응	재현
머리	9	발	신체의 일부
초록색	11	블라우스	
물	14	맑다	빛
노래하다	6	아이들	
죽어 있다	11	싫다	
길다	6	짧다	난, 크다
선박	7	앞으로	
지급하다	9	청구서	
창문	9	방	
다정하다	10	아이들	
테이블	9	의자	방
질문하다	10	온갖 종류	
차갑다	7	따뜻하다	
줄기	6	꽃	

춤추다	9	나는 …	좋아한다
호수	8	취리히	
아프다	8	여동생	
자존심	6	사람들	
요리하다	7	여자	
잉크	5	검다	
화나다	10	아이들	사람들
바늘	9	찌르다	
헤엄치다	10	건강하다	
여행	9	잉글랜드	
푸른색	10	예쁘다	좋아하다
램프	6	빛	
죄짓다	8	많이	사람들
빵	10	훌륭하다	좋아하다, 필요하다
부자다	9	좋다	
나무	6	초록	
찌르다	9	바늘	

<도표2> 히스테릭한 반응 유형의 한 예

자극어	반응 시간(단위 0.2초)	반응	재현
바늘	7	꿰매다	
헤엄치다	9	물	선박
여행	35	편승하다, 운동, 여행	
푸른색	10	색깔	
램프	7	타다	
죄짓다	22	이상하게 들린다. 그런 것 인정 못한다	
빵	10	먹다	
부자다	50	돈, 나는 좋아하지 않는다	소유
갈색	6	자연	초록
찌르다	9	바늘	

동정심	12	감정	
노랗다	9	색깔	
산	8	높다	
죽다	8	사라지다	
소금	15	짭다,(웃음) 모르겠다	염화나트륨
새롭다	15	낡다	반대어
관습	10	좋다	야만적
기도하다	12	신	
돈	10	부(富)	
바보	12	편협한 사람, 제한적이다	?
팸플릿	10	종이	?
경멸하다	30	지나치게 어리석다	
손가락	8	손, 손만 아니고 발도, 관절 신체의 일부, 말초	
비싸다	14	지급하다(웃음)	
새	8	날다	
추락하다	30	tomber('떨어지다'는 뜻의 프랑스어), 혹시 '떨어지다'는 뜻인가요?	?
책	6	읽다	
불공평하다	8	정당하다	
개구리	11	개골개골	
헤어지다	30	무슨 뜻이죠?	?
굶주림	10	먹다	
흰색	12	색깔, 가능한 모든 것, 빛	
아이	10	작다, 잘 듣지 못했어요, bébé('아이'를 뜻하는 프랑스어)	?
보살피다	14	관심	
연필	8	그리다, 모든 것을 그릴 수 있다	
슬프다	9	울다, 늘 그렇지는 않다	머지않아 그렇게
자두	16	먹고 딸 수 있는 자두를 의미하는가? 상징인가?	과일
결혼하다	27	당신이 어떻게? 결합, 재결합	결합, 협력

다음 도표들은 연상 검사를 받은 정상적인 사람 4명의 반응 시간을 나타내고 있다.

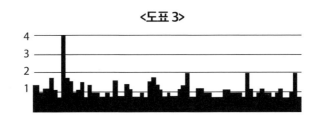

<도표 3>

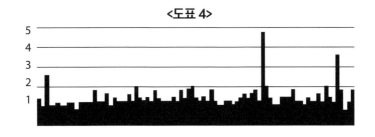

<도표 4>

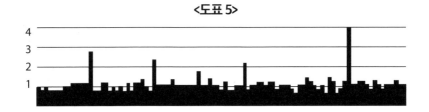

<도표 5>

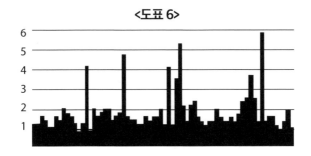

<도표 6>

다음 도표들은 히스테리 증상이 있는 개인들의 반응 시간의 흐름을 보여주고 있다. 평행선 무늬의 막대들은 테스트를 받은 사람이 반응하지 않은 부분을 나타내고 있다.

<도표 7>

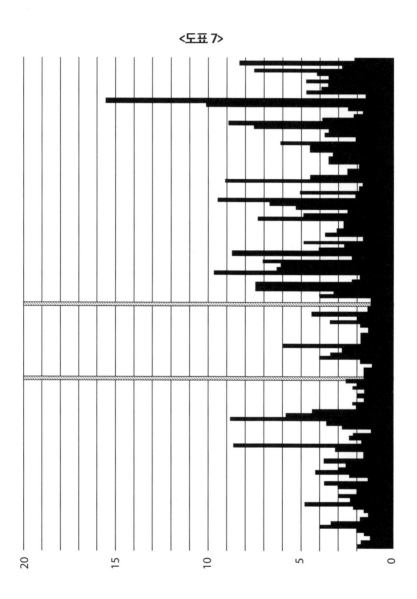

우리의 눈길을 끄는 첫 번째 사실은 테스트를 받은 많은 사람들이 자극어에 반응을 보이기까지 시간이 상당히 많이 걸린다는 사실이다. 이것이 지적 어려움을 암시하는 것 같지만, 실은 그렇지 않다. 왜냐하면 우리가 대부분 언어 실력이 유창하고 매우 지적인 사람들을 다루고 있기 때문이다. 반응 시간이 늦은 데에 대한 설명은 그보다 감정에 있는 것 같다. 이 문제를 정확히 이해하기 위해선, 연상 실험은 분리된 어떤 한 가지 정신 기능만을 따로 다루지는 못한다는 사실을 알아야 한다. 이유는 정신에 생기는 일은 그것 하나만 독립적으로 일어나는 사건이 절대로 아니며 언제나 심리적 과거 전체의 결과물이기 때문이다.

마찬가지로, 연상 실험도 따로 고립되어 있는 단어들의 쌍을 단순히 끌어내기만 하는 작업이 아니라 실험자와 테스트를 받는 사람 사이의 대화이며 일종의 오락이다. 어떤 의미에서 보면, 연상 실험은 그 이상이다. 단어들은 정말로 행동들과 상황들, 사물들을 압축적으로 표현하고 있다.

내가 실험 대상자에게 어떤 행동을 의미하는 자극어를 하나 던질 때, 그 과정은 내가 그 사람에게 어떤 행동을 보여주면서 "당신은 이 행동 앞에서 어떻게 하겠어요? 이 행동에 대해 어떻게 생각하죠? 이런 상황이라면 당신은 어떻게 할 건가요?"라고 묻는 것이나 마찬가지이다. 마술을 부릴 수 있다면, 아마 나는 자극어에 해당하는 상황을 실제로 일어나게 함과 동시에 테스트를 받는 사람을 그 상황 안에 놓고 그의 반응을 연구할 것이다. 그렇게 할 수만 있다면, 나의 자극어들이 끌어내는 결과는 틀림없이 거의 완벽에 가까울 것이다. 그러나 우리는 마술사가 아니다. 그렇기 때문에 우리는 현실을 단어로 대체하는 것으로 만족해야 한다. 그러면서 동시에 우리는 자극어가 거의 예외 없이

<도표 8>

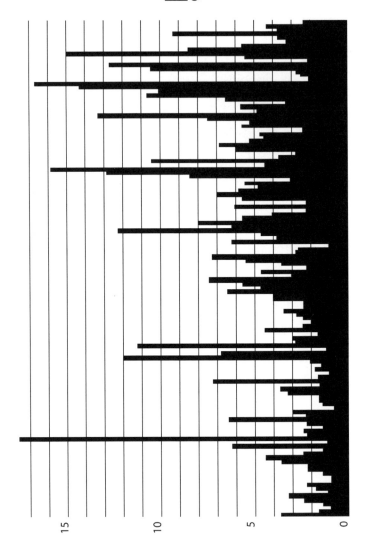

그 단어와 관련 있는 상황을 떠올리게 할 것이라는 점을 잊어서는 안 된다. 모든 것은 테스트를 받는 사람이 이 상황에 어떻게 반응하느냐에 달려 있다.

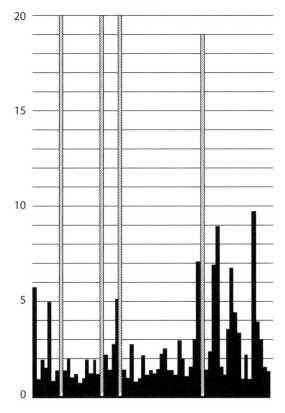

<도표 9>

"신부"나 "신랑"이라는 단어는 젊은 여자의 마음에 한 가지 단순한 반응만을 일으키지 않을 것이다. 그 반응은 자극어를 말하는 목소리의 어조가 불러일으키는 강력한 감정의 영향을 강하게 받을 것이다. 실험자가 남자라면 그 영향은 더 커질 것이다. 그래서 테스트를 받는 사람이 모든 자극어에 부드럽게 신속히 반응하지 못하는 경우가 종종 있다. 자극어들 중에는 테스트를 받는 사람이 신속히, 또 확실히 생각하지 못하는 행동이나 상황, 사물을 의미하는 자극어도 있다. 이 같은 사실은 연상 실험에서 실제로 확인된다. 방금 제시한 예들은 반응에 시

간이 많이 걸리는 것 외에 다른 장애도 많다는 점을 보여주고 있다. 이런 경우에 자극어에 대한 반응은 어떤 식으로든 방해를 받고 있다. 다시 말해, 자극어에 적응하는 것이 방해를 받고 있다는 뜻이다.

그러므로 자극어는 우리에게 현실과 똑같은 방식으로 작용한다. 정말로, 자극어에 그런 식으로 장애를 보이는 사람은 어떤 의미에서 보면 현실에 대한 적응이 불완전하다고 할 수 있다. 질병 자체는 하나의 불완전한 적응이다. 따라서 이 경우에 우리는 정신에 있는 병적인 무엇인가를, 말하자면 성격에 있는, 일시적으로나 지속적으로 병적인 무엇인가를 다루고 있다. 다시 말하면, 정신 신경증을, 정신의 어떤 기능적 장애를 다루고 있다는 뜻이다. 그러나 앞으로 확인하게 되겠지만 이 원칙에도 예외가 없는 것은 아니다.

먼저, 자극어에 대한 반응 시간이 긴 현상에 대한 논의부터 하도록 하자. 테스트를 받는 사람이 실제로 자극어에 어떤 대답을 해야 할지 '모르는' 경우가 종종 있다. 이런 경우에, 테스트를 받는 사람은 어떤 반응도 하지 않으며, 한 동안 애초의 지시 사항을 따르는 것을 망각한 채 적응하지 못하는 모습을 실험자에게 보일 것이다. 만약 이런 현상이 한 실험에서 자주 일어난다면, 그것은 곧 적응 장애가 상당히 심하다는 의미이다. 여기서 나는 테스트를 받는 사람이 반응을 거부하면서 제시하는 이유는 어떤 것이든 그다지 중요하지 않다는 사실을 명심해 줄 것을 부탁하고 싶다. 너무 많은 생각이 갑자기 봇물 터지듯 밀려들었다고 변명하는 사람이 있는가 하면, 어떤 사람은 생각 나지 않는다는 식으로 대답할 것이다. 그러나 대부분의 예들을 보면, 처음에 느낀 어려움이 너무나 강하게 저지하고 있기 때문에 아예 반응 자체를 포기해 버린 경우이다. 다음 도표는 반응에 자주 실패하는 히스테리 환자의 예를 보여주고 있다.

\<도표 6\> 연상 방법

자극어	반응 시간(단위 0.2초)	반응	재현
노래하다	9	멋지다	+
죽어 있다	15	무섭다	?
길다*	40	시간, 여행	?
선박†			
지급하다	11	돈	
창문	10	크다	높다
다정하다	50	남자	인간
요리하다	10	수프	+
잉크	9	검정 또는 청색	+
화나다			
바늘	9	꿰매다	+
램프	14	빛	+
죄짓다			
빵	15	먹다	+
부자다*†	40	좋다, 편리하다	+
노랗다	18	종이	색깔
산	10	높다	+
죽다	15	무섭다	+
소금	25	짜다	+
새롭다		좋다, 멋지다	
관습†			
기도하다			
돈†	35	사다	+
팸플릿	16	쓰다	+
경멸하다†	22	사람	+
손가락			
비싸다	12	물건	+
새	12	노래하다, 날다	+

* 잘못 이해한 부분을 나타낸다.
† 자극어의 반복을 나타낸다.
+ 반응을 정확히 재현한 것을 나타낸다.

앞에 예로 제시한, 히스테리가 있는 사람의 반응을 보면, 특징적인 현상이 하나 발견된다. 테스트를 받는 사람이 지시 사항에 만족하지 못하고 있다는 점이다. 말하자면 그녀는 한 가지 단어에 만족하지 못하고 여러 개의 단어로 반응하고 있다. 그녀는 분명히 지시 사항이 요구하는 것보다 더 많은 것을 제시하며 더 잘 하려고 하지만, 그런 식으로 함으로써 지시 사항을 충족시키지 못하고 있다. 예를 들면, 그녀는 이런 식으로 반응한다. 관습-좋다-야만적이다, 바보-편협한 사람-제한적이다, 가족-크고-작고-가능한 모든 것….

가장 먼저, 이 예들은 자극어에 대한 반응으로 나온 단어가 다른 많은 단어들과 연결되고 있다는 점을 보여준다. 테스트를 받는 사람은 연이어 떠오르는 생각을 억누르지 못한다. 그녀는 또한 다음과 같은 반응에서, 말하자면 '새롭다-낡다-반대어'라는 반응에서 보다 정확하게 드러나고 있는 어떤 경향을 추구하고 있다. "반대어"라는 말을 덧붙이는 것은 테스트를 받는 사람이 설명하거나 무엇인가로 보충하고 싶은 욕망을 느끼고 있다는 점을 보여준다. 이 같은 경향은 또한 '손가락-손만 아니고 발도-관절-신체의 일부-말초' 같은 반응에서도 똑같이 나타난다.

보완하는 단어들이 연속적으로 나오고 있다. 마치 테스트를 받는 사람이 자신의 반응에 만족하지 못하고 있는 것처럼 보인다. 반응을 제시할 때마다 늘 다른 단어가 더해지고 있다. 마치 자신이 이미 한 말이 정확하지 않거나 불완전하다고 느껴지는 것 같다. 이런 느낌이 바로 피에르 자네(Pierre Janet)가 '불완전한 정서'(sentiment d'incomplétude)라고 부른 그것이지만, 이 용어는 아무것도 설명하지 못한다. 나는 이 현상을 조금 더 깊이 파고들고 있다. 왜냐하면 신경증을 가진 사람들 사이에 이런 현상이 너무나 자주 확인되고 있기 때문이다. 이 같은 현상은 단순히 사소한 실험에서 드러날 수 있는 그런 중요하지 않은 징후일 뿐만 아니라, 신경증 환자의 정신 생활에서 다른 길로 어떤 역할을 하는, 근본적이고 보편적인 징후이다.

테스트를 받는 사람은 보충하려는 욕망을 통해서, 실험을 실시하고 있는 사람이 원하는 그 이상을 주려 하는 경향을 드러내고 있다. 테스트를 받는 사람은 실제로 상당히 만족스런 무엇인가를 찾아내기 위해 자신의 정신에서 일어나는 일을 추가로 더 발견하려고 노력하고 있다. 이 관찰을 일상의 심리학으로 옮겨놓는다면, 테스트를 받는 사람이 다른 사람들에게 필요 이상의 감정을 쏟으려고 지속적으로 노력한다는 뜻이 된다. 지크문트 프로이트에 따르면, 이것은 대상 리비도(자기가 아닌 다른 사람 또는 사물로 향하고 있는 리비도를 일컫는다. 예를 들면, 사랑과 우정, 가족애 등이 있다/옮긴이)가 강화되었음을 보여주는 신호이다. 말하자면 내적 불만과 공허감에 대한 보상이라는 뜻이다. 따라서 이런 기본적인 관찰은 히스테리 환자의 특징 한 가지를 보여주고 있다. 말하자면, 모든 것에 자신을 내맡기려 들고, 모든 것에 열광적으로 매달리려 들고, 또 지나치게 많은 약속을 해놓고는 실행을 거의 하지 않는 그런 경향을 드러내고 있는 것이다. 나의 경험에 비춰보면, 이런 증후를 가진 환자들은 늘 치료하기가 어렵다. 이런 환자들은 처음에 의사에게 열광적으로 빠지면서 한동안은 의사가 하는 말을 전부 맹목적으로 받아들인다. 그러다가 조금 있으면 의사에 대한 저항을 똑같이 맹목적으로 보이게 된다. 그렇게 되면 의사가 환자에게 교육적 영향력을 행사하는 것 자체가 아예 불가능해진다.

따라서 우리는 이런 유형의 반응에서 테스트를 받는 사람이 테스트를 실시하는 사람이 요구하거나 기대하는 그 이상의 것을 내놓으려 하는 경향을 확인한다. 이런 경향은 또 지시 사항을 따르지 않는 다른 예를 통해서도 드러난다.

다투다-화내다-의견 불일치-나는 늘 집에서 다퉈요

결혼하다-당신이 어떻게?-결합-재결합

자두-먹고 딸 수 있는 자두를 의미하는가? 상징인가?

죄짓다-이상하게 들린다. 그런 것 인정 못한다

이런 반응들은 테스트를 받고 있는 사람이 실험 상황으로부터 완전히 벗어나 있다는 사실을 보여주고 있다. 왜냐하면 지시 사항이 자극어를 듣고 가장 먼저 떠오르는 단어를 제시하는 것이기 때문이다. 그러나 여기서 우리는 자극어들이 엄청난 힘을 발휘한다는 점에, 그리고 그 단어들이 마치 직접적인 개인적 질문처럼 받아들여지고 있다는 사실에 주목해야 한다. 테스트를 받는 사람은 우리가 활자로 인쇄된 단어들을 다루고 있다는 사실을 완전히 망각하고 자극어에서 개인적인 의미를 발견한다. 그러면서 그 사람은 단어들의 의도를 예측하고 그 의도에 맞서 스스로를 방어하려다 보니 자신이 애초에 받은 지시 사항을 완전히 망각해버린다.

이런 기본적인 관찰은 히스테리 환자의 또 다른 특성 하나를 드러내고 있다. 말하자면, 모든 것을 자신과 관계있는 개인적인 것으로 받아들이고, 절대로 객관적인 존재로 남지 못하고, 자기 자신을 순간의 인상에 휩쓸리도록 내버려둔다는 점이다. 이것도 다시 강화된 대상 리비도의 특성을 보여주고 있다.

적응이 지체되고 있다는 점을 보여주는 또 다른 신호는 자극어의 반복이다. 테스트를 받는 사람은 마치 자극어를 듣지 못했거나 확실히 이해하지 못했다는 듯이 자극어를 반복한다. 사람들이 어려운 문제 앞에서 답을 적기 전에 문제의 핵심을 더 잘 파악하기 위해 문제를 다시 읽는 것이나 마찬가지이다. 이와 똑같은 경향이 연상 실험에도 나타난다. 어려운 문제가 사람들을 괴롭히는 것과 똑같이, 자극어도 히스테리 환자들을 괴롭힌다. 그러다 보니 테스트를 받는 사람이 자극어를 반복해서 말하게 되는 것이다. 원칙적으로, 테스트를 받는 사람이 자극어를 반복하는 것은 반응을 추가적으로 완성하는 것과 똑같다.

많은 연상 실험에서, 서로 아주 많이 다른 자극어에도 똑같은 반응이 지속적으로 나타난다는 사실이 확인된다. 이 단어들은 특별히 되풀이되는 경향을 갖고 있는 것처럼 보이며, 이 단어들과 테스트 받는 사람의 관계를 분석하는 것은 매우 흥미로운 일이다. 예를 들어, 나의 환자 중에 "짧다"라는 단어를 대단히 자주 되풀이하는 환자가 한 사람 있었다. 이 환자는 이 단어가 전혀 아무런 의미를 지니지 않는 곳에서도 종종 이 단어를 제시했다. 그러면서도 환자 본인은 자신이 "짧다"라는 단어를 되풀이하는 이유를 직접적으로 제시하지 못했다. 경험을 통해서 나는 그런 술어(述語)는 언제나 테스트 받는 사람 본인이나 가까운 사람에 대한 이야기를 들려준다는 사실을 알 수 있었다. 나는 이 환자가 "짧다"라는 단어로 자신을 나타내고 있다고, 또 이 환자가 이런 식으로 자신에게 매우 고통스런 무엇인가를 표현하고 있다고 단정했다. 이 단어를 자주 제시한 사람은 체구가 아주 왜소했다. 그는 4형제 중 막내이며, 다른 형제들은 그와 달리 모두 키가 컸다. 그는 가족들 사이에 언제나 "아이"로 통했다. 그는 "난쟁이"라는 별명으로 불리며,

모든 사람들에게 "꼬마"로 취급받았다. 이것이 자신감의 상실을 낳았다. 지적이고 또 오랫동안 공부를 많이 했음에도 불구하고, 그는 결국 허약해지고 정신병을 앓게 되었다. 혼자 있을 때면, 그는 방안에서 지내며 키가 커 보이기 위해 까치발을 하고 돌아다니며 즐거워했다. 그러므로 "짧다"라는 단어는 그에게 매우 고통스런 경험을 의미했다. 비정상적일 만큼 자주 반복되는 단어에는 대개 그런 의미가 숨어 있다. 이 단어들은 언제나 테스트 받는 사람의 개인적 심리에 중요한 무엇인가를 담고 있다.

지금까지 논의한 징후들은 실험 기간 내내 여기저기서 아무렇게나 발견되는 것이 아니라 매우 명확한 곳에서, 말하자면 자극어들이 감정이 강하게 실린 콤플렉스들을 건드리는 곳에서 나타난다. 이 관찰이 소위 "사실들을 진단하는" 토대이다. 이 방법은 연상 실험을 빌려서, 다수의 범죄 용의자들 중에서 범인을 찾아내려 할 때 이용된다. 구체적인 예를 간단히 들면, 이 방법으로 범인을 찾아내는 것이 어떻게 가능한지 쉽게 이해될 것이다.

1908년 2월 6일, 병원의 감독관이 나에게 간호사 한 사람이 전날 오후에 도둑을 맞았다고 보고했다. 그날 일어난 일들은 다음과 같다. 이 간호사는 벽장에 둔 수첩에 70프랑을 넣어두었다. 옷도 보관하는 벽장이었다. 벽장에는 칸막이가 있었으며, 이 칸막이를 기준으로 한 쪽은 돈을 잃은 간호사가 쓰고 다른 한 쪽은 수간호사가 썼다. 이 간호사 두 사람과 수간호사의 친구인 또 다른 간호사가 벽장이 있는 방에서 함께 잠을 잤다. 방은 6명의 간호사가 공동으로 쓰는 구역 안에 있었으며, 이 간호사들은 이 방을 수시로 들락거릴 수 있었다. 이런 상황을 고려한다면, 수간호사가 의심 가는 사람이 있느냐는 질문에 없다고 대답해도 이상할 것이 하나도 없었다.

이 사건을 더 깊이 조사했다. 그 결과, 절도가 일어난 날 아침에 수간호사의 친구가 몸이 불편해서 오전 내내 침대에 누워 지낸 것이 확인되었다. 그렇다면 절도가 일어난 것은 오후라는 결론이 나온다. 자연히 의심을 사게 되어 있는 다른 4명의 간호사들 중에, 문제의 방을 청소하는 일을 도운 간호사가 한 사람 있었다. 나머지 간호사 3명은 청소에 전혀 관여하지 않았으며, 절도가 일어난 날 그 방에서 시간을 보내지도 않은 것으로 드러났다.

그렇다면 이 3명의 간호사는 일단 절도를 했다는 의심을 덜 받는 것이 당연했다. 그래서 나는 다른 3명을 대상으로 실험을 시작했다.

그때까지 얻은 정보를 바탕으로, 나는 벽장을 잠그긴 하지만 열쇠를 벽장 근처 눈에 잘 띄는 곳에 둔다는 사실을 알았다. 또 벽장을 열면 가장 먼저 눈에 들어오는 것이 모피 목도리이고, 수첩은 눈에 잘 띄지 않는 곳에 속옷 사이에 있었다는 것을 알았다. 수첩은 검붉은 가죽으로 만들어졌으며, 거기엔 다음과 같은 물건들이 들어 있었다. 50프랑과 20프랑짜리 지폐 각각 한 장씩, 상팀짜리 주화 몇 개, 은으로 만든 작은 회중시계 줄, 정신병원에서 부엌 장비를 표시하는 데 쓰는 스텐실, 취리히에 있는 도센바흐 구두 가게 영수증 등이 수첩에 끼어 있었다.

피해자와 절도를 저지른 사람, 그리고 수간호사만이 절도 행위의 세부 사항을 정확히 알고 있었다. 왜냐하면 피해자가 돈을 도둑맞은 것을 확인한 즉시 수간호사에게 도움을 청했고, 따라서 수간호사는 세세한 내용을 모두 알고 있었다. 이 점이 당연히 실험을 더 어렵게 만들었다. 왜냐하면 수간호사가 절도 의심을 가장 많이 받을 수 있었기 때문이다. 실험을 위한 조건은 다른 간호사들에게 유리한 편이었다. 이유는 이들이 절도 내용에 대해 전혀 아무것도 모르고 있었기 때문이다. 일부 간호사는 절도가 있었다는 사실조차 모르고 있었다.

중요한 자극어로 나는 절도 당한 간호사의 이름 외에 다음 단어들을 골랐다. 벽장, 문, 열린, 열쇠, 어제, 지폐, 금, 70, 50, 20, 돈, 시계, 수첩, 줄, 은, 숨기다, 가죽, 검붉다, 가죽, 상팀, 스텐실, 영수증, 도센바흐 등이었다. 절도와 직접적으로 관련 있는 이 단어들 외에, 나는 특별히 효과를 지니는 다음 단어들을 포함시켰다. 절도, 가져가다, 훔치다, 의심, 탓, 법원, 경찰, 거짓말하다, 두려워하다, 발견하다, 체포하다, 무죄 등의 단어였다.

마지막 몇 개의 단어와 관련해, 죄를 짓지 않은 사람의 내면에도 강한 정서적 분노를 일으킬 수 있는 단어들이고, 바로 그런 이유로 그런 단어에는 비교 평가할 가치를 부여할 수 없다는 식의 반대 의견이 자주 제시된다. 그럼에도, 아무 죄가 없는 사람이 느끼는 정서적 분노가 연상에 미치는 효과가 죄를 지은 사람의 정서적 분노가 연상에 미치는 효과와 같다고 할 수 있는지도 생각해 볼 문제이다. 이 문제에 대한 믿을 만한 대답은 오직 경험을 통해서만 제시될 수 있을 것이다. 나의 의견과 반대되는 결과가 확실히 나타날 때까지, 나는 앞에 언급한 유형의 단어들도 유익하다고 생각할 것이다.

나는 이런 중요한 단어들을 이보다 2배 더 많은, 절도 사건과 무관한 다른 자극어들 사이에 분산 배치했다. 이때는 중요한 단어 하나 다음에 무관한 단어 2개를 연결시키는 방법을 썼다. 대체로 결정적인 단어 뒤에 무관한 단어들을 끼워 넣는 것이 바람직하다. 그러면 결정적인 단어의 효과가 뚜렷이 분리될 것이기 때문이다. 그러나 무관한 단어들의 효과를 강조하길 원한다면, 결정적인 단어들을 연달아 배치할 수도 있다. 그래서 나는 "검붉은"과 "가죽", "줄", "은"을 함께 배치했다.

이런 준비 작업을 거친 다음에, 나는 앞에 설명한 간호사 3명을 대상으로 실험을 실시했다. 이런 종류의 검사를 말로 설명하는 것은 대단히 어려운 작업이다. 그래서 나는 전반적인 결과를 제시하고 몇 가지 예를 제시하는 것으로 만족하는 수밖에 없다. 나는 먼저 수간호사의 친구를 대상으로 실험을 실시했다. 상황을 근거로 판단하건대, 그녀는 심리 변화를 약간만 보이는 것 같았다. 다음 차례는 수간호사였다. 그녀는 흥분하는 모습을 뚜렷이 보였다. 실험이 끝난 직후, 그녀의 맥박은 분당 120회였다. 절도가 일어난 방을 청소하는 일을 도왔던 간호사가 마지막으로 실험에 응했다. 그녀는 세 사람 중에서 가장 차분한 모습을 보였다. 그녀는 당황해하는 모습도 거의 보이지 않았다. 그녀는 실험 도중에야 자신이 절도 의심을 받고 있다는 사실을 깨달았다. 이것이 실험이 끝날 때쯤 그녀를 크게 혼란스럽게 만들었다.

이 검사의 전반적인 인상은 수간호사에게 명백히 불리했다. 그녀는 매우 "의심스러운", 아니 "뻔뻔스런" 태도를 보였다. 그녀의 내면에서 범죄자의 태도를 찾아내겠다는 생각으로, 나는 결과들을 합계하기 시작했다.

특별한 계산법이 많지만, 그 방법들이 모두 똑같이 유효하고 똑같이 정확한 것은 아니다. (겉모습은 속이는 경향이 강하기 때문에, 언제나 계산에 의지해야 한다.) 가장 추천할 만한 방법은 반응 시간의 평균을 내는 방법이다. 이 방법은 실험 대상자가 반응하는 동안에 극복해야 했던 어려움들을 한눈에 볼 수 있도록 한다.

이 계산법은 아주 간단하다. 다양한 반응 시간을 일렬로 늘어놓을 경우에 중간에 자리하는 반응 시간이 곧 평균 반응 시간이다. 예를 들어 반응 시간이 5, 5, 5, 7, 7, 7, 7, 8, 9, 9, 9, 12, 13, 14라고 하자. 중간에 오는 숫자(8)가 평균이다. 실험 순서에 따라, 나는 수간호사의 친구를 A로, 수간호사를 B로, 세 번째 간호사를 C로 나타낼 것이다. 그들의 평균 반응 시간은 다음과 같다.

A	B	C
10.0	12.0	13.5

이 결과로부터는 어떤 결론도 끌어내지 못한다. 그러나 무관한 자극어에 대한 반응 시간과 결정적인 단어에 대한 반응 시간, 그리고 결정적인 단어 그 다음 단어에 대한 반응 시간을 바탕으로 평균 반응 시간을 따로 계산하면 재미있는 결과가 나올 수 있다.

이 예를 보면, A는 무관한 단어에 반응하는 시간이 가장 빨랐던 반면에 결정적인 단어에 대한 반응에 있어서는 다른 두 사람에 비해 시간이 더 오래 걸렸다는 사실이 확인된다.

평균 반응 시간

	A	B	C
무관한 단어	10.0	11.0	12.0
결정적인 단어	16.0	13.0	15.0
결정적인 단어 그 다음 단어	10.0	11.0	13.0

결정적인 단어에 대한 반응 시간과 무관한 단어에 대한 반응 시간의

차이는 A가 6이고 B가 2이고 C가 3이다. 즉, A가 다른 두 사람과 비교해서 배 넘는 차이를 보이고 있다는 뜻이다.

똑같은 방법으로, 무관한 단어나 결정적인 단어에 대한 평균 반응 시간을 바탕으로 콤플렉스 지수를 계산할 수 있다.

각 반응의 평균 콤플렉스 지수

	A	B	C
무관한 단어	0.6	0.9	0.8
결정적인 단어	1.3	0.9	1.2
결정적인 단어 그 다음 단어	0.6	1.0	0.8

무관한 단어에 대한 반응과 결정적인 단어에 대한 반응 사이의 차이를 보면, A는 0.7이고, B는 0이고, C는 0.4이다. 다시 A가 가장 크게 나타나고 있다.

여기서 고려해야 할 또 다른 질문은 이것이다. 불완전한 반응이 어느 정도 일어나고 있는가?

그 결과는 A가 34%, B가 28%, C가 30%로 나타난다. 여기서도 마찬가지로 A의 수치가 가장 높다. 바로 여기서, 우리가 A의 죄책감 콤플렉스를 전형적으로 보여주는 순간을 확인하고 있다고 나는 믿는다. 그러나 나는 이 대목에서 기억 상의 오류가 어떤 감정적 콤플렉스와 연결되어 있는 이유를 상세히 설명하고 있을 수 없다. 그렇게 하려면 이 강의의 범위를 크게 벗어날 것이기 때문이다.

강력한 감정이 실린 어떤 연상이 실험 과정에 실험 대상자의 머릿속을 오랫동안 어지럽히고, 따라서 결정적인 연상뿐만 아니라 뒤이은 두세 개의 연상들이 불완전하게 재현되는 일이 종종 일어나기 때문에,

우리의 예에서 얼마나 많은 불완전한 재현이 그런 식으로 연속적으로 나타나는지를 살피는 것도 매우 유익할 것이다. 연속적으로 일어나는 불완전한 재현을 계산한 결과, A의 경우에 64.7%, B의 경우에 55.5%, C의 경우에 30.0%인 것으로 확인되고 있다.

여기서도 다시 A의 비율이 가장 높은 것으로 나타나고 있다. 분명히, 이 같은 결과는 부분적으로 A가 불완전한 재현을 가장 많이 한 때문일 수 있다. 전체 반응의 수가 적다는 점을 고려한다면, 불완전한 연상의 전체 숫자가 클수록 그것이 연속적으로 일어날 가능성도 더 커질 것이다. 그러나 그렇게 보기에는, 불완전한 연상의 비율이 B와 C가 A에 비해 그렇게 많이 낮지 않다. 연상 실험 동안에 감정의 변화가 아주 작았던 C가 불완전한 연상의 수에서 가장 작은 수를 보이고 있다는 사실은 중요하다.

불완전한 재현은 또한 콤플렉스 지표이기도 하다. 그렇기 때문에 불완전한 재현이 무관한 단어에 대한 반응과 결정적인 단어에 대한 반응 사이에 어떤 식으로 분포하고 있는지를 볼 필요가 있다.

다음 표에서 보듯, 3명의 실험 대상자들이 무관한 단어에 대한 반응과 결정적인 단어에 대한 반응에서 보이는 차이에 대해서는 새삼 강조할 필요조차 없다. 이 측면에서도 A가 첫째 자리를 차지한다.

불완전한 재현의 횟수

	A	B	C
무관한 단어에 대한 반응	10	12	11
결정적인 단어에 대한 반응	19	9	12
결정적인 단어 그 다음 단어에 대한 반응	5	7	7

당연히, 불완전한 재현의 숫자가 클수록 결정적인 단어에 대한 반응에서 불완전한 재현의 숫자도 커질 가능성이 있다. 만약에 불완전한 재현이 일부 반응에만 몰리지 않고 모든 반응에 걸쳐 두루 나타난다면, 결정적인 단어들에 대한 반응에서도 A의 경우에 불완전한 재현이 B와 C에 비해 더 많이 나타날 것이다. A의 불완전한 재현이 훨씬 더 많기 때문이다. 불완전한 재현이 그런 식으로 일정하게 분포된다고 가정하면, 연상 반응의 종류에 따라 불완전한 재현이 몇 개가 될 것인지를 계산하는 것도 그리 어려운 일이 아니다.

이 같은 계산을 근거로 한다면, A의 경우에 결정적인 단어들에 대한 반응에서 방해를 받는 횟수가 예상되는 것보다 훨씬 더 큰 것 같다. C의 경우에는 0.9 만큼 더 높고, B의 경우엔 오히려 더 낮다.

이 모든 수치는 결정적인 자극어들이 실험 대상자 A의 내면에서 가장 치열하게 작용하고 있다는 점을, 따라서 A가 범인일 확률이 가장 높다는 점을 말해주고 있다. 실제로 이 사람이 절도를 저질렀을 가능성이 높다고 볼 수 있다. 바로 그날 밤에 A는 절도를 고백했고, 이로써 실험의 성공이 확인되었다.

이 같은 결과는 틀림없이 과학적 관심을 불러일으킬 것이며 진지하게 고려해볼 만한 가치를 지닌다. 실험 심리학에는 이 테스트에서 얻은 자료보다 덜 유익하지만 그래도 쓸 만한 것들이 아주 많다. 이론적인 관심만 접어둘 수 있다면, 이 실험에도 실용적인 관점에서 절대로 무시할 수 없는 것이 있다. 말하자면 범인을 찾아내는 작업이 지금까지 해 오던 것보다 훨씬 더 수월해질 수 있는 것이다. 한두 번 가능했던 일은 다시 가능할 것이며, 그렇게 연구하다 보면 확실한 결과를 더 빨리 얻을 수 있는 방법도 나올 것이다.

불완전한 재현

사람	예상			실제		
	무관한 단어에 대한 연상	결정적인 단어에 대한 연상	결정적인 단어 그 다음 단어에 대한 연상	무관한 단어에 대한 연상	결정적인 단어에 대한 연상	결정적인 단어 그 다음 단어에 대한 연상
A	11.2	12.5	10.2	10	10	5
B	9.2	10.3	8.4	12	9	7
C	9.9	11.1	9.0	11	12	7

　연상 실험을 이런 식으로 응용하다 보니, 자극어를 이용해 무의식에 숨겨진 콤플렉스를 찾아내는 것도 가능하다는 사실이 확인된다. 거꾸로, 콤플렉스 지표를 보여주는 반응의 뒤에 콤플렉스가 숨어 있다고 자신 있게 말해도 무방하다. 그래도 테스트를 받는 사람은 그 점을 완강히 부인할 것이다. 교육 수준이 높고 지적인 사람이라면 연상 실험에서 자신의 콤플렉스를 확인하고 쉽게 인정할 것이라는 생각은 버리도록 하라. 모든 인간의 마음에는 본인이 인정하지 않는, 그래서 무의식적인 것들이 아주 많다. 어떤 사람도 자신의 콤플렉스를 극복했다는 식으로 거만하게 굴어서는 안 된다. 그렇게 할 수 있다고 고집하는 사람은 자신의 코에 걸린 안경을 보지 못하고 있는 사람이다.

　연상 실험을 이용하면 지적 유형을 구분하는 것이 가능한 것으로 오랫동안 여겨져 왔다. 절대로 그렇지 않다. 연상 실험은 순수하게 지적인 정신 작용에 대해서는 특별한 통찰을 제시하지 않으며 오히려 감정적인 정신 작용에 대한 통찰을 제시한다. 틀림없이, 반응의 유형을 분류하는 것은 가능하다. 그러나 반응의 유형은 지적 특성에 근거하지 않는다. 반응의 유형은 전적으로 그 사람의 감정 상태에 좌우된다. 교육 수준이 높은 사람은 연상 실험에서 피상적이고 언어적인 연상을 보이는 반면에, 교육 수준이 낮은 사람은 치료의 차원에서 보다 소중하고 보다 의미 있는 연상을 제시한다.

이 같은 현상은 지적인 관점에서 보면 모순처럼 보인다. 교육 수준이 높지 않은 사람들의 의미 있는 연상은 엄격히 따지면 지적인 사고의 산물이 아니고 특별한 감정적 상태의 결과물이다. 연상 실험의 모든 것이 교육 수준이 낮은 사람에게 더 중요하며, 그런 사람의 감정이 더 크다. 그렇기 때문에 교육 수준이 낮은 사람은 교육 수준이 높은 사람에 비해 연상 실험에 관심을 더 많이 기울이며, 따라서 그런 사람의 연상은 더 큰 의미를 지닌다. 교육에 의해 결정되는 이런 것들과 별도로, 3가지 중요한 개인 유형을 고려해야 한다.

1. 반응이 전혀 방해를 받지 않는 객관적인 유형이 있다.

2. 소위 콤플렉스 유형이 있다. 이런 유형의 사람들은 연상 실험에서 어떤 콤플렉스의 영향 때문에 방해를 많이 받는다.

3. 소위 정의(定義) 유형이 있다. 이 유형의 반응은 언제나 자극어의 내용에 대한 설명이나 정의를 제시하는 것이 특징이다. 예를 들면 이런 식이다.

사과-어떤 나무의 열매

식탁-가구의 일종

산책하다-활동의 한 예

아버지-가족의 장

이런 유형은 주로 우둔한 사람들 사이에서 발견되며, 따라서 저능한 사람들 사이에 흔하다. 그러나 이런 유형은 실제로 어리석지 않으면서도 어리석은 사람으로 여겨질까봐 두려워하는 사람들 사이에서도 발견된다. 한 예로, 나이가 더 많은 똑똑한 여학생과 마주 앉아 연상 실험에 응하는 젊은 학생은 언제나 반응으로 자극어에 대한 정의를 제시했다. 연상 실험을 하는 이 젊은 학생은 연상 실험도 지능 검사와 비슷하다는 생각을 품고 있었으며, 따라서 자극어의 의미에 주의를 집중했다. 그러다 보니 그의 연상은 백치의 연상처럼 보였다. 그러나 모든 백치가 자극어에 대한 정의로 반응하지는 않는다. 아마도 이런 식으로 반응하는 백치들은 실제보다 조금 더 똑똑해 보이길 원하는 사람들일 것이다. 말하자면, 자신의 우둔함을 아프게 받아들이고 있는 사람들이 이런 식의 반응을 보일 것이란 뜻이다. 나는 널리 퍼져 있는 이 콤플렉스를 "지능 콤플렉스"라고 부른다. 이런 콤플렉스를 가진 사람이라면 다음과 같이 다소 과장된 표현을 쓸 것이다.

> 불안-가슴의 고민
>
> 키스-사랑의 전개
>
> 키스-우정의 지각

이런 유형은 부자연스럽고 어색한 인상을 준다. 연상 실험의 대상이 된 사람은 실제보다 더 훌륭해 보이길 원하고, 실제보다 더 큰 영향력을 행사하려 든다. 따라서 지능 콤플렉스를 가진 사람은 대체로 부자연스럽고 어색하다는 점이 눈에 두드러진다.

그들은 언제나 다소 으스대거나 미사여구를 동원하려 든다. 그들은 어려운 외국어와 유식해 보이는 인용이나 다양한 지적 장식들을 좋아한다. 이런 식으로, 그들은 동료들에게 강한 인상을 주고 싶어 하고 타인들에게 교육 수준과 지능을 자랑하길 원하고, 그렇게 함으로써 우둔하다는 감정을 심리적으로 보상하려 한다. 정의 유형은 술어 유형, 더 정확히 말해 개인적 판단을 표현하는 유형과 밀접히 연결되어 있다. 예를 들어보자.

꽃-아름답다

돈-편리하다

동물-추하다

칼-위험하다

죽음-무섭다

정의 유형에서는 자극어의 지적 의미가 두드러지지만, 술어 유형의 경우에는 자극어의 감정적 의미가 중요해진다. 술어 유형들은 다음과 같은 반응을 통해서 과장된 모습을 보이기도 한다.

피아노-끔찍하다

노래하다-신성하다

어머니-열렬히 사랑받는 존재

아버지-선하고, 멋지고, 신성한 존재

정의 유형에서는 절대적으로 지적인 성격이 분명히 드러나거나 자극을 받고 있지만, 여기 술어 유형에서는 매우 감정적인 성격이 나타난다. 그럼에도 정의 유형이 지능의 결여를 감추고 있는 것과 똑같이, 과도한 감정 표현은 감정적 부족을 숨기거나 과도하게 보상하고 있다. 이 같은 결론은 다음과 같은 발견에 의해 아주 재미있게 설명된다. 익숙한 환경이 연상 유형에 미치는 영향을 조사해 보면, 젊은이들 사이엔 술어 유형이 좀처럼 보이지 않는다. 나이가 들수록 술어 유형이 늘어나는 현상이 나타난다. 여자들의 경우엔 술어 유형의 증가가 40세 조금 지나서 시작되는 반면에, 남자들은 60세 이후에 시작된다. 성욕 감퇴 때문에 감정적 상실이 상당히 일어나는 시기와 일치한다. 만약 연상 실험에 응하는 사람이 명백히 술어 유형으로 보인다면, 그 사람이 두드러진 내면의 감정적 결여를 보상하고 있다는 추론도 가능하다. 그럼에도, 거꾸로 내면의 감정 결여가 술어 유형을 낳는다는 추론은 불가능하다. 이것은 백치가 직접적으로 정의 유형을 낳지 않는 것과 똑같은 이치이다. 술어 유형은 또한 외적 행동을 통해서, 예를 들면, 특별한 애착이나 열광적인 감탄, 과장된 행동, 그리고 사회에서 너무나 자주 관찰되는, 억지스럽게 들리는 언어 같은 것을 통해서도 모습을 드러낸다.

콤플렉스 유형은 어떤 콤플렉스를 숨기려는 것 외에 다른 특별한 경향을 전혀 보이지 않는다. 반면에 정의 유형과 술어 유형은 어떤 식으로든 실험자에게 영향력을 행사하려는 경향을 뚜렷이 보인다. 그러나 정의 유형은 지능을 드러내려는 경향을 보이고, 술어 유형은 감정을 드러내려는 경향을 보인다. 성격 판단에 이런 경향이 중요하다는 점에 대해서는 새삼 강조할 필요가 없을 것이다.

연상 실험을 끝낸 뒤에, 나는 대체로 다른 종류의 실험을 한 번 더 한다. 소위 재현 실험이다. 나는 같은 자극어를 그대로 되풀이하면서 실험 대상자가 그 전의 반응을 지금도 기억하고 있는지를 확인한다. 실험 대상자가 기억을 살려내지 못하는 경우가 자주 있으며, 경험을 통해 확인되듯이, 기억을 살려내지 못하는 자극어가 감정이 많이 실린 콤플렉스를 건드리는 단어일 확률이 높다.

이 같은 현상이 모순되고 모든 경험과 배치되는 것으로 여겨져 왔다. 왜냐하면 감정이 많이 실린 것은 중요하지 않은 것에 비해 기억 속에 더 잘 저장되는 것으로 알려져 있기 때문이다. 이 말은 꽤 맞는 말이지만, 감정이 강하게 실린 어떤 내용을 언어로 표현하는 문제에서는 맞지 않다. 정반대로, 감정이 격한 상태에서 한 말을 사람들은 곧잘 잊는다. 심지어 그 말을 완전히 거꾸로 기억하는 사람도 있다. 정말로, 법정에서 반대 신문의 유효성은 바로 이 같은 사실에 의존하고 있다. 따라서 연상을 재현하는 방법은 콤플렉스를 건드리는 단어를 더욱 두드러져 보이게 만든다. 정상적인 사람이라면, 엉터리 재현의 숫자가 19-20%를 넘지 않는다. 반면에 비정상적인 사람인 경우엔 엉터리 재현의 비율이 20-40%에 이른다. 그러므로 재현의 확실성은 일부 경우에 연상 실험을 받는 사람의 감정 상태를 측정하는 척도가 될 수 있다.

신경증 환자들 중에 사사로운 문제들을 어둠 속에 묻어두고서는 심지어 의사에게도 드러내지 않으려 하는 경향을 가진 사람들이 아주 많다. 그렇기 때문에 의사는 환자의 심리를 적절히 그리는 일에 애를 먹는다. 그런 경우에 나는 연상 실험의 도움을 많이 받는다. 실험이 끝나면, 나는 먼저 반응 시간의 전반적인 흐름을 본다. 그러면 내가 자극어를 던지고 환자가 반응하기까지의 시간이 많이 걸리는 곳이 보인다. 이것은 환자가 스스로를 적응시키는 데에 어려움을 겪고 있다는 의미이다. 또 환자의 심리적 기능들이 내부 마찰이 일어나는 가운데, 말하자면 저항이 일어나고 있는 가운데 작동하고 있다는 것을 의미한다. 아주 많은 신경증 환자들이 언제나 저항이 일어나고 있는 가운데 반응한다. 그러나 평균적인 반응 시간이 정상적인 사람만큼 짧고 또 콤플렉스 지수가 낮은데도 신경증 증후를 보이는 사람도 있다. 이런 드문 예들은 특히 매우 지적이고 교육 수준이 높은 사람들 사이에서, 그리고 오랫동안 치료를 받는 과정에 외적 행동을 통제하는 방법을 배우고 신경증 환자로 비칠 일이면 밖으로 절대로 드러내지 않는 방법을 터득한 환자들 사이에서 발견된다. 피상적인 관찰자는 이런 사람들을 정상적인 사람으로 여길 것이지만, 그럼에도 이들은 일부 연상에서 장애를 보이면서 억눌려 있던 콤플렉스를 드러내게 된다.

반응 시간을 검토한 뒤에, 나는 연상의 유형에 주의를 기울이며 환자가 어떤 유형인지를 확인한다. 환자가 술어 유형이라면, 나는 앞에서 논한 그런 결론을 끌어낼 것이다. 그러나 환자가 콤플렉스 유형이라면, 나는 콤플렉스의 본질을 확인하려고 노력할 것이다. 경험이 충분히 쌓이면, 테스트를 받는 사람이 하는 말을 바탕으로 쉽게 판단을 내릴 수 있게 될 것이다. 그러면 테스트를 받는 사람에 대한 사전 지식이 거의 없는 상태에서도 실험 결과만을 바탕으로 환자의 내면에 꼭꼭 숨어 있는 콤플렉스를 읽어낼 수 있다. 나는 먼저 환자가 재현한 단어들을 찾아서 함께 모은다. 그런 다음에 장애를 가장 많이 일으킨 자극어를 찾는다. 많은 경우에 이런 단어들을 분류하는 것만으로도 환자의 콤플렉스를 찾아낼 수 있다. 일부 경우엔 이곳저곳에서 질문을 던져볼 필요가 있다. 이 문제는 다음에 제시하는 구체적인 예를 보면 쉽게 이해될 것이다.

교육 수준이 높은 30세 여자의 예이다. 3년 전에 결혼한 사람이다.

결혼한 후로, 그녀는 간혹 남편을 심하게 질투하는 감정을 느끼며 힘들어 했다. 결혼 생활은 그 외에 다른 점에서는 행복한 편이다. 남편이 그녀에게 질투의 원인을 전혀 제공하지 않고 있다는 점을 강조해야 한다. 환자는 자신이 남편을 사랑하고 있고 자신의 흥분 상태가 근거 없는 것이라고 확신하고 있다. 그녀는 흥분이 어디서 비롯되는지 상상조차 하지 못하고 있으며, 흥분을 느낄 때면 꽤 당황해한다. 그녀는 가톨릭 신자로 종교적인 분위기에서 성장한 반면에, 남편은 개신교 신자이다. 이런 종교적 차이는 분명히 그녀의 질투와 아무런 관계가 없었다. 그녀에겐 고상한 척 구는 구석이 있었다. 예를 들면, 이 환자 앞에서는 언니의 출산에 대해 이야기하는 것이 용납되지 않았다. 왜냐하면 출산이 암시하는 성적 순간이 그녀에게 엄청난 흥분을 야기하기 때문이다. 그녀는 옷을 갈아입을 때면 언제나 옆방을 이용했으며 남편이 보는 앞에서는 옷을 벗는 일이 절대로 없었다. 27세가 되었을 때까지도 그녀는 아이가 어떻게 태어나는지에 대해 아는 것이 하나도 없었다. 연상의 결과는 다음 도표(이 도표 오른쪽에 표시된 숫자는 이 장 앞부분에 제시한 자극어 목록과 일치한다)에 그려지고 있다.

방해를 많이 일으킨 자극어들은 이런 것들이다. 노랗다, 기도하다, 헤어지다, 결혼하다, 다투다, 늙였다, 가족, 행복, 그릇되다, 두려워하다, 키스하다, 신부, 선택하다, 만족하다 등이다. 또 다음 자극어들에서 가장 심한 방해가 확인되고 있다. 기도하다, 결혼하다, 행복, 그릇되다, 두려워하다, 만족하다 등이다. 따라서 이 단어들은 다른 단어들에 비해 콤플렉스를 건드릴 확률이 더 높다. 여기서 끌어낼 수 있는 결론은 그녀는 남편이 개신교 신자라는 사실에 무관심하지 않고, 또 그녀는 기도에 대해 생각하고 결혼에 뭔가 잘못된 구석이 있다고 믿고 있으며, 자신을 속이고 있고, 불륜의 공상을 즐기고 있으며, 두려워하고 있으며(남편에 대해, 아니면 미래에 대해?), 선택에 대해 만족하지 못하고 있고, 갈라서는 문제에 대해 생각하고 있다는 것이다. 그래서 이 환자는 별거 콤플렉스 비슷한 것을 갖고 있다. 왜냐하면 그녀가 자신의 결혼 생활에 불만을 강하게 품고 있기 때문이다.

  내가 이 같은 결과를 말해주자, 그녀는 처음에 충격을 받으며 그것을 부정하려 들었으나 다시 깊이 생각한 끝에 내가 한 말을 모두 인정했다. 그녀는 불륜에 대한 공상이나 남편에 대한 비난과 관련 있는 연상을 많이 재현했다. 그녀의 얌전과 질투는 단지 자신의 성적 소망을 남편에게 투사한 것에 지나지 않았다. 그녀가 공상 속에서 부정하게 굴면서도 자신이 그럴 수 있다는 점을 인정하지 않았기 때문에, 그녀는 자기 남편을 질투하게 되었다.

  연상 실험의 다양한 쓰임새를 한 차례의 강의를 통해 두루 살피는 것은 불가능하다. 그래서 나는 연상 실험의 중요한 쓰임새 몇 가지를 보여주는 것으로 만족해야 한다. 〈1909년〉

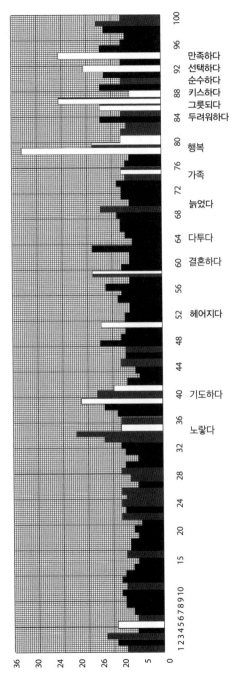

<도표 11>

만족하다
선택하다
순수하다
키스하다
그릇되다
두려워하다

행복

가족

늙었다

다투다

결혼하다

헤어지다

기도하다

노랗다

2장

아버지가
개인의 운명에 지니는 의미

지크문트 프로이트는 아이가 부모에게, 특히 아버지에게 품는 정신 성적 관계가 훗날 그 아이가 일으킬 신경증에 중요한 의미를 지닌다는 점을 여러 곳에서 분명히 강조했다. 이 정신 성적 관계가 사실 리비도가 훗날 장애에 봉착해 막히게 될 때 거꾸로 흐르게 되는 유아기 경로이다. 그렇게 되는 경우에 리비도는 오랫 동안 잊고 살던 어린 시절의 꿈을 되살려낸다. 삶을 살다가 엄청나게 큰 장애 앞에서, 예를 들어 대단한 실망을 겪든가 중대한 결정을 내려야 하는 현실 앞에서 앞으로 나아가지 못하고 주춤할 때, 그런 과제의 해결을 위해 축적되었던 에너지가 무력하게 거꾸로 흐르는 까닭에 그런 현상이 나타나게 된다. 한때 부적절한 것으로 여겨져 버려졌던 지천(支川)이 다시 물로 채워지는 것과 비슷하다. 예를 들면, 여자의 사랑을 통해 행복을 누릴 기회를 놓친 남자는 그 대체물로 과도한 우정이나 자위 행위, 광적 신앙에 의지하게 된다. 신경증 증후가 있는 사람이라면, 여기서 더 깊이 퇴행하면서 그때까지 버려진 적이 없었던 어린 시절의 상태로 깊이 빠져들게 된다. 그러면 그 사람은 아버지와 어머니와의 관계로 되돌아가게 된다.

그러나 엄격히 말하면, 정상적인 사람도 한 가지 이상의 길로 어린 시절의 상태와 연결되어 있다. 정신분석을 철저히 하는 경우에, 어느 환자에게서나 예외 없이 그런 퇴행이 다소 분명하게 드러난다. 프로이트의 연구와 관점에서 특별히 두드러지는 한 가지 사실은 아버지와의 관계가 압도적인 중요성을 지니는 것으로 여겨진다는 점이다. 아버지가 아이의 정신 성욕의 형성에 미치는 이 같은 중요성은 이와 상당히 거리가 먼 분야에서, 말하자면 가족을 대상으로 한 연구에서도 발견될 것이다. 최근에 아주 치밀하게 실시한 한 연구는 아버지의 지배적인 영향이 종종 몇 세기 동안 이어진다는 점을 보여주고 있다. 어머니는 아버지에 비하면 가족 안에서 덜 중요한 것 같다. 만약 이 말이 육체적인 측면의 유전에 유효하다면, 아버지에서 비롯되는 심리적인 영향은 그보다 훨씬 더 큰 것으로 예상해야 하지 않을까? 이 경험들, 그리고 보다 구체적으로 오토 그로스(Otto Gross)와 공동으로 실시한 분석에서 얻은 경험들은 나에게 이 같은 견해가 옳다는 인상을 주었다.

이 문제는 나의 제자 엠마 퓌르스트(Emma Fürst)가 연상 반응의 유형에 나타나는 유사점을 깊이 분석한 연구에 의해 더욱 의미 있는 쪽으로 다듬어지고 있다. 퓌르스트는 24 가족에 속하는 100명을 대상으로 연상 실험을 실시했다. 여기서 나온 방대한 자료 중에서 9 가족 37명(모두 교육을 제대로 받지 않은 사람들이다)의 자료만 분석되어 공개되었다. 그러나 어려운 계산 작업을 거친 결과 이미 소중한 결론이 몇 가지 나왔다. 연상들은 '크레펠린-아샤펜부르크'(Kraepelin-

Aschaffenburg) 분류표를 바탕으로 분류되었는데, 나는 이 분류표를 이 연구에 맞게 다소 수정하고 단순화했다. 그런 다음에 연상 실험에 응한 대상자들을 분류하고, 그들이 제시한 연상의 내용을 분류한 다음에 집단들 사이의 차이를 계산했다. 이런 식으로 하면 최종적으로 연상 반응 유형에 나타나는 평균적인 차이를 얻을 수 있다. 그 결과는 다음과 같다.

1. 친척이 아닌 남자들은 서로 5.9만큼 다르다.

2. 친척이 아닌 여자들은 서로 6.0만큼 다르다.

3. 친척인 남자들은 서로 4.1만큼 다르다.

4. 친척인 여자들은 서로 3.8만큼 다르다.

친척들, 특히 여자 친척들은 대체로 반응 유형에서 비슷한 점을 보인다. 이 같은 사실은 친척들의 심리적 적응이 서로 약간만 다르다는 것을 의미한다.

다양한 관계를 연구한 결과는 다음과 같다. 남편과 아내의 평균 차이는 4.7이다. 그러나 아버지와 아들, 어머니와 딸은 대체로 서로 두드러질 정도로 가깝다. 아버지와 아들의 차이는 3.1이고, 어머니와 딸의 차이는 3.0이다. 결혼한 몇 커플(차이가 1.4로 크게 떨어졌다)을 제외하면, 아버지와 아들, 어머니와 딸의 차이가 가장 작다.

퓌르스트의 연구를 보면, 45세 어머니와 16세 딸의 차이가 0.5에 지나지 않는 예가 하나 있다. 어머니와 딸이 아버지의 유형과 각각 11.8만큼 달랐던 것이 바로 이 경우였다. 아버지는 상스럽고 우둔하고 알코올 중독자이며, 어머니는 크리스천 사이언스(메리 베이커 에디

(Mary Baker Eddy)가 1879년에 미국 보스턴에서 시작한 기독교 계통의 신흥 종교/옮긴이)를 믿고 있다. 이것은 어머니와 딸이 극도의 술어 유형이라는 사실과 잘 맞아떨어진다. 나의 경험에 비춰보면, 극단적인 술어 유형은 성적 대상의 불안정을 진단하는 데에 증후적으로 중요하다. 술어 유형은 과도한 감정을 외부로 쏟고 또 감정을 무의식적으로 드러내면서 실험을 실시하고 있는 사람의 내면에 감정적 반향을 불러일으키려고 노력한다. 이 같은 견해는 퓌르스트가 얻은 자료에서 실험 대상자의 나이가 많을수록 술어 연상의 비중이 높아지는 것과 일치한다.

자식과 부모의 반응 유형이 서로 아주 비슷하다는 사실은 많은 것을 생각하게 한다. 연상 실험은 한 인간의 정신적 삶 중에서 작은 한 부분에 지나지 않는다. 그러나 엄격히 따지면, 일상의 삶은 광범위하고 다양한 하나의 연상 실험에 불과하다. 본질적으로, 사람들은 연상 실험에 반응하는 것과 똑같은 방식으로 삶에 반응하고 있다. 이 같은 사실은 아주 확실해 보이지만, 그래도 여기서 조금 생각하고 넘어갈 필요가 있다.

한 예로, 45세의 불행한 어머니와 16세의 미혼 딸을 보도록 하자. 어머니의 극단적인 술어 유형은 틀림없이 좌절된 소망으로 점철된 그녀의 전반적인 삶의 결과물일 것이다. 그래서 이 어머니가 극단적인 술어 유형이라는 사실은 결코 놀랍지 않을 수 있다. 그러나 16세인 딸이 아직 삶을 본격적으로 살지 않았는데도 그런 유형인 것으로 확인되었다는 사실은 놀라운 일이 아닐 수 없다. 이 딸의 진정한 성적 대상은 아직 발견되지 않았는데도, 그녀는 마치 산전수전 다 겪고 온갖 환멸을 다 경험한 어머니처럼 반응하고 있다. 그녀는 자기 어머니의 적응을 그대로 보이고 있으며, 그런 측면에서 그녀는 어머니와 동일시되고 있다. 어머니의 적응은 그녀와 남편의 관계 탓으로 돌려져야 한다는 점을 뒷받침하는 증거는 많다. 그러나 딸은 아버지와 결혼한 것이 아니며, 따라서 그런 적응이 필요하지도 않다. 딸은 환경의 영향에 의해 그 같은 적응을 넘겨받았으며, 그 후로 이 같은 '가족 불화'가 상존하는 세상에 자신을 적응시키려 노력할 것이다. 조화롭지 못한 결혼 생활이 적절하지 않은 상태로 남아 있는 한, 그 결혼 생활에서 비롯되는 적응도 적절하지 못하기 마련이다.

분명히, 그런 운명 앞에도 여러 가능성이 놓여 있다. 이 소녀는 삶에 적응하기 위해 가족 환경이라는 장애물을 극복해야 할 것이다. 그렇게 하지 못한다면, 소녀는 그 장애물로부터 자신을 해방시키지 못할 것이고, 따라서 그런 적응이 미리 정해 놓은 운명에 굴복하고 말 것이다. 그녀의 내면 깊은 곳에서, 아무도 눈치 채지 못하는 가운데 유아기의 부조화가 적당히 얼버무려지며 넘어가는 일이 계속 일어나고 있을 것이다. 아니면 부모의 성격의 부정적인 면을 그대로 닮으면서 갈등과 장애 앞에서도 어찌할 바를 몰라 쩔쩔매며 그냥 살아갈 것이다. 혹은 성장하는 과정에 제대로 적응하지 못한 현실 세계와 고통스럽게 갈등을 빚으며 운명에 이리저리 휘둘리다가 비정상적인 존재는 적응되지 않은 자기 자신이라는 사실에 점차 눈을 뜰 수도 있을 것이다.

아이가 유아기에 부모에게 적응하는 방식을 결정하는 바탕은 당연히 부모와 자식 사이에 형성되는 정서적 조건이다. 이 정서적 조건의 한편에 부모들의 정신 성욕이 있고, 다른 한편엔 아이의 정신 성욕이 있다. 부모에 대한 아이의 적응은 일종의 정신적 전염이다. 그것이 논리적 진실이 아니라는 것을 우리는 알고 있지만, 그 효과와 그것이 정신에 미치는 영향을 고려한다면, 아이의 적응은 부모로부터 전염되는 것이나 마찬가지이다. 이 영향은 아주 효율적인 힘이다. 군집 본능의 힘으로 아이의 정신 속으로 들어가서 거기서 아이의 적응을 다듬어내는 것이 바로 이 힘이다. 1세부터 5세 사이의 유연한 시기에, 인격 형성의 기본적인 모든 방향들이 부모의 주형(鑄型)에 정확히 딱 들어맞게 다듬어짐에 틀림없다. 정신분석 경험에 비춰보면, 훗날 부모의 영향과 아이 본인의 개인적 독립 사이의 갈등을, 지크문트 프로이트의 이론을 빌리면 억압과 리비도 사이의 투쟁을 짐작케 하는 첫 번째 신호들은 대체로 5세 이전에 나타난다.

앞으로 소개할 몇 가지 예들은 부모의 영향이 자식의 적응을 어떤 식으로 가로막는지를 잘 보여줄 것이다. 사건들 중에서 중요한 것들만, 말하자면 성욕과 관련 있는 사건만을 제시하는 것으로도 충분할 것이다.

사례 #1: 어릴 때 아버지의 총애를 받은 어느 농부 부인

젊음을 잘 간직하고 있는 55세 부인이 있다. 고급스런 옷은 아니지만 그래도 검정색으로 꽤 세련되게 갖춰 입는다. 머리 손질도 세심하게 한다. 점잖고, 매너도 좋다. 말은 간략했으며, 독실한 신자이다. 이 환자는 아마 말단 공무원 아니면 가게 주인의 아내처럼 보였다. 그녀는 얼굴을 붉히고 눈길을 아래로 깔면서 자신이 평범한 농민의 아내로 살다가 이혼한 몸이라는 사실을 알려주었다. 그녀가 병원을 찾은 이유는 우울증과 밤의 공포, 가슴 떨림, 그리고 팔에 약하게 나타나는 신경성 경련 때문이었다. 그녀는 경미한 갱년기 신경증의 전형적인 특징을 보이고 있다. 자신에 대한 정보를 더 정확히 전하기 위해, 그녀는 무서운 꿈에 시달리고 있다는 사실까지 털어놓았다. 어떤 남자가 자기를 뒤쫓는 꿈도 꾸고, 야생 동물이 자기를 공격하는 꿈도 꾼다고 했다.

그녀의 회상은 가족의 역사로 시작한다. (가능한 한 그녀가 쓴 표현을 그대로 옮길 생각이다.) 그녀의 아버지는 훌륭하고 당당하고 다소 위압적인 외모에 뚱뚱한 사람이었다. 그는 결혼 생활에 매우 행복해했다. 아내가 남편을 숭배했으니 말이다. 그는 똑똑하고 또 숙련 기능공으로서 꽤 높은 지위에 올랐다. 자식은 나의 환자와 언니뿐이었다. 언니는 어머니의 총애를 받았고, 환자는 아버지의 총애를 받았다. 환자가 5세일 때, 아버지가 마흔둘의 나이에 돌연 심장마비로 세상을 떠났다. 환자는 외로움을 심하게 느꼈으며, 그 후로 어머니와 언니로부터 신데렐라 취급을 당했다. 그녀는 어머니가 자기보다 언니를 더 좋아한다는 사실을 잘 알고 있었다. 그녀의 어머니는 과부로 지냈다. 남편을 존경하는 마음이 워낙 컸기 때문에 재혼할 생각을 하지 못했다. 나의 환자의 어머니는 남편에 대한 기억을 "종교적 숭배"처럼 간직했으며 자식도 그런 식으로 키웠다.

나중에 나의 환자의 언니가 비교적 어린 나이에 결혼했다. 그때 나의 환자도 겨우 스물네 살에 지나지 않았다. 나의 환자는 젊은 남자에게는 조금도 마음을 두지 않았다. 젊은 남자들은 모두 재미없어 보였다. 그녀의 마음은 언제나 보다 성숙한 남자들에게 끌렸다. 스무 살 때쯤 그녀는 마흔 살이 넘은 신사를 알게 되었으며 이 남자에게 강하게 끌렸다. 그러나 여러 가지 이유로 이 우정은 깨어졌다. 스물네 살에 그녀는 아이를 둘 둔 이혼남을 알게 되었다. 그는 훌륭하고 점잖고 다소 살이 찐 남자였으며, 그녀의 아버지처럼 풍채가 당당했다. 나이는 마흔네 살이었다. 그녀는 그와 결혼했으며 함께 살게 된 뒤로도 그를 대단히 존경했다. 둘 사이에 아이는 없었다. 남편이 첫 번째 결혼에서 얻은 아이들은 모두 병으로 죽었다. 결혼 생활 4년 뒤에 그녀의 남편도 죽었다. 그녀는 18년 동안 충직한 과부로 살았다. 그러나 (갱년기 직전인) 마흔여섯 살의 나이에 그녀는 사랑의 욕구를 강하게 경험했다. 그녀는 아는 사람이 없었기 때문에 결혼상담소로 가서 가장 먼저 만난 사람과 결혼했다. 상대는 폭행과 고집 때문에 이미 이혼 경력이 두 번이나 있는 60세 농부였다. 나의 환자는 결혼하기 전에 이미 이 같은 사실을 알았다. 그녀는 견딜 수 없는 세월을 꾹꾹 참으면서 그와 함께 5년을 보냈다. 그러다 그녀는 이혼을 할 수 있었다. 그러고 나서 조금 있다가 신경증이 생겼다.

정신분석의 경험이 있는 사람이라면 추가 논의가 필요하지 않을 것이다. 너무나 명백한 예이기 때문이다. 정신분석을 잘 모르는 사람들을 위해서, 나의 환자가 46세까지 자신의 유년기의 환경을 충실하게 재현하기만 했다는 사실을 강조하고 싶다. 그렇게 늦게, 또 그렇게 과감하게 모습을 드러낸 성욕조차도 더 형편없는 아버지의 대리자에게로 향했다. 그녀가 늦게 만개한 성욕 때문에 이런 대리자에게로 끌린 것이다. 억압에도 불구하고, 신경증은 나이 들어가는 여인의 성욕을, 지금도 여전히 정숙한 척 꾸미면서 자신의 성욕을 인정하지 않는 여인의 성욕을 드러내 보이고 있다.

사례 #2: 발기 불능 환자

체구가 작은 34세 남자는 표정이 온화하다. 그는 쉽게 당황해 하고 종종 얼굴을 붉힌다. 그는 "신경 과민" 때문에 치료를 받으러 왔다. 곧잘 짜증을 내고, 쉬이 피곤해 하며, 신경성 소화 불량으로 힘들어 하고 종종 깊은 우울증에 빠진다. 그러다 자살도 생각해 보았다.

치료를 받으러 나를 찾기 전에, 그는 먼저 자서전 형식으로 상세하게 적은 기록을 보내왔다. 병의 역사라고도 할 수 있었다. 그의 이야기는 이렇게 시작했다. "나의 아버지는 몸집이 매우 크고 강한 사람이었다." 이 문장이 나의 호기심을 일깨웠다. 나는 노트를 한 장 넘기고 계속 읽어갔다. "내가 열다섯 살 때, 열아홉 살 먹은 덩치 큰 놈이 나를 숲으로 데리고 가서 음란한 행동을 하며 나를 공격했다."

환자의 이야기에서 모순된 구석이 너무나 많이 확인되었기 때문에, 그로부터 보다 정확한 기억을 끌어낼 필요가 있었다. 그 결과, 다음과 같은 놀라운 사실들이 나왔다.

환자는 3형제 중 막내이다. 덩치가 크고 빨간 머리를 가졌던 그의 아버지는 로마 교황청에서 스위스 출신 호위병으로 일한 다음에 경찰관이 되었다. 아버지는 엄격하고 거친 옛 군인이었으며, 자식들을 군대식으로 키웠다. 아들을 부를 때에도 이름을 부르지 않고 휘파람으로 불렀다. 그는 로마에서 젊은 시절을 보내다가 매독에 걸렸는데, 나이가 들어서도 그 후유증으로 힘들어 했다. 그는 옛날의 무용담을 들려주기를 좋아했다. 장남(나의 환자보다 나이가 훨씬 더 많다)은 아버지를 빼닮아 덩치가 크고 강했으며 머리카락이 빨갛다. 어머니는 연약한 여인이었으며, 나이보다 빨리 늙었다. 삶에 지친 그녀는 나의 환자가 여덟 살 때 마흔 살의 나이로 세상을 떠났다. 나의 환자는 어머니에 대해 정겹고 아름다운 기억을 많이 간직하고 있었다.

학교에 입학한 후, 나의 환자는 언제나 희생양 노릇을 하며 학교 친구들의 조롱에 시달렸다. 환자는 자신의 특이한 사투리가 조롱의 빌미를 제공했다고 생각했다. 훗날 그는 엄격하고 가혹한 스승 밑에서 견습공이 되었다. 어려운 조건에서 생활하던 다른 견습공들은 도저히 참지 못하겠다고 판단하고 달아났다. 그런데도 그는 거기서 2년 이상 버텼다. 열다섯 살에, 앞에서 언급한 그 공격이 일어났다. 이 시기에 약간의 동성애 경험도 있었다. 그런 다음에 운명이 그를 프랑스로 보냈다. 그곳에서 그는 프랑스 남부 출신의 어떤 남자를 알게 되었다. 허풍이 세고 돈 후안 같은 난봉꾼이었다. 그는 나의 환자를 매음굴로 데려갔으며, 나의 환자는 두려움 때문에 마지못해 그 사람의 뜻을 따랐다. 그러나 그곳에서 나의 환자는 발기가 되지 않았다. 훗날 그는 파리로 갔다. 그곳에선 아버지의 판박이이자 숙련 석공인 형이 타락한 삶을 살고 있었다. 환자는 오랫동안 파리에 머물면서 박봉에 시달리면서도 동정심에서 형수를 도와주고 있었다. 형은 그를 자주 매음굴로 데려갔으며, 나의 환자는 그곳에 갈 때마다 발기가 되지 않았다. 거기서 형은 그에게 아버지로부터 물려받은 유산 6,000프랑을 자신에게 넘기라고 요구했다. 그래서 그는 처음에 역시 파리에 있던 둘째형과 상의했다. 이때 둘째형은 절대로 돈을 형에게 주지 말라고 신신당부했다. 헛되이 쓸 게 뻔하다는 이유에서였다. 그럼에도 나의 환자는 자신이 가진 돈을 모두 형에게 주었고, 형은 정말로 그 돈을 다 탕진해 버렸다. 나의 환자에게 돈을 주지 말라고 설득했던 둘째형도 큰형에게 500프랑을 빼앗긴 터였다. 아무런 보증도 없이 형에게 가진 돈을 몽땅 다 건넨 이유가 뭐였느냐는 나의 질문에, 그는 이런 식으로 대답했다. "형이 돈을 달라고 부탁했고 또 내가 주고 싶어서 주었기 때문에 그 돈에는 조금의 미련도 없어요. 지금도 그만한 돈이 있으면 다시 형에게 줄 겁니다." 큰형은 실패했고, 그의 아내는 그와 이혼했다.

　나의 환자는 스위스로 돌아가서 거기서 일정한 직업 없이 1년을 지냈다. 그 사이에 끼니를 때우지 못하는 날도 종종 있었다. 이 기간에 그는 어떤 가족을 알게 되어 이 가족을 자주 방문하게 되었다. 남편은 특이한 종파에 소속되어 있었으며, 위선자이고, 가족을 돌보지 않는 사람이었다. 아내는 나이가 많고 병에 걸려 몸이 허약한 데다 임신까지 한 상태였다. 자식이 여섯이고 정말 찢어지게 가난한 사람이었다. 환자는 이 여인에게 따뜻한 애정을 느꼈으며, 자신이 가진 얼마 안 되는 것을 그녀와 나눠 가졌다. 그녀는 그에게 고민을 털어놓으면서 아기를 낳다가 죽을 것 같다는 말을 했다. 그 말에 그는 자신이 아이들을 잘 키우겠다고 약속했다. 이 여자는 정말로 아이를 낳다가 죽고 말았다. 그러나 고아원 위원회가 개입해서 그에게 아이 하나만을 허용했다. 그래서 그는 아이를 하나 갖게 되었지만, 가족이 없었기 때문에 혼자서 키우기가 힘들었다. 따라서 결혼에 대해 진지하게 생각하지 않을 수 없게 되었다. 그러나 그는 그때까지 한 번도 여자를 사랑해본 적이 없었기 때문에 아주 곤혹스런 입장에 처했다. 그러던 중에 그의 형이 아내와 이혼했다는 사실이 떠올랐으며, 그는 옛 형수와 결혼하기로 마음을 먹었다. 그는 파리에 있는 그녀에게 자신의 뜻을 편지로 썼다. 그러자 그 여자는 그보다 나이가 열일곱 살이나 더 많으면서도 그런 계획에 반대하지 않고 본격적으로 논의해 보자며 그를 파리로 불렀다. 그러나 여행을 떠나기로 되어 있던 날을 하루 남겨 두고 운명이 그의 여행을 불가능하게 만들었다. 큰 못을 밟아 발이 깊이 찔리는 바람에 여행이 어렵게 된 것이었다. 시간이 조금 지나 상처가 아물자, 그는 파리로 갔으며 그 자리에서 자신이 형수이자 약혼자인 그녀에 대해 실제보다 더 젊고 더 예쁘다고 상상하고 있었다는 사실을 깨달았다. 결혼식이 열렸고, 3개월 뒤에 아내의 주도로 첫 성교가 있었다. 그는 성교에 대한 욕망이 전혀 없었다. 두 사람은 아이를 함께 키웠다. 그는 스위스 식으로, 그녀는 프랑스인이었기에 프랑스 식으로 키웠다. 그런데 그만 아이가 아홉 살 때 자전거에 치어 죽고 말았다. 그때 환자는 집에 있으면서도 외로움과 절망을 심하게 느꼈다. 그는 아내에게 어린 소녀를 입양하는 것이 어떻겠느냐고 제안했다. 이 말에 그녀는 질투심에 휩싸였다. 그때 처음으로 그는 어린 소녀와 사랑에 빠졌으며, 그와 동시에 신경증이 시작되었다. 신경 쇠약과 깊은 우울증이 동반되었다. 그러는 동안에 가정 생활은 완전히 지옥이 되어 버렸다.

아내와 헤어져야 한다는 나의 제안은 즉시 거부당했다. 이유는 늙은 여자가 자기 때문에 불행해져서는 안 된다는 것이었다. 그는 분명히 더 많은 고통을 당하는 쪽을 택하고 있었다. 그에게는 현재의 기쁨보다 자신의 젊은 시절에 대한 기억이 더 소중해 보이기 때문이다.

이 환자의 경우에도 삶의 전체 움직임이 가족의 영향력이라는 마법의 원 안에서 일어나고 있다. 아버지와의 관계가 가장 강력하고 가장 중대한 문제이며, 아버지와의 관계의 자기 학대적인 동성애적 분위기는 어디서나 명백히 나타나고 있다. 불행한 결혼까지도 온갖 방식으로 아버지를 통해 결정되고 있다. 왜냐하면 환자가 이혼한 큰형의 아내와 결혼하고 있기 때문이다. 이것은 그가 그의 어머니와 결혼하는 것이나 비슷하다. 그의 아내는 또한 어머니의 대리자를, 그리고 아이를 낳다가 죽은 그 친구를 대표하고 있다.

리비도가 그의 유아적 사고나 감정에서 철수하고 나서 처음으로 본인이 결정한 성적 대상으로 향하려는 바로 그 순간에, 신경증이 시작되었다. 이 환자도 앞의 환자와 마찬가지로, 가족의 영향력을 아주 강하게 받은 것으로 드러나고 있다. 신경증의 보호를 받고 있는 좁은 영역이 그의 개성이 활동할 수 있는 공간의 전부이니 말이다.

사례 #3: 자신의 행복을 파괴하려 드는 여자

36세 농촌 여자이다. 평균적인 지능의 소유자이며, 건강한 외모에 체격이 튼튼하며 건강한 세 자녀를 둔 어머니이다. 가족 환경은 따스하다. 환자는 다음과 같은 이유로 치료를 받으러 병원을 찾았다. 몇 주일 동안 그녀는 대단히 불행해하고 불안해하고 있다. 잠도 설치고 악몽에 시달리고 있다. 낮에도 불안과 우울증으로 힘들어 하고 있다. 이 모든 증상들은 근거가 없어 보인다. 그녀 자신도 그런 것들에 놀라고 있다. 남편은 불안을 호소하는 그녀의 말을 "쓸데없는 소리!"라며 일축하고 있는데, 그녀도 그의 말이 완벽히 맞다는 점을 인정해야 했다. 그런데도 그녀는 이 모든 것들로부터 벗어날 수 없다. 이상한 생각들이 떠올랐다. 자신이 죽어가고 있으며 또 지옥으로 떨어질 것 같다는 생각이 드는 것이다. 그녀는 남편과 아주 잘 지내고 있다.

이 환자를 대상으로 정신분석적 조사를 하자마자 다음과 같은 사실들이 드러났다. 몇 주일 전에, 그녀는 집에 읽지 않은 채 오랫동안 놓여 있던 종교 관련 소책자를 어쩌다 손에 들게 되었다. 거기서 그녀는 욕하는 사람들은 지옥에 갈 것이라는 내용의 글을 읽었다. 그녀는 이 내용을 가슴에 깊이 새기면서, 그 후로 사람들이 욕을 하지 않도록 막는 것을 자신의 임무로 여겼으며 그렇게 하지 못할 경우에 그녀 자신이 지옥에 갈 것이라고 믿었다. 그녀가 이 소책자를 읽기 2주일 전쯤, 그녀와 함께 살던 아버지가 갑자기 뇌졸중으로 세상을 떠났다. 그녀는 아버지의 임종을 지켜보지 못했으며, 그녀가 도착했을 때에는 이미 아버지가 죽은 뒤였다. 그녀의 두려움과 슬픔은 매우 컸다.

아버지가 세상을 떠난 뒤 며칠 동안, 그녀는 아버지의 죽음을 놓고 온갖 생각을 다 했다. 아버지가 그렇게 갑작스럽게 최후를 맞아야 했던 이유에 대한 궁금증은 정말 끝이 없었다. 그런 식으로 생각에 빠져 있던 어느 순간, 그녀가 아버지에게서 마지막으로 들은 말이 떠올랐다. "나도 마차에서 악마의 손아귀로 떨어지는 자들에 속할 거야." 이 기억이 그녀를 비탄에 빠뜨렸다. 그녀는 아버지가 욕을 하는 경우가 너무 잦았다는 사실을 떠올렸다. 이어 그녀는 죽음 뒤에도 삶이 정말로 있는지, 그리고 아버지가 천국에 계시는지 아니면 지옥에 계시는지 궁금했다. 이런저런 생각에 빠져 지내던 동안에, 그녀는 그 종교 책자를 보게 되어 읽기 시작했다. 그녀가 읽은 대목이 바로 욕을 한 사람은 지옥에 간다는 부분이었다. 그러자 두려움과 공포가 그녀를 엄습했다. 그녀는 스스로를 질책했다. 아버지가 사람들을 저주하지 않도록 말렸어야 했는데, 그렇게 하지 않은 자신은 벌을 받아 마땅하다는 생각이 들었던 것이다. 이제 그녀는 죽으면 지옥에 갈 터였다. 그 때문에 그녀는 슬픔에 빠졌으며, 시무룩한 표정을 짓고, 이런 강박적인 생각으로 남편을 고문했으며, 모든 기쁨과 행복을 포기했다.

환자가 살아온 삶의 이야기(부분적으로, 그녀의 표현을 그대로 옮긴다)는 다음과 같다. 그녀는 다섯 남매의 막내이며 언제나 아버지의 총애를 받는 존재였다. 아버지는 그녀가 원하는 것이면 무엇이든 능력이 닿는 한 다 들어주었다. 예를 들어, 그녀가 새 옷을 사달라고 하는데 어머니가 거절하면, 그녀는 아버지가 다음에 읍내에 나갈 때 새 옷을 사줄 것이라고 확신했다. 어머니는 조금 일찍 세상을 떠났다. 환자는 스물네 살에 아버지의 바람을 거스르며 자신이 선택한 남자와 결혼했다. 아버지는 딱히 그 남자를 반대하는 이유를 제시하지 못하면서도 그녀의 선택을 못마땅하게 여겼다. 결혼식을 올린 뒤, 그녀는 아버지가 자기 집에 와서 살도록 했다. 그게 당연한 것처럼 느껴졌다고 그녀는 말했다. 왜냐하면 다른 친척들이 그녀의 아버지와 함께 살겠다고 이야기한 적이 한 번도 없었기 때문이다.

아버지는 다소 다혈질이고 저주의 말을 자주 내뱉았다. 그리고 술꾼이기도 했다. 쉽게 상상되듯이, 그녀의 남편과 장인은 극도로 사이가 나빴다. 나의 환자는 자기 아버지에게 술을 사다 주곤 했다. 그런데 이것이 분노와 격론을 낳았다. 그러나 그녀는 자기 남편이 "언제나 옳다"는 사실을 확인했다. 그녀의 남편은 선하고 인내심 강한 사람이었다. 한 가지 단점만 빼곤 나무랄 게 없었다. 그는 장인에게 절대로 고분고분하지 않았다. 그녀는 남편의 그런 점을 이해하지 못했으며, 차라리 남편이 그녀의 아버지에게 굴복했으면 좋겠다는 생각이 들었다. 어쨌든 아버지는 아버지니까. 두 사람이 언쟁을 벌일 때, 그녀는 언제나 아버지 편을 들었다. 그렇다고 남편을 나무랄 수도 없는 노릇이었다. 그의 항의가 언제나 정당했기 때문이다. 하지만 인간이라면 자기 아버지를 돕는 것이 당연하지 않은가.

곧, 그녀는 아버지의 뜻을 어기고 다른 사람과 결혼함으로써 결과적으로 아버지에게 죄를 짓게 되었다는 감정이 생기기 시작했다. 또 남편과 아버지가 다투고 난 뒤엔 남편에 대한 사랑이 상당히 식는 것을 느끼기도 했다. 아버지가 죽은 뒤로는 남편을 사랑하는 것이 더 이상 가능하지 않았다. 남편의 불복종이 아버지가 분노하고 저주하게 만든 가장 직접적인 원인이었기 때문이다.

남편에게도 장인어른과의 언쟁은 매우 고통스러웠다. 그래서 그는 아내를 설득시켜 아버지가 살 방을 다른 곳에 구하도록 했다. 그녀의 아버지는 따로 2년 동안 살았다. 이 기간에 남편과 아내는 평화롭게 지낼 수 있었다. 그러나 시간이 지날수록, 나의 환자는 아버지를 혼자 살게 내버려둔 자신을 질책하기 시작했다. 어쨌든, 자기 아버지가 아닌가. 결국 그녀는 남편의 항의를 무시하고 아버지를 다시 집으로 모셨다. 이유는 그녀가 말했듯이, 실제로 남편보다 자기 아버지를 더 사랑했기 때문이다. 노인이 집으로 들어오자마자, 갈등은 다시 시작되어 아버지가 갑작스레 죽을 때까지 이어졌다.

여기까지 이야기를 풀어놓다가 그녀가 갑자기 남편과 일찌감치 헤어져야 했다거나 아이들만 아니었더라면 이미 오래 전에 남편과 갈라섰을 것이라는 등의 한탄의 소리를 쏟아내기 시작했다. 그녀가 아버지의 뜻을 거스르며 자신이 원하는 사람과 결혼한 것 자체가 매우 큰 죄라는 생각이 들었다. 아버지가 원한 사람을 남편으로 맞았어야 했다는 후회가 밀려든 것이다. 그 사람은 틀림없이 아버지에게 복종했을 것이고, 그러면 모든 일이 잘 돌아갔을 터였다. 그렇다고 남편이 그녀의 아버지에 비해 더 친절한 것도 아니었다. 그래도 그녀는 아버지는 어떻게 해볼 수 있었지만 남편은 어떻게 할 수가 없었다. 아버지는 그녀가 원하는 모든 것을 베풀려 했으니까. 지금 그녀는 죽고 싶은 마음이 간절하다. 그러면 아버지와 함께 있을 수 있을 테니까.

그녀의 감정이 어느 정도 가라앉자, 나는 아버지가 권하는 남편을 거부한 이유를 물었다.

비탈진 언덕에 작은 농장을 일구던 농부였던 그녀의 아버지는 막내 딸이 태어나던 해에 버려진 불쌍한 어린 소년을 하인으로 들였다. 이 소년은 추하게 커갔다. 지능도 크게 떨어져 글을 읽지도 못하고 쓰지도 못했으며 말도 제대로 하지 못했다. 한마디로 저능아였다. 성년이 되어갈 때, 그의 목에 궤양이 여러 군데 생겼다. 지속적으로 고름을 짜내야 했으니, 그렇지 않아도 지저분하고 추하게 생긴 사람의 몰골이 더 이상해 보였다. 그의 지능은 나이가 들어도 더 나아지지 않았다. 그래서 그는 농부의 집에서 임금도 받지 않고 하인으로 계속 살았다.

그녀의 아버지는 사랑하는 딸이 이 젊은이와 결혼하기를 원했다.

다행히도 소녀에겐 아버지의 말을 들을 뜻이 전혀 없었다. 그러나 지금 그녀는 바로 그 점을 후회하고 있다. 그 바보를 남편으로 택했더라면 틀림없이 아버지에게 지금의 남편보다 더 충실하게 복종했을 테니까.

앞의 예와 마찬가지로, 이 예에서도 환자가 절대로 심약한 사람이 아니라는 것을 분명히 이해해야 한다. 두 환자 모두 지능이 정상이다. 그런데 불행하게도 유아기의 감정이 수시로 나타나면서 이 지능을 활용하지 못하도록 막고 있다. 이 환자의 인생 이야기를 보면, 그 같은 사실이 비교적 분명하게 나타난다. 아버지의 권위에 대해 의문을 제기할 생각이 전혀 보이지 않는다. 아버지가 툭 하면 언쟁을 벌이는 주정꾼이라는 사실이 모든 다툼과 혼란의 원인인데도, 이 점에 대해서는 전혀 아무런 조치가 취해지지 않았다. 반대로, 제대로 처신하고 있는 남편이 문제를 일으키고 있는 사람에게 굴복해야 한다는 식이다. 마침내 나의 환자는 자기 아버지가 자신의 인생을 완전히 파괴하지 않은 점에 대해 후회하는 지경에 이르렀다. 그래서 지금 그녀는 신경증으로 자신의 행복을 스스로 파괴하기 시작하고 있다. 이 신경증이 그녀의 내면에서 지옥에 가 있을 아버지와 함께 있기 위해 죽고 싶다는 소망을 불러일으키고 있으니 말이다.

악마의 힘이 치명적인 운명 쪽으로 몰아붙이는 예를 찾는다면, 이 환자가 바로 그런 예이다. 이 신경증 환자의 병든 영혼 속에서, 그리고 그 침울 속에서 침묵의 비극이 서서히 고통스럽게 일어나고 있다. 어떤 사람들은 눈에 보이지 않는 악마의 힘에 맞서 이기려고 안간힘을 쓰면서 점진적으로 노력하다가 끝내 악마의 손아귀에서 벗어난다. 또 다른 사람들은 과감히 일어나 자유를 쟁취했다가 다시 신경증의 올가미에 갇혀 옛날의 길로 돌아간다. 이런 불행한 사람들을 두고 신경증 환자라거나 신경 쇠약에 걸렸다고 말하기 곤란한 것도 사실이다. 정상이라고 생각하는 우리의 삶도 정신분석적 관점에서 검토하면, 강력한 어떤 손이 무분별하게 우리의 운명을 이끌고 있고 또 그 손이 언제나 친절한 손은 아니라는 사실이 느껴질 것이기 때문이다. 우리는 종종 그것을 신의 손 또는 악마의 손이라고 부른다. 왜냐하면 유아기 감정의 힘이 수 세기 동안 모든 종교를 뒷받침하거나 지지하는 데 막강한 힘을 발휘해 왔기 때문이다.

그렇다고 해서 물려받은 죄들의 탓을 부모에게로 돌려야 한다는 말은 아니다. 부모의 온갖 무절제를 직관적으로 자신의 영혼에 반영하는 민감한 아이는 자신의 운명을 자신의 특성 탓으로 돌리고 있음에 틀림없다. 그러나 바로 앞의 환자가 보여주듯이, 일이 언제나 그런 식으로 전개되는 것은 아니다. 왜냐하면 부모들이 자식의 무지를 이용해 자식을 자신들의 콤플렉스의 노예로 만들면서 자식의 영혼에 있는 악마를 강화할 수 있기 때문이다(불행하지만, 이런 일이 종종 벌어진다).

　이 환자의 경우에, 아버지가 딸의 내면에 있는 악마를 강화하려 했다는 사실이 아주 명백하게 확인되고 있다. 그가 자기 딸을 미개한 청년과 결혼시키길 원한 이유는 분명하다. 환자의 아버지는 딸을 옆에 두길 바라면서 그녀를 영원히 자신의 노예로 만들기를 원한 것이다. 그가 한 행동은 소위 교양 있고 존경 받을 만한 사람들 수천 명이 하는 행동을 우둔한 방향으로 과도하게 한 것에 지나지 않는다. 자기 자식들에게 자신의 감정을 갖는 것을 절대로 허용하지 않거나, 제대로 감추지 못한 성욕과 폭군 같은 격정으로 딸들에게 애정을 표현하거나, 아들들을 지나치게 엄하게 지도하는 아버지들은 자식들이 성에 일찍 눈뜨도록 만들고, 최종적으로 "적당히" 결혼시켜 떼어낼 것이다. 그리고 요람에서부터 아이들을 지나치게 부드럽게 다루면서 흥분시키는 어머니들은 그 후로도 계속 아이들을 노예 근성의 인형으로 만들다가 마지막에는 질투심 때문에 자식들의 연애 생활을 근본적으로 망쳐놓을 것이다. 그런 부모들의 행동은 이 환자의 아버지와 다를 게 하나도 없다.

　그렇다면 여기서 이런 질문을 던져도 좋을 것이다. 자식들에게 족쇄를 채워 영원히 자신에게 묶어둘 수 있는 부모의 그런 마력 같은 힘은 어디에 있는가? 정신분석가는 그것이 바로 부모와 자식 양쪽의 성욕이라는 것을 알고 있다.

　우리는 아이의 성욕을 인정하지 않으려 든다. 그 같은 관점은 단지 무지의 산물일 뿐인데도 오늘날 다시 널리 퍼지고 있다.

나는 이 환자들을 깊이 분석하지 않았다. 그래서 이 운명의 꼭두각시들의 내면에 어릴 적에 어떤 일이 일어났는지에 대해 알지 못한다. 성장하는 아이의 정신에 대한 깊은 통찰은 프로이트의 논문에 종종 소개되고 있다. 프로이트의 논문이 있는 상황에서도 내가 아이의 정신에 대한 연구에 작은 기여라도 하겠다고 나서는 이유는 환자들의 정신분석 기록이 언제나 소중하기 때문이다.

케이스 #4: 8세 유뇨증 환자

여덟 살 소년이다. 똑똑하지만, 허약해 보인다. 이 소년이 어머니의 손에 끌려 나를 찾은 것은 유뇨증(遺尿症) 때문이었다. 상담하는 동안에, 아이는 줄곧 아름답고 젊은 어머니에게 매달려 있었다. 부모의 결혼생활은 행복하다. 그러나 아버지가 아주 엄하다. 그래서 소년(장남)은 아버지를 무서워하는 편이다. 자연히 어머니가 부드러움으로 아버지의 엄격함을 보상하고 있다. 소년은 어머니의 부드러운 손길에 너무나 강하게 반응하고 있다. 그래서 소년이 어머니의 앞치마 끈을 절대로 놓지 않고 있는 것이다. 아이는 학교 친구들과도 어울려 놀지 않으며 학교 가는 길이 아니고는 혼자 거리로 나서지도 않는다. 아이는 다른 소년들의 거친 행동과 폭력성을 무서워하면서 집에서 머리를 쓰는 놀이를 하거나 어머니의 집안일을 돕는다. 소년은 아버지를 극도로 질투한다. 아버지가 어머니에게 부드럽게 대하는 모습조차도 참아내지 못한다.

나는 소년을 따로 데려가서 꿈에 대해 물었다.

소년은 얼굴을 물려고 대드는 검은 뱀에 관한 꿈을 매우 자주 꾼다. 소년이 그런 꿈을 꾸다가 무서워 울면, 옆방에서 자던 어머니가 아들의 침대로 와야 했다.

밤에 소년은 별다른 말썽을 일으키지 않고 침대로 간다. 그러나 잠만 들었다 하면, 칼이나 총을 든 시커먼 남자가 아이의 침실에 눕는 꿈을 꾼다. 키가 큰 남자는 소년을 죽이려 한다.

부모는 옆방에서 잠을 잔다. 소년에겐 부모가 자는 방에서 무슨 무서운 일이 벌어지는 것 같다. 커다란 검정 뱀이나 사악한 사람이 자기 엄마를 죽이려 하는 것 같다. 그런 생각이 들면, 소년은 울음을 터뜨린다. 그러면 어머니가 아이를 달래려 아이의 방으로 온다.

소년은 오줌을 쌀 때마다 어머니를 부르고, 그러면 어머니는 아들 방으로 와서 이불을 갈고 다시 아이를 달래줘야 했다.

아버지는 키가 크고 비쩍 말랐다. 매일 아침, 그는 아이가 보는 앞에서 세면대에서 발가벗은 채 서서 목욕을 한다. 아이는 밤에 옆방에서 나는 이상한 소리에 잠에서 깨어난다는 이야기를 들려준다. 이상한 소리가 들릴 때면, 소년은 언제나 무서운 일이 벌어지고 있는 것이 아닌가 하는 생각에 떨게 된다. 그러나 어머니는 아들을 달래며 무서워할 것이 하나도 없다고 말한다.

시커먼 뱀이 어디서 오고 사악한 남자가 누구인지, 그리고 옆방에서 무슨 일이 벌어지는지를 아는 것은 그리 어려운 일이 아니다. 소년이 자기 어머니를 큰 소리로 부를 때 아이의 목표가 무엇인지를 이해하는 것도 마찬가지로 쉬운 일이다. 소년은 아버지를 질투하면서 어머니를 아버지로부터 떼어놓길 원한다. 소년은 낮에도 아버지가 어머니를 끌어안을 때마다 그런 식의 행동을 보인다. 소년은 단순히 자기 어머니의 사랑을 노리고 있는 아버지의 경쟁자이다.

그러나 이젠 뱀과 나쁜 사람이 아이를 위협하는 상황이 벌어진다. 소년에게도 옆방의 어머니에게 일어나고 있는 것과 똑같은 일이 일어나고 있다. 그래서 소년은 자신과 어머니를 동일시하고 있으며, 아버지에게 어머니와 맺고 있는 관계와 비슷한 관계를 자기와도 맺어줄 것을 제안하고 있다. 소년이 아버지 앞에서 여자처럼 느끼는 것은 동성애적인 성향 때문이다. 이 경우에 유뇨증의 의미를 이해하는 것은 프로이트의 관점에서 보면 어렵지 않다. 배뇨 꿈이 유뇨증의 의미를 밝혀준다. 유뇨증은 유아의 성적 대체물로 여겨져야 한다. 어른들의 꿈에서도 배뇨는 성욕의 충동을 가리는 수단으로 이용된다.

이 사소한 예는 부모에게 의존해야 하는 위치에 있는 여덟 살짜리 소년의 마음에서 벌어지고 있는 일을 보여주고 있지만, 그 탓은 부분적으로 지나치게 엄격한 아버지와 지나치게 부드러운 어머니에게로 돌려져야 한다. 여기서 유아기의 태도는 유아기의 성욕에 지나지 않는다는 것이 분명해진다. 유아기 감정의 모든 가능성을 두루 다 조사한다면, 우리의 삶의 운명은 본질적으로 우리의 성욕의 운명과 똑같다고 말하지 않을 수 없을 것이다. 만약 프로이트와 그의 학파가 개인의 성욕을 거꾸로 추적하는 데 매진하고 있다면, 그것은 짜릿한 감각을 자극하기 위한 것이 아니라 개인의 운명을 결정짓는 원동력에 대한 깊은 통찰을 얻기 위한 것이다. 만약에 개인의 운명의 문제들을 둘러싸고 있는 베일을 걷어낼 수 있다면, 우리는 나중에 관점을 개인의 역사에서 민족의 역사로 넓힐 수 있을 것이다. 그러면 가장 먼저 종교의 역사를, 전체 민족과 시대의 공상 체계의 역사를 볼 것이다. '구약 성경'의 종교는 가족의 아버지를 유대인이 두려움과 경외감에서 복종해야 했던 유대인의 여호와로 끌어올렸다. 가부장은 신성을 향해 가는 중간 단계이다. 유대인의 종교가 유발하는 신경증적 두려움과 경외는, 그리고 그때까지만 해도 지나치게 야만스러웠던 유대 민족의, 실패라고 할 수는 없어도 여전히 불완전했던 승화는 모세 율법의 과도한 엄격성을, 말하자면 신경증 환자의 의식적(儀式的) 억제 같은 것을 낳았다.

예언자들만이 이 억제로부터 스스로를 해방시키는 데 성공할 수 있었다. 예언자들의 내면에서, 여호와와의 동일시, 즉 완전한 승화가 이뤄지는 것이다. 예언자들은 이스라엘 민족의 아버지가 되었다. 예언의 성취인 예수 그리스도는 신에 대한 이런 두려움에 종지부를 찍고, 신과의 진정한 관계는 곧 "사랑"이라는 것을 인류에게 가르쳤다. 그리하여 예수 그리스도는 모세 율법의 의식적(儀式的) 속박을 깨뜨리고, 신과 개인적으로 맺는 사랑의 관계의 예를 보여주었다. 훗날 기독교 미사라는 불완전한 승화는 다시 교회 의식을 낳게 되며, 성인(聖人)과 개혁가들 중에 승화의 능력을 가진 정신의 소유자들은 간혹 교회의 의식으로부터 자신을 해방시킬 수 있었다. 그러므로 현대 신학이 "내면적" 또는 "개인적" 경험에 대해 엄청난 해방의 힘을 발휘한다는 식으로 말하는 데에도 다 이유가 있다고 할 수 있다. 왜냐하면 사랑의 열정이 불안과 억제를 보다 고상하고 자유로운 유형의 감정으로 변화시키기 때문이다.

신성(神性)에 일어나는 변화의 원천인 세상사의 발달에서 보는 것들을 우리는 개인의 발달에서도 본다. 부모의 힘이 마치 높은 곳에서 지배하고 있는 어떤 운명처럼 아이를 안내한다. 그러나 아이가 성장하기 시작할 때, 유아기에 형성된 감정들과 아이의 개성 사이에 갈등이 시작된다. 선사(유아) 시대부터 시작된 부모의 영향력은 억눌러지면서 아이의 무의식 속으로 잠기지만 거기서 완전히 제거되지는 않는다. 바로 거기서 눈에 보이지 않는 실을 통해서, 부모의 영향력은 점점 성숙해가는 자식의 정신이 개인적으로 창조에 나설 때 길잡이 역할을 맡고 나선다. 무의식으로 넘어간 모든 것과 마찬가지로, 유아기에 형성된 감정은 신비한 어떤 존재가 안내를 맡으면서 영향들에 맞서고 있다는 감정을, 그러니까 희미한 예감의 느낌을 위쪽의 의식 속으로 올려보낸다.

바로 여기에 종교적 승화의 최초의 뿌리들이 있다. 미덕들과 단점들을 두루 가진 아버지 대신에, 한쪽에는 더할 나위 없이 장엄한 신이 나타나고 다른 한쪽에 악마가 나타난다. 그 중에서 악마의 영역은 현대에 들어서 개인이 자신의 도덕적 책임을 인식하게 됨에 따라 대부분 깎여 나갔다. 고상한 사랑은 신의 속성으로 여겨지고, 저속한 성욕은 악마의 속성으로 여겨진다. 우리가 신경증의 영역에 가까이 다가서자마자, 그 대조가 극에 달한다. 신은 더없이 완벽한 성적 억압의 상징이 되고, 악마는 성적 욕망의 상징이 된다. 따라서 아버지와 연결되는 감정이 의식적으로 표현될 때에는 모든 무의식적 콤플렉스가 의식에 표현될 때와 마찬가지로 야누스의 얼굴을, 말하자면 긍정적인 요소와 부정적인 요소를 동시에 보이게 된다. 무의식이 이처럼 교활하게 작용하는 과정을 보여주는 재미있는 한 예는 '토비아스서(書)'의 사랑의 에피소드에 들어 있다.

엑바타나에 있는 라구엘의 딸 사라는 결혼하길 원한다. 그러나 불행한 운명 때문에 그녀가 남편으로 선택하는 사람은 일곱 명까지 결혼하는 날 밤에 죽게 되어 있다. 그녀를 괴롭힌다는 악령 아스모디가 이 남편들을 죽인다. 그녀는 이런 수치를 또 다시 당하느니 차라리 죽는 게

낫겠다고 생각하고 여호와에게 죽게 해 달라고 기도를 올린다. 그녀는 심지어 자기 아버지의 하녀들로부터도 경멸을 당한다. 신이 여덟 번째 신랑인 토비아스를 그녀에게 보낸다. 그도 신부의 방으로 안내를 받는다. 그때 잠을 자는 척하고 있던 늙은 라구엘이 다시 침대에서 일어나 밖으로 나가서 미리 사위의 무덤을 판 다음에 아침에 하녀를 신부 방으로 보내 예상한 대로 사위가 죽었는지 확인하도록 한다. 그러나 이번에는 아스모디의 역할이 다 끝났기 때문에 토비아스는 살아 있었다.

이 이야기와 딱 들어맞는 히스테리 환자가 있지만, 의학계에서 지켜야 할 원칙 때문에 여기서 공개하지 못하는 것이 안타깝다. 앞의 이야기와는 남편이 7명이 아니고 3명이라는 사실만 다를 뿐이다. 이 남편들은 하나같이 유아기에 형성된 감정의 영향에 의해 불길하게 선택된 사람들이었다. 앞에서 소개한 첫 번째 환자도 이 범주에 해당하며, 세 번째 환자에서도 늙은 농부가 자기 딸을 이와 비슷한 운명에 바치려고 준비했다는 사실이 확인된다.

경건하고 순종적인 딸로서, 사라는 아버지 콤플렉스의 승화와 상처를 동시에 경험했다. 한편에서는 그녀의 유치한 사랑을 신에 대한 숭배로 승화시켰고, 다른 한편에서는 그녀의 아버지의 매력의 강박적인 힘을 학대하는 악마 아스모디로 바꿔놓았다. 대단히 아름답게 다듬어진 이 전설은 아버지의 이중적인 측면을 잘 보여주고 있다. 말하자면 신부의 아버지로서 낙심하는 심정을 보여주는 한편으로 사위의 운명을 예측하고 사위의 무덤을 몰래 파는 그런 모습을 보여주고 있는 것이다. 이 아름다운 이야기는 나의 분석에 중요한 패러다임이 되었다. 왜냐하면 아버지의 악령이 딸의 운명을 잡고 흔드는 경우가 결코 드물지 않기 때문이다. 그 결과, 딸이 결혼을 한 뒤에도 남편과 진정한 결합을 절대로 이루지 못하기도 한다. 남편의 이미지가 그녀의 무의식 속에서 영원히 작용하고 있는 아버지의 이상을 지우지 못하기 때문이다. 딸에게만 해당되는 이야기가 아니다. 아들에게도 마찬가지로 유효한 이야기이다.

나의 경험에 비춰보면, 아버지는 언제나 자식의 공상에서 결정적이며 위험한 대상이다. 어쩌다 그 대상이 아버지가 아니고 어머니라면, 나는 그녀의 뒤에서 그녀의 가슴 속 깊은 곳을 차지하고 있는 그녀의 아버지, 즉 소녀의 외할아버지를 발견할 수 있다.

나는 이 문제를 미해결의 상태로 남겨둬야 한다. 아직 나의 경험이 어떤 결론을 내릴 만큼 충분히 많이 쌓이지 않았기 때문이다. 앞으로 몇 년 동안 경험을 더 많이 함으로써 아직 미지의 땅으로 남아 있는 곳에 빛을 비출 수 있기를 바란다. 〈1909년〉

3장

루머의 심리학

1년 전쯤 어느 학교의 책임자가 찾아와 그 학교에 다니는 13세 소녀 마리 X의 심리 상태에 관련해 전문가의 의견을 제시해 달라고 부탁했다. 마리는 자신을 가르치는 선생에 대해 추한 소문을 퍼뜨렸다는 이유로 학교에서 쫓겨났다. 이 처벌이 아이는 물론이고 소녀의 부모에게도 큰 충격을 안겨주었다. 그래서 학교 관계자들은 의학적 소견만 괜찮게 나온다면 그녀를 다시 받아들일 생각이었다. 그녀를 둘러싸고 벌어진 일은 다음과 같다.

　그 선생은 소녀들이 수상쩍은 섹스 이야기를 하면서 이야기의 주인공으로 자신을 꼽고 있다는 소리를 간접적으로 들었다. 조사 결과, 마리 X가 어느 날 소녀 친구들 3명에게 이런 꿈에 관한 이야기를 들려주었다는 사실이 확인되었다.

"학급 모두가 수영을 하러 가게 되어 있었어요. 저는 소녀들이 수영하는 곳에 공간이 없어서 소년들이 수영하는 곳으로 가야 했어요. 거기서 우리는 호수 멀리까지 헤엄을 쳤어요(누구랑 수영을 했느냐는 물음에 '리나 P와 선생님, 그리고 나'라고 대답했다). 그때 기선이 다가왔어요. 선생님이 우리에게 기선에 타고 싶은지 물었어요. 우리는 기선에 올라갔어요. 그곳에선 결혼식이 진행되고 있었어요(누구의 결혼식이냐는 물음에 '선생님 친구의 결혼식'이라는 대답이 나왔다). 우리도 결혼식에 참석할 수 있었어요. 그런 다음에 우리는 여행을 떠났어요(누구와? '나, 리나 P, 그리고 선생님'). 신혼여행과 비슷했어요. 우리는 안데르마트에 도착했어요. 그런데 그곳의 호텔엔 방이 없었으며, 그래서 우리는 헛간 같은 곳에서 밤을 보내야 했어요. 거기서 여자가 아이를 낳았고, 선생님이 대부가 되었어요."

내가 소녀를 진단했을 때, 그녀가 이 꿈에 대한 이야기를 들려주었다. 선생도 마찬가지로 이 꿈에 대한 내용을 글로 적어 놓고 있었다. 선생이 적어놓은 꿈의 내용을 보면 "기선"이라는 단어 다음에 추가적인 내용이 보인다. "우리는 기선에 올라갔어요. 그런데 금방 추위가 느껴졌어요. 어떤 늙은 남자가 우리에게 블라우스를 하나 주었는데, 선생님이 그것을 입었어요." 한편, 선생이 적은 꿈의 내용에는 호텔에서 방을 구하지 못해서 헛간 같은 곳에서 밤을 보낼 수밖에 없었다는 부분이 빠져 있었다.

소녀는 즉시 꿈에 대한 이야기를 3명의 친구뿐만 아니라 자기 어머니에게도 들려주었다. 어머니는 앞에서 제시한 두 가지 버전과 거의 다르지 않은 내용을 나에게 그대로 되풀이했다. 대단히 불안한 마음을 품은 가운데 조사에 나섰던 선생은 나와 마찬가지로 위험한 자료를 추가로 찾지 못했다. 그러므로 소녀가 최초로 말한 꿈의 내용이 현재 나돌고 있는 소문과 별로 다르지 않았을 가능성이 크다. (추위를 느꼈다는 부분과 블라우스에 관한 내용은 논리적으로 앞뒤를 맞추기 위해 새로 삽입한 것처럼 보인다. 물에서 나오면 당연히 물에 젖어 있고 수영복만 걸친 상태이다. 그렇기 때문에 옷을 걸치기 전에는 결혼식에 참석하지 못한다.) 처음에 선생은 모든 사태가 단지 꿈에서 비롯되었다는 점을 인정하기 어려웠을 것이다. 그래서 그 이야기를 꾸며낸 것으로 의심했을 것이다.

그러나 선생은 소녀가 꿈에 대해 아무 생각 없이 이야기했다는 사실을 인정하지 않을 수 없었다. 또 소녀가 성적인 표현을 이런 식으로 위장해서 퍼뜨릴 만큼 교활하다고 보는 것도 부자연스럽다는 점을 인정해야 했다. 한동안 선생은 그 소문을 두고 교활한 창작의 문제로 볼 것인지 아니면 정말로 꿈에 관한 이야기를 했을 뿐인데 다른 아이들이 그 이야기를 성적인 방향으로 이해했다고 볼 것인지, 깊은 고민에 빠졌다. 황당한 일 앞에서 처음에 느꼈던 분노가 어느 정도 가라앉았을 때, 선생은 마리 X의 죄가 그다지 크지 않을 수 있고 또 그녀의 공상과 그녀의 친구들의 공상이 그런 소문을 낳았을 수 있다고 결론을 내렸다. 그런 다음에 그는 정말로 중요한 조치를 취했다. 감시의 눈길을 마리의 친구들에게로 옮기면서 그 꿈에 대해 들은 내용을 모두 글로 적도록 한 것이다.

이 부분으로 관심을 돌리기 전에 이 꿈을 분석적으로 한 번 보도록 하자. 먼저, 우리는 사실들을 받아들여야 하며, 또 꿈을 다루는 것이지 날조된 이야기를 다루는 것이 아니라는 선생의 의견에 동의해야 한다. 이 이야기는 꾸며낸 창작으로 보기엔 모호한 구석이 너무 많다. 의식적인 창작은 이야기를 부드럽게 전개하려고 노력할 것이다. 그러나 꿈은 매끄러운 장면 전환 따위에는 전혀 신경을 쓰지 않는다. 앞뒤 이야기의 모순이나 간극을 무시하는 것이다. 이 소녀의 꿈 이야기에서 확인되는 바와 같이, 이 간극을 의식적으로 수정하다 보면 고의로 삽입하는 내용이 나오기 마련이다. 그런데 이 간극들이 대단히 중요하다. 수영장 장면에도 옷을 벗는 장면이 전혀 없다. 옷을 벗고 있다는 내용도 없고, 물속에 함께 있다는 내용도 없다. 소녀의 꿈 이야기에는 기선 위에서 옷을 입고 있었다는 내용이 빠져 있는데, 이 부분은 앞에서 언급한 내용을 삽입하는 것으로 보완되고 있다. 그러나 삽입한 내용도 선생에게만 해당된다. 따라서 거기엔 선생의 나체를 가리는 것이 가장 절실히 필요했다는 암시가 담겨 있다. 결혼에 관한 묘사도 세부적이지 않으며, 기선에서 결혼식 장면으로 전환하는 것도 뜬금없다. 안데르마트에서 헛간 같은 곳에서 하룻밤을 보내야 하는 이유도 처음에 분명하지 않다. 그러나 이와 비슷한 예는 수영장의 공간이 부족했다는 데서도 확인된다. 그래서 소녀는 남자들이 옷을 갈아 입는 곳으로 가야 했다. 호텔 방이 부족하다는 것은 다시 남녀 분리를 강조하고 있다. 헛간에 대한 묘사는 거의 보이지 않는다. 돌연 아기의 출생이 따르고, 그에 대한 설명도 없다. 대부로서의 선생은 대단히 모호하다. 전체 이야기에서 마리가 하는 역할은 전반적으로 부차적이다. 정말이지, 그녀는 한 사람의 방관자에 지나지 않는다.

귀로 들은 증인들

증인 #1: "마리는 그녀와 리나 P가 우리 선생님과 함께 수영을 하러 간 꿈을 꾸었다. 그들은 호수에서 수영을 하며 꽤 멀리까지 나갔다. 그때 마리가 발이 아파서 더 이상 수영을 하지 못하겠다고 말했다. 그러자 선생님은 마리에게 '나'의 등에 업혀도 좋다고 말했다. 마리는 선생님의 등에 올라탔고, 두 사람은 수영을 계속했다. 시간이 조금 지난 뒤, 기선이 한 척 왔다. 그들은 기선에 올랐다. 선생님은 밧줄을 하나 갖고 있었던 것 같은데 그 밧줄로 마리와 L을 함께 묶어 호수 멀리까지 끌고 갔다. 그들은 이런 식으로 Z까지 가서 거기서 기선에서 내렸다. 그러나 그들은 옷을 전혀 걸치지 않았다. 그래서 선생님은 재킷을 하나 사고, 마리와 L은 길고 두꺼운 면사포를 샀다. 그렇게 몸을 가린 세 사람은 호숫가를 걸었다. 그때 거기서 결혼식이 열리고 있었다. 그들은 결혼식을 올리고 있던 사람들을 만났다. 신부는 청색 실크 드레스를 입고 있었지만 면사포가 없었다. 신부는 마리와 L에게 면사포를 자신에게 줄 수 있는지 물었다. 마리와 L은 면사포를 신부에게 건넸으며, 그 대가로 결혼식에 참석하는 것이 허용되었다. 그들은 선 인(Sun Inn)으로 들어갔다. 이어서 안데르마트로 신혼여행을 떠났다. 나는 그들이 A에서 선 인에 들어갔는지 아니면 Z에서 선 인에 들어갔는지 모른다. 그곳에서 그들은 커피를 마시고 감자와 꿀, 버터를 즐겼다.

더 이상은 말하지 못한다. 단지 선생님이 마지막에 대부가 되었다는 내용만 말할 수 있다."

해설: 수영장에 공간이 부족했다는 것에 관한 언급이 없다. 마리는 곧장 선생과 수영장으로 간다. 선생과 두 소녀를 묶는 밧줄로 인해, 그

들은 물속에서 더욱 밀접하게 묶여 있다. 첫 번째 이야기에서 "오르는 행위"의 모호함이 여기서는 다른 의미를 지닌다. 첫 번째 이야기엔 기선에 오르는 부분이 있지만, 지금 여기선 오르는 행위가 두 곳에서 일어나고 있기 때문이다. 우선, 선생이 마리를 자신의 등에 태운다. "그녀는 나의('그의'가 아니다) 등에 업혀도 좋다"고 하는 애교스런 말실수는 이 증인이 이 장면에서 한 진짜 역할을 보여주고 있다. 꿈이 다소 엉뚱하게 기선을 등장시킨 이유를 명확하게 보여주기도 한다. 기선이 꿈에 나타난 것은 모호한 "오름"에 순진한 분위기를 불어넣기 위해서이다. 옷이 없다는 내용이 증인의 특별한 관심을 불러일으키고 있다. 선생은 재킷을 사고, 소녀들은 긴 면사포를 산다(장례식이나 결혼식에서 쓰는 그런 면사포이다). 면사포가 결혼식에 쓰이는 것이라는 사실은 신부가 면사포를 쓰지 않고 있다는 말로 확인된다(그 면사포를 쓰는 사람은 신부이다). 마리의 친구인 이 증인은 여기서 마리가 추가로 꿈을 더 꾸도록 돕고 있다. 면사포를 갖고 있다는 사실은 주인공이 신부나 신부들, 다시 말해 마리와 리나라는 점을 암시하기 때문이다. 이 상황에서 충격적이거나 비도덕적인 것은 면사포를 포기하는 소녀들에 의해 사라지고 있다. 이제 상황은 순진한 상황으로 변한다. 증인은 안데르마트의 모호한 장면을 가리는 데에도 똑같은 장치를 이용하고 있다. 거기엔 맛있는 음식과 커피, 감자, 꿀, 버터 외엔 아무것도 없다. 잘 알려진 방법으로 유아적인 삶으로 돌아가고 있는 것이다. 결론은 대단히 엉뚱하다. 선생이 대부가 되었으니 말이다.

증인 #2: "마리가 L과 P, 선생님과 함께 목욕을 하러 가는 꿈을 꾸었다. 호수 멀리까지 수영한 뒤에 M은 선생님에게 다리가 많이 아프다고 말했다. 그러자 선생님이 M에게 자신의 등에 올라타도 좋다고 말했다. 앞의 문장이 정확한지 자신할 수 없지만 그랬던 것 같다. 거기에 배가 한 척 있었기 때문에, 선생님은 그녀에게 배가 있는 곳까지 헤엄을 치면 배를 탈 수 있다고 말했다. 그런 다음에 일이 어떤 식으로 돌아갔는지 나는 정확히 기억하지 못한다. 이어서 선생님인지 마리인지 확실하지 않지만, 두 사람 중 한 사람이 Z에서 내려 집에 가면 된다고 말했다. 이어서 선생님은 그곳에서 목욕을 하고 있던 신사 두 분에게 큰 소리로 외치며 아이들을 뭍으로 좀 데려다 달라고 부탁했다. L과 P는 같은 남자의 등에 올라탔고, 마리는 뚱뚱한 다른 남자의 등에 올라탔다. 선생님은 뚱뚱한 남자의 다리를 붙잡고 그들의 뒤를 따라 헤엄을 쳤다. 뭍에 도착한 그들은 집으로 달렸다. 집으로 가는 길에 선생님은 결혼식을 올리고 있던 친구를 만났다. 마리가 이렇게 말했다. "당시엔 탈것을 타지 않고 걸어 다니는 것이 유행이었어." 그때 신부는 자신도 걸어가야 한다고 말했다. 이를 지켜보고 있던 선생님은 두 소녀에게 오던 길에 구한 검정색 면사포를 신부에게 주면 좋겠다고 말했다. 소녀들이 면사포를 어떻게 얻게 되었는지는 기억나지 않는다. 소녀들은 면사포를 신부에게 주었고, 그러자 신부는 정말로 "사랑스럽고 마음씨가 착한 애들이네!"라고 말한다. 그런 다음에 그들은 길을 재촉하다가 선 호텔에 묵었다. 거기서 먹을 것을 챙겼으나, 정확히 무엇을 얻었는지는 모르겠다. 이어 그들은 헛간 같은 곳에 가서 춤을 추었다. 그 자리에 있는 남자들은 선생님을 빼고 모두 코트를 벗고 있었다. 그러자 신부가 선생님도 코트를 벗어야 한다고 말했다. 선생님은 망설였지만 결국엔 코트를 벗었다. 이어 선생님이 …. 선생님이 춥다고 했다. 더 이상의 내용은 말하기 부적절하다. 내가 들은 내용은 이게 전부다."

해설: 증인은 오르는 것에 특별히 신경을 쓰고 있다. 그러나 원래 오르는 것이 선생의 등을 오르는 것이었는지 기선에 오르는 것이었는지 그 의미를 정확히 모르고 있다. 그러나 이 불확실성은 소녀들을 등에 태워 뭍으로 나오는 두 사람의 이방인을 창작하는 것으로 해결되고 있다. 오르는 행위는 증인에게 매우 중요한 생각이기 때문에 버릴 수 없다. 그러나 증인은 선생이 소녀들을 보고 있다는 생각에 힘들어 하고 있다. 마찬가지로 옷이 없다는 점도 많은 관심을 불러일으키고 있다. 신부의 면사포는 애도의 검정색 면사포가 되었다(상스러운 것을 숨기기 위해서이다). 거기엔 왜곡 같은 것은 전혀 없을 뿐만 아니라 명백히 도덕적이다("사랑스럽고 마음씨가 착한 아이들"). 도덕과 전혀 관계없는 소망이 특별히 소중한 미덕으로 변했다. 그러면서 특별히 강조되고 있는 미덕이 늘 그렇듯이 의심을 불러일으킨다.

이 증인은 엉성했던 헛간 장면을 적극적으로 채우고 있다. 남자들이 코트를 벗고, 선생도 또한 코트를 벗고, 따라서 발가벗게 되어 추위를 느끼게 된다. 그래서 이 장면이 대단히 부적절해진다.

이 증인은 원래의 꿈 중에서 의심의 눈길을 받을 만한 대목을 정확히 알고 있었다. 그녀는 목욕을 하려면 반드시 필요한 옷 벗는 장면을 집어넣었다. 최종적으로 소녀들이 발가벗은 선생과 함께 있었던 것으로 드러나야 했기 때문이다.

증인 #3: "마리가 다음과 같은 꿈 이야기를 들려주었다. '선생님과 함께 목욕을 하러 갔지만 내가 옷을 갈아입을 공간이 없었다. 그러자 선생님이 나를 자신의 탈의실로 데려갔다. 나는 옷을 벗고 목욕을 하러 갔다. 나는 반대편 호숫가까지 헤엄을 쳤다. 거기서 나는 선생님을 만났다. 선생님은 나에게 자신과 함께 호수를 가로질러 헤엄을 치고 싶은지 물었다. 나도 헤엄을 쳤고, L과 P도 함께 헤엄을 쳤다. 우리는 곧 호수 한가운데까지 갔다. 나는 더 이상 수영을 하고 싶지 않았다. 지금 정확히 기억하지 못하지만, 곧 어떤 배가 다가왔고 우리는 배에 올랐다. 선생님이 "어, 추워!"라고 하자 선원이 낡은 셔츠를 우리에게 건넸다. 우리 세 사람은 셔츠를 찢었다. 나는 찢은 셔츠로 목을 감았다. 그런 다음에 우리는 배를 떠나서 K시 쪽으로 헤엄을 쳤다.

L과 P와 나는 더 이상 수영을 하고 싶지 않았다. 살이 찐 남자 두 명이 우리를 자신들의 등에 태웠다. K시에 도착해서 우리는 면사포를 얻어 걸쳤다. 우리는 거리로 나섰다. 선생님이 어떤 친구를 만났는데, 그가 우리를 자신의 결혼식에 초대했다. 우리는 선 인으로 가서 게임을 즐겼다. 폴로네즈 춤도 추었다. 그 장면은 지금 정확히 기억나지 않는다. 이어 우리는 안데르마트로 신혼여행을 떠났다. 선생님은 돈이 하나도 없었기 때문에 안데르마트에서 밤을 몇 개 훔쳤다. 그러면서 선생님은 "두 제자와 함께 여행을 할 수 있어 너무나 기뻐."라고 말했다. 그런 다음에 내가 글로 쓸 수 없는 부적절한 일이 일어났다.' 꿈은 이게 전부다."

해설: 탈의실이라는 좁은 공간에서 옷을 함께 벗는 일이 벌어지고 있다. 배에 옷이 없다는 것이 추가로 왜곡을 일으키고 있다. (낡은 셔츠가 세 갈래로 찢어진다.) 선생의 등에 올라타는 행위는 대단히 불확실하다는 생각 때문에 언급되지 않고 있다. 대신에 두 소녀는 뚱뚱한 남자 두 명의 등에 올라타고 있다. "뚱뚱한"이라는 표현이 두드러지기 때문에 선생의 몸은 통통한 수준 그 이상이라는 점을 지적해야 한다. 배경은 대단히 전형적이다. 소녀들 모두가 선생을 한 사람씩 두고 있

다. 어떤 인물의 복제나 증식은 그 인물의 중요성, 즉 축적된 리비도를 표현한다. 컬트와 신화학에서, 이 복제의 중요성은 아주 두드러진다. 쉽게 표현하자면, 그런 인물은 "둘을 위해서" 먹고 마시고 잔다. 정신 분열증에서, 인격의 증식은 주로 리비도가 축적되고 있다는 뜻으로 해석된다. 왜냐하면 증식의 대상이 되는 사람은 틀림없이 환자가 전이를 하고 있는 사람이기 때문이다. 정신분열증의 일반적 경향을 따르고 있는 이 같은 분할은 분석적으로 일종의 비하(卑下)이며, 이 비하의 목적은 지나치게 강력한 인상이 일어나는 것을 막는 데에 있다. 그러나 인격 증식의 최종적인 의미는 그 인물의 어떤 속성을 살아 있는 어떤 형상의 수준으로 끌어올리는 것이다. 이를 보여주는 간단한 예가 디오니소스와 그의 동료인 팔레스이다. 팔레스는 디오니소스의 남근의 상징인 팔로스와 동일하다. 소위 말하는 디오니소소의 종자들(사티로스, 실레노스, 마이나데스, 미말로네스 등)은 디오니소스의 속성들의 상징으로 이뤄져 있다.

안데르마트 장면은 재치 있게 묘사되고 있다. 더 적절히 말한다면, 추가로 꿈을 꾸는 것으로 되어 있다. "선생님이 밤을 훔친다"라는 표현은 선생이 금지된 행위를 했다는 뜻이다. 밤은 구운 밤을 의미한다. 밤은 칼로 벤 듯한 자국 때문에 여자의 성적 상징으로 알려져 있다. 따라서 선생이 한 말, 말하자면 밤을 훔친 직후에 제자들과 함께 여행을 하게 되어 대단히 기쁘다고 한 말의 뜻이 전해온다. 밤을 훔친 행위는 확실히 증인이 개인적으로 삽입한 부분이다. 다른 사람들의 설명에는 전혀 나타나지 않기 때문이다. 이는 마리 X의 학교 친구들이 마음속으로 그 꿈에 얼마나 적극적으로 참여하고 있었는지를 보여준다.

이것은 마리 X의 꿈에 대해 들었던 사람들이 들려준 마지막 증언이다. 면사포 이야기와 발의 통증은 원래의 이야기에 들어 있었을 확률이 높은 항목들이다. 그러나 다른 삽입된 부분들은 전적으로 개인적이며, 이는 증인들이 꿈의 의미에 나름대로 참여하고 있기 때문에 나타난 것이다.

전문(傳聞) 증거

소문 #1: 학교 전체가 선생님과 함께 목욕을 하러 가야 했다. 마리 X는 옷을 갈아입을 곳을 찾지 못했다. 그러자 선생님이 말했다. "나의 탈의실에 와서 나와 함께 옷을 갈아입어도 돼." 그녀는 불편한 마음을 느꼈음에 틀림없다. 둘은 옷을 갈아입고 호수로 갔다. 선생님은 긴 밧줄을 갖고 있었는데, 그것으로 마리를 묶었다. 그런 다음에 둘은 헤엄을 쳐서 멀리까지 나갔다. 그러나 마리가 지쳤고, 그래서 선생님은 그녀를 등에 업었다. 그때 마리가 리나 P를 봤다. 그녀는 리나를 향해 "나와 같이 놀아!"라고 외쳤고, 리나가 그곳으로 왔다. 그들 모두는 더 멀리까지 헤엄을 쳤다. 거기서 그들은 배를 만났다. 선생님이 "태워주실 수 있을까요? 소녀들이 지쳤어요."라고 선원에게 부탁했다. 배가 정지했고, 그들은 배로 올라갔다. 그들이 다시 K에 어떻게 도착했는지, 나는 정확히 모른다. 거기서 선생님은 낡은 잠옷을 하나 구해 입었다. 이어서 선생님은 결혼식을 올리고 있던 옛 친구를 만났다. 선생님과 마리, L은 결혼식에 초대를 받았다. 결혼은 K에 있는 크라운 호텔에서 열렸다. 그들은 폴로네즈 춤을 추길 원했다. 선생님은 자기는 춤을 추지 않을 것이라고 말했다. 그러자 다른 사람들이 선생님도 함께 춤을 추는 것이 좋겠다고 말했다. 그는 마리와 함께 춤을 추었다. 그때 선생님이 이런 말을 했다. "나는 아내와 아이들이 있는 집으로 돌아가지 않을 거야. 마리, 난 너를 너무너무 사랑해." 그녀는 대단히 기뻤다. 결혼식이 끝난 뒤, 신혼여행이 있었다. 선생님과 마리, L도 다른 사람들과 함께 동행해야 했다. 여행 목적지는 밀라노였다. 뒤에 그들은 안데르마트로 갔는데 거기서 잘 곳을 찾지 못했다. 그들은 헛간 같은 곳으로 갔으며, 거기서 모두 함께 밤을 보냈다. 더 이상의 이야기는 너무 부적절한 내용이라서 차마 말로 옮기지 못하겠다.

해설: 수영장에서 옷을 갈아입는 대목은 꽤 세세하다. 물에서 이뤄지는 결합은 오히려 단순한 편이다. 선생이 밧줄로 마리와 자신을 묶고 있다. 리나 P는 전혀 언급되지 않고 있다. 그녀는 후에, 말하자면 마리가 이미 선생의 등에 올라타고 있을 때 등장할 뿐이다. 옷은 여기서 재킷으로 바뀌고 있다. 결혼식은 매우 직접적인 의미를 포함하고 있다. "선생은 아내와 아이가 있는 가정으로 돌아가지 않을 거야." 마리가 선생의 연인이다. 헛간에서 그들 모두는 어떤 장소를 찾았는데, 그곳에서 매우 부적절한 일이 벌어진다.

소문 #2: 그녀가 학교 학생들과 수영장에 갔다. 그러나 수영장이 사람들로 붐볐기 때문에 선생님이 그녀를 불렀다. 둘은 호수까지 헤엄을 쳤다. L과 P가 그들을 따랐다. 이어 선생이 밧줄로 소녀들을 서로 묶었다. 그들이 어떻게 떨어지게 되었는지에 대해서는 지금 나는 정확히 모른다. 그러나 시간이 한참 지난 뒤에 그들은 돌연 Z에 도착했다. 그곳에서 말로 표현하기 힘든 장면이 펼쳐졌다고 한다. 그게 사실이라면, 정말 창피한 일이다. 무슨 일이 벌어졌는지 나는 알지 못한다. 단지 마리 X가 항상 선생님과 함께 있었다고 한다. 선생님이 사랑한다고 속삭이면서 그녀를 거듭해서 애무했다고도 한다. 그곳에서 일어난 일을 정확히 안다면, 아마 다른 이야기도 들려줄 수 있을 테지만 나의 동생은 그곳에서 태어난 아이에 대한 이야기만 들려주었을 뿐이다. 선생님이 아이의 대부가 되었다고 했다.

해설: 이 이야기에서는 부적절한 장면이 결혼식 대신에 삽입되었다는 사실에 주목하라. 그 자리라면 그런 장면을 집어넣기에 끝부분 못지않게 적절하지 않았을까. 왜냐하면 주의력 깊은 독자는 이미 부적절한 장면이 수영장 탈의실에서 일어났을 수도 있다고 생각할 것이기 때문이다. 그 절차를 보면, 대체로 꿈이 밟는 과정을 거치고 있다. 길게 이어지는 꿈 이미지들 중에서 마지막 생각은 최초의 꿈 이미지가 나타내려고 하는 것을 정확히 담고 있다. 꿈의 검열관이 위장, 전이(轉移), 순진한 연출 등을 통해서 콤플렉스를 가능한 한 멀리 밀어내고 있다. 그 일은 탈의실에서도 일어나지 않는다. 물속에서 "올라타는 행위"도 일어나지 않는다. 뭍에 나올 때, 소녀들이 타고 있는 것은 선생의 등이 아니다. 헛간에서 결혼한 것은 다른 남녀다. 다른 소녀가 아이를 갖고, 선생은 단지 대부이다. 그러나 이 모든 이미지와 상황은 성적 결합에 대한 욕망을 두드러져 보이게 만들고 있다. 그럼에도 불구하고, 그 행위는 여전히 이런 모든 변형의 뒤에서 일어나고 있다. 그 결과, 아이의 출생이 장면의 맨 끝에 놓이게 된다.

소문 #3: 마리는 이렇게 말했다. 선생님이 자기 아내와 결혼식을 올렸고, 그들은 "크라운"으로 가서 서로 어울려 춤을 추었다. 마리는 이 대목에서 말로나 글로 옮길 수 없는 자유분방한 일들에 대한 이야기를 많이 들려주었다.

해설: 여기서는 모든 일이 말로 옮길 수 없을 만큼 너무 부적절한 것으로 여겨지고 있다. 결혼 상대가 아내라는 점에 주목하라.

소문 #4: 선생님과 마리가 언젠가 함께 목욕을 하러 갔다. 선생님이 마리에게 함께 갈 것인지를 물었고, 그녀는 "좋아요."라고 대답했다. 그들은 함께 갔다가 L과 P를 만났으며, 선생님은 그녀에게 친구들과 함께 어울리기를 원하는지 물었다. 그래서 그들은 함께 더 멀리 나아갔다. 그때 선생님이 L과 P와 그녀에게 자신이 가장 총애하는 학생들이라는 이야기를 했다. 그녀는 또한 선생님이 수영복 바지를 입고 있었다고 했다. 그때 그들은 결혼식에 갔고, 신부가 아이를 낳았다.

해설: 선생과의 개인적인 관계가 특별히 강조되고 있다("총애하는 학생"). 또 옷을 걸치지 않았다는 점도 마찬가지로 강조되고 있다("수영복 바지").

소문 #5: 마리와 L, P가 선생님과 함께 목욕하러 갔다. 마리와 L, P, 선생님이 조금 멀리 헤엄쳐 나갔을 때, 마리가 "선생님, 발이 아파서 더 이상 수영을 하지 못하겠어요."라고 말했다. 그러자 선생님이 그녀에게 자기 등에 업혀도 좋다고 말했으며, 마리는 그렇게 했다. 이어 작은 기선이 하나 왔으며, 선생님이 배 위로 올라갔다. 선생님은 그때 자신이 갖고 있던 2개의 밧줄로 두 아이를 배에 묶었다. 그런 다음에 그들은 Z로 갔으며, 거기서 배에서 내렸다. 이어서 선생님은 화장복 같은 것을 사서 입었고, 아이들도 옷을 하나씩 걸쳤다. 선생님에겐 신부가 있었으며, 그들은 헛간 같은 곳에 있었다. 두 소녀들이 선생님과 신부와 함께 헛간에서 춤을 추었다. 다른 일에 대해서는 너무 무서워 글로 적을 수 없다.

해설: 여기선 마리가 선생의 등에 업혀 있다. 선생은 두 소녀를 로프로 배에 묶었다. 짐작컨대, 선생이 배를 쉽게 다룰 줄 아는 것 같다. 다시 옷으로 화장복이 등장한다. 그것은 선생 본인의 결혼식이었으며, 부적절한 일은 댄스 후에 일어난다.

소문 #6: 선생님이 학생 전부와 목욕을 하러 간 것으로 전해진다. 마리가 옷을 갈아입을 공간을 찾지 못해 울음을 터뜨렸다. 그때 선생님이 마리에게 자신의 탈의실을 이용해도 좋다고 일러주었다.

나의 동생은 "긴 이야기라서 군데군데 자를 수밖에 없어."라고 말했다. 그러나 여동생은 진실을 전하는 데 필요한 그 이상의 이야기를 들려주었다. 그들이 수영장에서 수영을 하고 있을 때, 선생님이 마리에게 자기와 같이 호수로 가고 싶지 않느냐고 물었다. 이에 그녀는 "선생님과 함께라면 좋아요."라고 대답했다. 그런 다음에 그들은 호수 가운데까지 헤엄을 쳤다. 그때 마리가 지쳤고, 그러자 선생님은 그녀를 줄로 묶어 끌었다. K에서 그들은 뭍으로 나갔고, 그곳에서 Z로 갔다. (선생님은 쭉 수영복을 입고 있었다.) 그곳에서 그들은 결혼식을 올리고 있던 친구를 만나 그 친구로부터 초대를 받았다. 결혼식이 끝난 뒤, 신혼여행이 있었고 그들은 밀라노로 갔다. 그들은 헛간에서 하룻밤을 보내야 했으며, 거기서 내가 말로 표현할 수 없는 일이 벌어졌다. 선생님은 소녀들에게 자신이 가장 총애하는 학생이라고 말했고, 그는 마리와 키스도 했다.

해설: 옷을 벗는 행위도 "군데군데 자를 수밖에 없어"라는 변명에

해당된다. 선생이 옷을 걸치지 않고 있다는 사실이 강조되고 있다. 밀라노 여행은 전형적인 신혼여행이다. 이 대목은 개인적인 개입 때문에 생긴 별도의 공상인 것 같다. 마리는 분명히 사랑받는 존재로 그려지고 있다.

소문 #7: 학교 전체가 목욕을 하러 갔다. 마리는 옷을 갈아입을 공간을 찾지 못했고, 그러자 선생님이 그녀에게 자기 탈의실을 이용하라고 했다. 선생님은 그녀와 함께 헤엄을 쳤으며 그녀가 자신의 애인이라는 식으로 말을 했다. 그들이 Z에서 호숫가로 나갔을 때, 어느 친구가 결혼식을 올리고 있었다. 이 친구는 수영복 차림인 두 사람을 결혼식에 초대했다. 선생님은 낡은 화장복을 발견하고 수영복 바지 위에 걸쳤다. 선생님은 마리와 키스를 하면서 아내가 있는 집으로 돌아가지 않을 것이라고 말했다. 그들은 또한 신혼여행에도 초대를 받았다. 여행 중에 그들은 안데르마트를 지나게 되었는데, 거기서 잠을 잘 곳을 찾지 못해 건초 더미 위에서 자야 했다. 거기엔 어떤 부인이 있었다. 이 대목에서 무서운 일이 벌어졌는데, 진지한 일을 조롱하거나 웃음거리로 만드는 것은 절대로 옳지 못하다. 이 여자는 아이를 낳았다. 나는 너무 무서워 더 이상 이야기를 잇지 못하겠다.

해설: 이 소문을 퍼뜨린 사람은 철저하다. (선생님은 그녀에게 그녀가 자신의 애인이라고 말했다. 이어 그는 그녀와 키스를 했고 자기 아내에게 돌아가지 않을 것이라고 말했다.) 마지막 부분에 어리석은 소문에 대해 약간의 짜증을 내고 있다는 사실은 이 사람의 성격이 별나다는 점을 보여주고 있다. 뒤이은 조사에서 이 소녀는 증인들 중에서 자기 어머니로부터 섹스에 관한 설명을 일찍부터 들었던 유일한 소녀

인 것으로 확인되었다.

비평적 평가

꿈의 해석에 관한 한, 여기에다가 내가 더 더할 것은 없다. 소녀들이 기본적인 것들을 다 다루면서 정신분석적 해석이 필요한 구석을 거의 남겨놓지 않았기 때문이다. 루머가 꿈을 분석하고 해석한 셈이다. 내가 아는 한, 지금까지 루머를 이런 식으로 조사한 적은 한 번도 없었다. 이 예에 비춰볼 때, 루머의 심리학을 깊이 파고드는 것도 충분히 가치 있는 작업일 것 같다. 이 글에서 자료를 제시하면서 나는 일부러 정신분석적 관점만을 취했다. 그럼에도 나는 이 자료들이 빌헬름 슈테른(Wilhelm Stern)과 에두아르 클라파레드(Edouard Claparède) 같은 학자들의 추종자들에게 소중한 연구의 길을 열어줄 것이라는 점을 부정하지 않는다.

이 자료를 바탕으로 우리는 루머의 구조를 이해할 수 있다. 그러나 정신분석은 그것으로 만족할 수 없다. 이 모든 표현이 나온 이유와 목적을 알려면 더 많은 지식이 필요하다. 앞에서 보았듯이, 선생은 이 루머에 매우 놀랐을 뿐만 아니라 그 원인과 결과에 대해 궁금해 하면서 어찌할 바를 몰라 했다. 너무도 부정확하고 의미 없는 꿈(잘 알려진 바와 같이, 선생들은 심리학 지식을 충분히 갖추고 있다)이 어떻게 그런 결과를, 그런 터무니없는 소문을 낳을 수 있을까? 이 같은 의문 앞에서, 선생은 본능적으로 정확한 대답을 찾아냈던 것 같다. 꿈의 목적은 그 꿈이 이미 현실 속에 퍼져 있는 것을 정확히 표현하고 있다는 사실에 의해서만 설명될 수 있다. 말하자면 꿈은 화약고에 떨어진 불티인 셈이다. 루머의 자료는 이 견해를 뒷받침할 온갖 증거를 다 포함하고 있다. 나는 마리의 학교 친구들이 자신도 모르게 이 꿈에 동참하고 있다는 점에 거듭해서 주목해줄 것을 부탁했다. 이 친구들이 자신의 공상이나 꿈을 덧붙이는 대목도 강조했다. 이 학급은 열두 살과 열세 살 소녀들로 구성되어 있다. 그렇기 때문에 학생들 모두가 사춘기에 막 접어들 시기에 있다. 꿈을 꾼 소녀인 마리 X는 육체적으로 거의 완전하게 성숙했고 성적으로도 완전히 발달했다. 이 점에서 소녀는 학급에서 앞서 나가고 있었다. 따라서 그녀는 친구들의 무의식을 건드릴 암호를 전한 리더였으며, 동시에 친구들이 이미 내면에 준비되어 있던 성적 콤플렉스들을 표현할 경로를 제공했다.

쉽게 이해되듯이, 이 일은 선생에게 더없이 고통스러웠다. 거기에 소녀들의 은밀한 동기가 숨어 있다는 짐작은 정신분석의 원칙, 말하자면 행위를 의식적 동기보다는 그 결과를 바탕으로 판단한다는 원칙에 의해 정당화된다. 그렇다면 마리 X는 선생에게 특별히 말썽을 부리는 학생일 가능성이 있다. 마리는 처음엔 이 선생을 다른 어떤 선생보다 더 좋아했다. 그러나 2학기로 넘어가면서 마리의 태도가 변했다. 그녀는 공상에 잘 빠지고 산만해졌으며, 저녁 어스름이 깔릴 때면 나쁜 남자들이 무서워 거리로 나서지 못했다. 그녀는 친구들에게 성적인 것들에 대해 다소 외설스런 말투로 몇 차례 이야기했다. 그녀의 어머니는 나에게 앞으로 있을 딸의 생리에 대해 어떻게 설명해야 하는지 걱정스레 묻기도 했다. 품행에 이런 변화가 나타나면서, 마리는 선생으로부터 좋은 평판을 더 이상 듣지 못하게 되었다. 이 같은 사실은 그녀와 다른 친구들이 루머가 퍼지기 며칠 전에 받은 성적표에 의해 처음으로 분명하게 드러났다. 소녀들의 실망은 이만저만이 아니었다. 그래서 소녀들은 선생에 대한 복수 행위로 온갖 종류의 공상을 다 떠올렸다. 예를 들어, 소녀들은 선생님을 철도로 밀어 넣어 기차에 치어 죽게 한다는 공상까지 했다. 이 같은 살인 관련 공상에선 마리가 단연 앞섰다. 이번 일로 화가 폭발한 날 밤, 그러니까 선생을 좋아하던 마리의 감정이 꽤 망각되어 있던 때에, 그녀의 내면에 억압되어 있던 것이 꿈으로 나타나서 선생과의 성적 결합에 대한 욕망을 성취시켰다. 이 성적 결합은 당연히 낮 시간에 선생에게 품었던 미움에 대한 보상이었다.

잠에서 깨어나자마자, 꿈은 그녀의 증오를 전하는 도구가 되었다. 왜냐하면 이런 종류의 루머가 늘 그렇듯이, 그 소망은 마리의 학교 친구들의 소망이기도 하기 때문이다. 복수는 분명히 애초의 목적을 이루었다. 그러나 마리가 입은 피해가 훨씬 더 컸다. 충동이 무의식에 굴복할 때 나타나는 결과는 언제나 그런 식이다. 마리 X는 학교에서 쫓겨났다가 나의 보고서를 바탕으로 다시 학교로 받아들여졌다.

이 짧은 글이 정밀한 과학의 관점에서 보면 부적절하고 만족스럽지 않다는 점을 나도 잘 알고 있다. 원래의 스토리가 정확히 입증되었더라면, 지금 짐작하는 수밖에 없는 것을 더 명확히 보여줄 수 있었을 것이다. 따라서 이 사례는 하나의 문제를 제기하는 선에서 그치고 있으며, 이 분야에서 설득력 있는 경험들을 수집하는 일은 다른 관찰자들의 몫으로 넘긴다. 〈1911년〉

4장

숫자 꿈의 의미에 대하여

상상력 넘치는 고대 철학자들을 사로잡았던 숫자의 상징은 프로이트와 그의 학파의 분석적 연구를 통해서 다시 새롭게 관심의 대상이 되었다. 그러나 숫자 꿈의 자료에서 우리는 더 이상 숫자들의 상징적인 연결에 관한 의식적인 수수께끼를 찾아내려 하지 않고 숫자들의 상징적 표현의 무의식적 뿌리를 발견하고 있다. 프로이트와 아들러(Alfred Adler), 슈테켈(Wilhelm Stekel)의 연구 발표가 있은 뒤로, 이 분야에서 제시되는 것들 중에서 기본적으로 새로운 것은 거의 없다. 여기서도 지금까지 나온 것과 비슷한 예들을 제시함으로써 이 전문가들의 경험을 뒷받침하는 선에서 그칠 것이다. 나는 그들의 관심을 끌 만한 예들을 몇 가지 관찰했다.

가장 먼저 제시할 3가지 예는 중년의 기혼 남자에게서 얻은 것이다. 당시 이 남자가 겪고 있던 갈등은 혼외 불륜이었다. 내가 상징으로 표현된 숫자를 끌어낸 꿈의 일부는 이렇다. '매니저 앞에 그의 구독 번호

가 적혀 있다. 매니저는 구독자 수가 많다고 말한다. 2477이라고 적혀 있다.'

꿈을 분석한 결과, 꿈을 꾼 사람의 관대한 천성에 비춰보면 좀 엉뚱하지만 불륜 비용을 계산하는 내용이다. 무의식이 불륜에 드는 돈을 불륜에 대한 저항으로 이용하고 있는 것이다. 그러므로 예비적인 해석은 이 숫자가 경제적 중요성을 지닌다는 것이다. 지금까지 불륜에 든 비용을 대충 계산하면 2,477프랑 정도 된다. 그러나 보다 정확히 계산하면, 비용은 2,387프랑이다. 그렇기 때문에 이 비용을 2,477프랑으로 보는 데에는 약간의 문제가 있을 수 있다. 그래서 나는 환자에게 이 숫자를 놓고 자유 연상을 하도록 했다. 그러자 환자는 꿈속의 숫자를 24와 77로 나눌 수 있겠다는 생각을 했다. 아마 전화번호일 것이다. 그러나 이 짐작은 맞지 않은 것으로 확인되었다. 그 다음 연상은 어떤 숫자들의 합계일 수 있다는 것이다. 그때 그에게 어떤 기억이 떠올랐다. 나도 그의 어머니가 65세가 되고 그가 35세가 되었을 때 두 사람의 100세 생일을 축하했다는 이야기를 그로부터 들은 적이 있다. (그들의 생일은 같은 날이었다.) 이런 식으로, 환자는 다음과 같은 일련의 연상을 떠올렸다.

그가 태어난 날	26일, 2월
그의 애인이 태어난 날	28일, 8월
그의 아내가 태어난 날	1일, 3월
그의 어머니(아버지는 오래 전에 작고)가 태어난 날	26일, 2월
그의 두 아이가 태어난 날	29일, 4월
	13일, 7월

그가 태어난 해와 달		2월, 75(1875)년
그의 애인이 태어난 해와 달		8월, 85(1885)년
그는 지금 36세이고, 연인은 25세이다		

이 연상들을 숫자로 나란히 적은 다음에 다 합하면 이렇게 된다.

26, 2	=	262
28, 8	=	288
1, 3	=	13
26, 2	=	262
29, 4	=	294
13, 7	=	137
2, 75	=	275
8, 85	=	885
36	=	36
25	=	25

2,477

그의 가족들까지 모두 포함한 이 일련의 숫자 연상들을 전부 합하면 2,477이 된다.

이런 식의 접근이 꿈의 의미의 보다 깊은 층으로 이끌었다. 환자는 자기 가족과 아주 가까이 연결되어 있는 한편으로 불륜에도 매우 깊이 빠져 있다. 이 같은 상황이 심각한 갈등을 불러일으키고 있다. 환자가 매니저의 외모를 상세하게 묘사하는 것(글을 길게 쓰지 않기 위해 이 부분은 제외한다)을 보면, 매니저는 분명히 분석가를 나타내고 있다. 환자는 분석가에게 의존과 속박의 상태에 빠져 있는 자신의 처지를 비판하고 통제해 주기를 기대하는 한편으로 두려움을 품고 있다.

환자가 그 직후에 꾼 꿈은 간단히 다음과 같다. '분석가가 환자에게 애인의 집에서 실제로 하는 일이 무엇인지에 대해 묻는다. 이에 환자는 그곳에서 152라는 숫자를 갖고 논다고 대답한다. 그러자 분석가가 "안타까운 일이지만 속고 있군요."라고 말한다.'

분석한 결과, 환자의 내면에 억눌려 있던, 불륜 비용을 계산하려는 경향이 다시 꿈으로 나타난 것으로 확인되었다. 매달 지불하는 돈이 152프랑 정도 된다. 더 정확히 말하면, 148프랑에서 158프랑 사이이다. 꿈속에서 그가 속고 있다고 말하는 것은 환자가 자기 연인과의 사이에 겪고 있는 어려움을 암시한다. 그 여자는 그가 자신의 처녀성을 빼앗았다고 주장한다. 하지만 그는 반대로 그녀가 처녀가 아니었다고 확신하고 있다. 또 그가 그녀의 사랑을 얻으려고 애태우고 있고 그녀가 그를 거부하고 있던 때는 그녀가 이미 다른 사람의 유혹에 넘어간 뒤였다는 것이 그의 생각이다. "숫자"가 장갑의 크기를 나타내는 숫자나 구경(口徑)을 나타내는 숫자를 연상하게 했다. 그 다음 단계에 떠올린 연상은 그가 연인과 처음으로 성교를 할 때 기대와 달리 처녀막의 저항이 느껴지지 않고 넓게 활짝 열린다는 느낌을 받았다는 사실이다. 그에게 이 같은 느낌은 기만의 증거로 여겨진다. 무의식은 자연히 이 가능성을 두 사람의 불륜에 반대하는 수단으로 효과적으로 이용하고 있다. 152라는 숫자는 처음에는 추가 분석에 완강하게 버텼다. 이 숫자는 우선 그리 멀지 않은 연상을 일으켰다. 집 주소였다. 이어서 일련의 연상이 떠올랐다. 환자가 애인을 처음 알게 되었을 때, 그녀는 X 스트리트 17번지에 살았다. 그러다 Y 스트리트 129번지로, 다시 Z 스트리트 48번지로 옮겼다. 이 대목에서 환자는 이 숫자만 더해도 152보다 훨씬 더 큰 194가 된다고 생각했다. 그러자 그녀가 어떤 이유로 그의 요구를 받아들여 Z가 48번지에서 나왔다는 사실이 떠올랐다. 그러면 194-48=146이 된다. 그녀는 지금 A 스트리트 6번지에 살고 있다. 그러므로 146+6=152가 된다.

다음에 소개하는 꿈은 환자가 분석 후반부에 꾼 것이다. '그가 분석가로부터 계산서를 받는다. 거기엔 9월 3일부터 29일까지 지급을 늦춘 데 대한 이자가 붙어 있다. 전체 금액 315프랑에 대한 이자는 1프랑이다.' 이 꿈을 분석한 결과, 분석가에게 돌려지고 있는 야비함과 탐욕에 대한 비난 밑에, 환자의 무의식적 질투가 숨어 있는 것으로 드러났다. 분석가가 살고 있는 삶의 여러 조건이 환자의 질투심을 불러일으킬 수 있다. 특별히 한 가지 사실이 최근에 환자에게 강렬한 인상을 남겼다. 그의 의사인 분석가가 가족 수를 하나 더 늘린 것이다. 환자는 아내와의 관계가 복잡한 탓에 그런 기대를 품을 수 없었다. 따라서 환자가 불쾌한 기분으로 서로 비교하며 질투심을 느낄 만한 상황이 전개되고 있었다.

이전의 꿈에서처럼, 315에 대한 분석은 3과 1과 5를 따로 떼어놓는 쪽으로 이뤄진다. 이 세 숫자를 놓고 그는 이런 연상을 했다. 그의 의사는 아이가 셋인데, 최근에 아이가 하나 더 생겼다. 환자는 아이가 다 살아 있다면 모두 다섯 명이 될 터였다. 셋을 낳아 하나는 죽고 현재는 둘만 남아 있다. 3-1=2이다. 이 외에 사산한 아이가 둘 더 있었다. 결과적으로 세상의 빛을 보지 못한 아이는 사산한 아이까지 포함해 모두

3명이다. 이 숫자의 상징은 이 연상으로도 끝나지 않았다.

환자는 9월 3일부터 29일까지의 기간을 일수로 따지면 26일이 된다고 말했다. 이어서 그가 떠올린 생각은 이 숫자와 꿈속의 다른 숫자들을 더한다는 것이다.

$$
\begin{array}{r}
26 \\
315 \\
1 \\
\hline
342
\end{array}
$$

환자는 342를 315라는 숫자를 갖고 연상을 할 때와 똑같이 3-4-2로 찢는다. 그 전의 연상에서는 의사가 아이를 셋 두고 있다가 하나를 더 얻었지만 환자는 아이를 다섯 가진 것으로 되어 있었다. 그러나 이번에는 의사의 아이가 셋에서 넷으로 늘어난 반면에 환자는 아이를 둘만 두고 있는 것으로 되어 있다. 이에 대해 환자는 두 번째 숫자는 첫 번째 숫자의 소망 성취와 반대로 그것을 수정하는 것 같다고 말한다.

나의 도움을 받지 않은 가운데 이런 설명을 발견한 환자는 스스로 만족스럽다고 말했다. 그러나 그의 의사인 나는 만족스럽지 않았다. 의사에게는 앞의 해석이 환자의 무의식적 이미지들에 가득 담긴 가능성을 모두 드러냈다고 생각되지 않는다. 예를 들어, 환자는 5라는 숫자에 사산한 아이들의 숫자까지 포함시켰다. 한 아이는 9개월째에 사산했고, 다른 두 아이는 7개월째에 사산했다. 그는 또 자기 아내가 유산을 두 차례, 한 번은 5주째에, 다른 한 번은 7주째에 했다는 사실을 강조했다. 이 숫자들을 모두 더하면, 우리는 26이라는 숫자를 얻게 된다.

7개월째 사산한 아이

7개월째 사산한 아이

9개월째 사산한 아이

23개월

2번의 유산(5+7주)   3개월

26개월

마치 숫자 26이 임신을 했다가 잃어버린 시간을 말하는 것처럼 보인다. 꿈에서 이 시간(26일)은 환자가 1프랑의 이자를 물게 된 지체를 의미한다. 실제로, 그는 실패한 임신 때문에 지체 비슷한 것을 겪었다. 왜냐하면 그가 알고 지내는 동안에 그의 의사가 그보다 아이를 하나 더 많이 갖게 되었기 때문이다. 그렇다면 1프랑은 아이 하나를 의미함에 분명하다. 우리는 이미 앞에서 환자가 경쟁자를 이기기 위해 죽은 아이들까지 자기 아이에 포함시키는 경향이 있다는 사실을 확인했다. 그의 의사가 자기보다 아이가 하나 더 많다는 생각은 꿈에 쉽게 1이라는 숫자로 나타날 것이다. 따라서 환자의 이런 경향을 따르면서 그가 즐겨하는 숫자 놀이를 그대로 이어간다면 숫자 26에 두 아이의 임신 기간을 더하는 것도 가능할 것이다.

$$26 + 9 + 9 = 44$$

숫자들을 떼어놓는 경향을 따른다면, 앞의 숫자와 이 숫자에서 2+6과 4+4를 얻게 된다. 이 숫자 집단의 공통점은 더하면 8이 된다는 점이다. 이 숫자들은 환자가 제시한 임신한 달의 숫자들을 바탕으로 한 것이다. 이 숫자 집단과 의사의 생식력에 관한 정보를 담고 있는 숫자 집단, 즉 315와 342를 비교해 보라. 각 숫자들을 합계한 숫자에 어떤 유사점이 보인다는 사실에 주목하라. 9 : 9-8 = 1. 여기서도 1의 차이에 관한 어떤 생각이 작용하고 있는 것처럼 보인다. 따라서 환자가 강조했듯이, 315는 소망 성취처럼 보이는 반면에 342는 그것을 수정하는 것처럼 보인다. 여기서 독창적인 공상을 편다면, 두 개의 숫자 사이에 다음과 같은 차이를 발견할 것이다.

$$3 \times 1 \times 5 = 15. \qquad 3 \times 4 \times 2 = 24. \qquad 24 - 15 = 9.$$

여기서도 다시 우리는 중요한 숫자 9를 만난다. 이 숫자는 분명히 임신과 출생을 의미한다.

이 같은 숫자 유희의 시작이 어디인지를 밝히는 것은 어려운 일이다. 하지만 어찌 보면 어려운 게 당연하다. 왜냐하면 무의식의 산물은 재기발랄한 공상의 창작, 말하자면 그 같은 유희 자체가 비롯되고 있는 정신적 충동의 창작이기 때문이다. 어떤 측면으로 보아도 모호하기 짝이 없는 이 유희의 요소들을 진지하게 다룬다는 것 자체가 과학적인 마인드를 가진 사람에게는 불쾌하게 다가오기 마련이다. 그러나 인간의 정신은 수천 년 동안 바로 그런 종류의 놀이를 즐겨왔다는 사실을 잊어서는 안 된다. 따라서 숫자 놀이를 해온 인류의 역사가 꿈에 그와 비슷한 경향을 끌어들인다고 해도 전혀 놀랄 일이 아니다.

이 환자는 깨어 있는 상태에서도 숫자를 놓고 그와 비슷한 공상의 나래를 편다. 이미 언급한 바와 같이 100세 생일을 축하한 일화에서도 그런 경향이 분명히 드러나고 있다. 그러므로 이 환자의 꿈에 그런 경향이 나타난다고 해서 우리가 놀랄 필요는 전혀 없다. 무의식이 표현되는 예를 단 하나만 놓고 보면, 종종 무의식의 경향을 뒷받침할 증거가 부족하다. 그러나 우리의 경험 전체를 바탕으로 한다면, 이런 개별적인 발견의 정확성을 믿어도 좋다. 자유로운 창작이 이뤄지는 공상을 연구할 경우에, 우리는 다른 어떤 분야보다도 경험을 더 중요시하게 된다. 따라서 개별적인 공상의 결과물이 정확한지 여부에 대해서는 매우 신중할 필요가 있지만, 그렇다고 우리가 과학적이지 못하다는 지적을 받을까 봐 겁이 나서 실질적으로 작용하고 있는 것을 그냥 무시하고 넘어갈 필요는 없다. 현대인의 미신 공포증에 대해서도 신경 쓸 필요가 없다. 왜냐하면 미신 공포증 자체가 무의식의 비밀을 가리는 수단이기 때문이다.

환자의 문제가 아내의 무의식에 어떤 식으로 비치고 있는지를 보는 것은 특별한 관심거리이다. 그의 아내가 꾼 꿈은 "누가복음 137"이 전부였다. 이 숫자를 분석해 다음과 같은 결과를 얻었다. 이 숫자 중 1과 관련해, 그녀는 의사가 아이를 하나 더 얻었다는 연상을 떠올린다. 만약에 그녀가 낳은 아이들이 모두 살아 있다면, 그녀에겐 아이가 일곱 명이 될 것이다. 지금 그녀에겐 아이가 3-1=2, 즉 2명만 있다. 그러나 그녀는 1+3+7=11(11은 1과 1로 된 쌍둥이 숫자다)이 되기를 원하고 있다. 이 숫자는 그녀의 두 아이가 모두 쌍둥이였더라면 좋았을 걸 하는 소망을 표현하고 있다. 그랬다면 그녀에게도 의사의 아이들과 똑같은 수의 아이가 있을 것이다. 그녀의 어머니는 한 번 쌍둥이를 가졌다.

그녀는 남편을 통해 아이를 갖겠다는 희망을 품기 어렵게 되었다. 이 같은 사실이 오래 전부터 그녀가 무의식적으로 두 번째 결혼에 대한 생각을 품게 만들었다. 다른 공상들은 그녀를 "한물간" 존재로, 말하자면 44세가 되어 폐경기에 달한 존재로 그렸다. 그녀는 지금 33세이다. 그렇기 때문에 11년 후면, 그녀는 44세가 될 것이다. 44세에 대한 그녀의 공상은 아버지의 죽음에 대한 생각을 포함하고 있다. 아버지의 죽음이 강조되고 있는 것은 그녀의 내면에 억눌려 있는, 남편의 죽음에 대한 공상을 강조하는 것이나 마찬가지이다. 그녀는 두 번째 결혼에 방해가 되고 있는 남편이 죽는 공상을 억누르고 있다. 바로 이 대목에서 "누가복음 137" 꿈에 속하는 자료가 그 갈등을 해결하기 위해 끼어든다. 이 꿈을 꾼 사람은 성경을 잘 아는 사람이 절대로 아니란 사실이 곧 확인된다. 그녀는 상당히 긴 세월 동안 성경을 읽지 않았다. 그녀는 종교적인 사람이 절대로 아니다. 따라서 여기서 연상에 의존하는 것은 꽤 무의미하다. 꿈을 꾼 사람이 성경에 얼마나 무지한지, 그녀는 "누가복음 137"이 성 누가의 복음서만을 언급할 수 있을 뿐이라는 사실조차 모르고 있었다. 그녀가 '신약 성경'을 펼쳤을 때, '사도행전'이 나왔다. '사도행전' 1장이 37개의 절이 아닌 26개의 절로 되어 있기 때문에, 그녀는 그냥 7절을 읽었다. "때나 계절을 아는 것은 아버지께서 자신의 권한으로 두셨기에 너희들이 알 바 아니니라."

그러나 '누가복음' 1장 37절을 보면, 거기엔 동정녀 마리아에게 예수를 수태했음을 알리는 장면이 나온다.

'누가복음' 35절을 보자. "성령이 네게 임하시고, 지극히 높으신 이의 능력이 너희를 덮으시니라. 그러므로 네게서 태어나실 거룩한 이는 하느님의 아들이라 불려지니라."

이어 '누가복음' 36절을 보자. "보라, 네 친족 엘리사벳도 늙어서 아들을 가졌노라. 아이를 갖지 못한다 하던 그녀가 임신 6개월째니라."

'누가복음' 37절은 이렇게 되어 있다. "하느님은 능하지 못하신 것이 없느니라."

"누가복음 137" 꿈에 대한 분석을 계속하려면 '누가복음' 13장 7절을 보아야 한다. 거기엔 이런 내용이 있다.

'누가복음' 13장 6절이다. "어떤 사람이 포도원에 무화과나무를 한 그루 심었으며, 훗날 그가 열매를 따러 왔으나 아무것도 발견하지 못했느니라."

이젠 7절이다. "그래서 그가 포도원지기에게 이르기를, 보라, 내가 3년 동안 이 무화과나무에 과일을 따러 왔건만 아무것도 얻지 못했으니, 이걸 베어버리라고 했다. 왜 그것 때문에 땅만 망쳐놓겠는가?"

고대로부터 남자의 성기의 상징으로 여겨져 왔던 무화과나무가 열매를 맺지 못해 잘릴 위기에 처해 있다. 이 구절은 페니스를 자르거나 물어뜯는 것과 같은, 꿈을 꾼 사람의 무수한 가학적 공상과 완벽하게 일치한다. 결실을 맺지 못하는 남편의 성기와 관련 있는 대목임에 분명하다. 그녀가 자기 남편으로부터 리비도를 거둬들인 것이 확실하다. 그가 적어도 그녀 앞에서는 성교 불능이기 때문이다. 그녀가 아버지("아버지께서 자신의 권한으로 두셨기에")로 퇴행하며 쌍둥이를 가졌던 어머니와 자신을 동일시하고 있는 것도 똑같이 분명하다. 꿈을 꾼 사람은 자신의 나이를 그런 식으로 앞당기면서 남편을 자신과 비교해서 아들이나 소년의 위치에 놓는다. 말하자면 남편을 성교 불능이 정

상으로 통하는 그런 나이에 두는 것이다. 더 나아가, 남편을 극복하려
는 욕망은 앞의 분석을 통해 쉽게 이해된다. 따라서 만약에 우리가 "누
가복음 137"의 문제에 이어서 '누가복음' 7장 12절에서 "성문에 가까
워질 때에 사람들이 죽은 어떤 자를 메고 나오니, 이는 한 어머니의 독
자이고 그의 어머니는 과부라."라는 내용을 발견한다면, 그것은 이미
한 말의 내용을 확인하는 것에 지나지 않는다. '누가복음' 7장 13절을
보자. "주께서 과부를 보시고 불쌍히 여기사 울지 말라 하시고." 14절
은 이렇게 이어진다. "가까이 가서 관에 손을 대시니, 관을 멘 자들이
서느니라. 예수께서 이르시되, 청년아 내가 네게 말하노니 일어나라
하시매."

꿈을 꾼 사람의 특별히 심리적인 상황에서, 부활을 암시하는 부분은
남편의 발기 불능을 치료한다는 의미이다. 그렇게만 된다면, 모든 문
제가 풀릴 것이다. 이 꿈의 자료에 많이 담겨 있는 소망 성취의 내용을
굳이 제시할 필요는 없을 것 같다. 그런 자료는 어느 독자에게나 뚜렷
이 보일 것이다.

꿈을 꾼 사람이 성경을 잘 모르는 사람이기 때문에, "누가복음 137"
이라는 상징이 결합된 것은 잠복기억(억압되어 있거나 잊혔던 기억
이 다시 나타나면서 독창적이고 새로운 경험이라는 착각을 일으키는
현상을 말한다/옮긴이)으로 받아들여져야 한다. 플루누아(Théodore
Flournoy)와 나는 이미 이런 현상의 중요한 효과에 관심을 기울이고
있다. 인간적인 믿음이 있는 한, 이 사람이 속일 목적으로 꿈 자료를 조
작하지 않았을까 하는 의문은 고려의 대상이 되지 않는다. 정신분석에
정통한 사람은 대체로 꿈 자료의 배열이나 성격만으로도 그런 의심을
지울 수 있다. 〈1911년〉

5장

정신분석에 대하여(1)

정신분석은 과학적일 뿐만 아니라 성격상 전문적이기도 하며, 본질적으로 전문적인 결과들로부터 "분석 심리학"이라 불릴 수 있는 새로운 심리학적 과학이 발달했다.

심리학자들과 의사들은 대체로 심리학의 이 분야를 쉽게 배우지 못한다. 정신분석의 기술적 바탕이 아직 그들에게 비교적 덜 알려져 있기 때문이다. 그렇게 된 이유는 정신분석이라는 새로운 방법이 전적으로 심리학적이고, 따라서 의학의 영역에도 속하지 않고 실험 심리학의 영역에도 속하지 않기 때문이다. 의사는 대체로 심리학 분야의 지식을 그다지 많이 갖추지 못하고 있으며, 심리학자들은 의학적 지식을 전혀 갖고 있지 않다. 그러므로 이 새로운 방법의 영혼을 심을 만한 적절한 토양은 아직 갖춰지지 않은 상태이다. 더욱이, 이 새로운 방법 자체가 대단히 자의적으로 보이기 때문에 많은 사람들이 자신의 과학적 양심과 이 방법을 서로 조화시키지 못하고 있다. 정신분석의 창시자인 프로이트의 개념들은 성적 시기(時期)를 특별히 강조했다. 이 같은 사실이 강한 편견을 불러일으켰으며, 과학적인 마인드를 가진 많은 사람들은 단지 이런 감정 때문에 정신분석을 멀리하고 있다. 이 같은 반감이 어떤 새로운 방법을 부정할 논리적 근거가 될 수 없다는 점을 굳이 강조할 필요성을 나는 느끼지 않는다. 현실이 이러하기 때문에, 정신분석가는 대중 앞에서 말해야 하는 상황에 처하는 경우에 정신분석 방법의 결과보다는 원리에 대해 논하는 것이 당연하다. 왜냐하면 정신분석이라는 새로운 방법의 과학적인 성격을 인정하지 않는 사람은 당연히 그 결과의 과학적인 성격도 절대로 인정하지 않을 것이기 때문이다.

정신분석 방법의 원리들에 대해 논하기 전에, 나는 먼저 정신분석에 대한 일반적인 편견 두 가지에 대해 언급해야 한다. 첫 번째 편견은 정신분석은 다소 깊고 복잡한 형식의 아남네시스(anamnesis: 고대 그리스어에서 비롯된 단어로 기억이나 상기(想起)를 뜻한다/옮긴이)에 지나지 않는다는 인식이다. 아남네시스가 환자의 가족이 제시하는 자료와 직접적인 질문에 대한 대답에서 드러나는 환자 자신의 자기 인식에 근거한다는 것은 널리 알려져 있다. 정신분석가는 당연히 회상 자료를 다른 전문가들만큼 면밀하게 찾아낸다. 그러나 아남네시스는 단지 환자의 역사에 지나지 않으며 분석과 혼동해서는 안 된다. 분석은 소위 우발적인 본질을 지닌 의식의 어떤 내용물을 파고들면서 그런 내용이 나타나게 한 심리적 요소를 찾아내는 작업이다. 이 과정은 옛날의 기억을 떠올리며 질병의 내력을 재구성하는 것과는 전혀 아무런 관계가 없다.

정신분석 관련 글들을 읽어 얻은 피상적인 지식에 근거한 두 번째 편견은 정신분석은 암시의 한 방법이라는 생각이다. 암시를 통해 어떤 믿음이나 삶의 원칙 같은 것을 환자에게 강요하고, 이 믿음이나 삶의 원칙을 통해서 마음을 치유하거나 크리스천 사이언스처럼 치료의 효과를 끌어내는 것이 정신분석이라고 생각하는 사람들이 많다. 많은 분석가들, 특히 정신분석에서 오랫동안 활동한 분석가들은 예전에 치료를 위해 암시를 이용해 왔기 때문에 암시가 작동하는 과정을 잘 알고 있다. 그들은 오늘날 정신분석가들이 치료하는 방법은 최면술사의 방법과 정반대라는 사실을 알고 있다.

치료 효과를 발휘하는 암시와 정반대로, 정신분석가들은 환자에게 환자 본인이 보지 못하거나 환자 본인의 이해력에 비춰 합리적이라고 판단되지 않는 것은 어떠한 것도 강요하지 않는다. 오히려 신경증 환자 본인이 암시와 조언을 받기를 계속 바랄 수 있다. 그러나 이 같은 사실 앞에서도, 분석가는 환자가 수동적인 태도에서 벗어나도록 하고 또 본인의 상식과 비판 능력을 이용하도록 하려고 끊임없이 노력할 것이다. 건전한 상식과 비판 능력을 갖추게 되면, 환자는 삶의 문제들을 독립적으로 타파하면서 살아갈 수 있게 될 것이다.

정신분석가들은 성격상 대단히 자의적일 수 있는 해석을 환자에게 강요한다는 비난을 자주 듣는다. 이런 식으로 비난하는 사람이라면 누구라도 좋으니, 그런 자의적인 해석을 나의 환자에게, 지적 수준과 문화적 수준이 대단히 높은 나의 환자에게 강요하려고 한 번 시도해 봤으면 좋겠다. 나의 동료들이 환자로 나를 찾는 경우가 자주 있는데, 분석가가 자신의 해석을 환자에게 강요한다고 비판하는 사람들이 이런 환자를 대상으로 그런 실험을 해 보는 것도 좋을 것 같다. 그런 식으로 환자에게 강요하는 것은 불가능하다는 사실이 금방 드러날 것이다. 정신분석에서, 분석가들은 자신과 환자의 판단력에 의존한다. 이는 분석의 본질이 환자가 자신의 자기를 알아가도록 이끄는 데에 있기 때문이다. 정신분석의 원리들은 치료 효과를 노린 암시와 너무나 많이 다르기 때문에 이 둘을 서로 비교하는 것은 불가능한 일이다.

정신분석과 그 자체로 이성적인 과정인 뒤부아(Paul Charles Dubois)의 추론 방법을 서로 비교하려는 시도가 있었다. 그러나 이 비교는 합당하지 않다. 정신분석가는 환자와 논쟁하거나 환자를 설득시키는 것을 엄격히 피하기 때문이다. 정신분석가는 당연히 환자의 의식적인 문제들과 갈등에 귀를 기울이고 주목하지만, 그렇다고 해서 행동에 대한 조언과 지침을 얻으려는 환자의 욕구를 채워주지는 않는다.

신경증 환자의 문제들은 조언이나 의식적인 논쟁을 통해서는 절대로 해결되지 않는다. 적시에 이뤄지는 훌륭한 조언이 좋은 결과를 낳을 수 있다는 점에 대해선 나도 의심하지 않는다. 그러나 정신분석가가 언제나 적시에 옳은 조언을 제시할 수 있다고 믿을 만한 근거에 대해서 나는 아는 바가 없다. 신경증적 갈등은 대체로 조언이 먹히는 그런 성격의 갈등이 아니다. 더욱이, 환자가 자기 자신이나 다른 사람들에게 자신이 권위자의 의견을 듣고 있다는 식으로 말하면서 책임감이라는 무거운 짐을 벗기 위해 권위자의 조언을 바란다는 사실은 널리 잘 알려져 있다.

정신분석은 이전까지 활용되었던 모든 방법과 정반대로 신경증을 가진 정신의 무질서를 의식적인 자기가 아니라 잠재의식적인 자기를 통해서 극복하려고 노력한다. 이런 식으로 분석 작업을 벌이다 보면, 자연히 정신분석가는 환자의 의식에 들어 있는 내용물을 필요로 하게 된다. 이유는 환자의 잠재의식에 닿는 것은 어디까지나 의식을 통해서만 가능하기 때문이다. 아남네시스를 통해 얻는 자료는 우리의 작업이 시작하는 출발점이 될 수 있다. 세세한 회상은 대체로 환자에게 명백히 나타나고 있는 증후들의 정신적 기원을 가리키는 소중한 자료를 많이 제시한다.

이 같은 작업이 필요한 경우는 당연히 환자가 자신의 신경증의 기원이 유기적이라고 확신할 때뿐이다. 그러나 환자가 처음부터 자신의 병의 원인이 정신에 있다고 확신하는 경우에도, 병의 내력을 비판적으로 조사하는 것이 바람직하다. 왜냐하면 비판적인 접근이 환자에게 그때까지 환자 본인이 자각하지 못하고 있던, 관념들의 심리적 연결을 드러내 보여주기 때문이다. 이런 식으로 접근하면, 특별한 논의를 필요로 하는 문제들이 자주 표면으로 드러난다. 이런 종류의 작업이 상담 시간 중 많은 부분을 차지할 것이다.

그렇게 하다 보면 최종적으로 의식의 자료에 대한 설명이 종료된다. 여기서 종료된다고 말하는 것은 환자나 의사나 그 설명에 결정적인 것을 추가로 더 더할 게 없는 상황에 이른다는 뜻이다. 아주 우호적인 상황에서 진행된다면, 의식적 자료에 대한 설명이 종료되는 시점은 문제를 체계적으로 정리하게 되는 때이다. 이때 문제는 그 자체로는 해결이 불가능한 것으로 드러난다.

예를 들어 보자. 멀쩡하던 사람이 35세에서 40세 사이에 신경증 환자가 되는 경우가 있다. 이 사람의 사회적 지위는 확고하다. 그에겐 아내도 있고 아이도 있다. 그는 신경증과 함께 직장 일에도 아주 강하게 저항하는 모습을 보였다. 그가 직장에서 어떤 어려움을 극복해야 할 때, 신경증 증후들이 처음으로 두드러지게 나타났다. 이후로 직장 일에 어려움이 나타날 때마다 증후들은 더욱 악화되었다. 그러다 직장 일이 운 좋게 제대로 풀릴 때면, 그의 신경증도 개선되는 모습을 보였다. 환자와 얼굴을 맞대고 앉아서 아남네시스를 하면서 비판적으로 논의한 결과 끌어낸 문제는 다음과 같다.

환자는 자신이 직장 일에서 향상을 이룰 경우에 느끼는 만족감이 신경증을 완화시킨다는 것을 알고 있다. 그러면서도 그는 일에 대한 강한 저항 때문에 일을 효과적으로 처리하지 못한다. 이런 문제는 추론으로는 절대로 해결되지 않는다.

또 다른 예를 보자. 나이가 마흔인 어느 부인은 아이를 넷 둔 어머니인데, 4년 전에 아이 하나가 죽은 뒤로 신경증 환자가 되었다. 그러다다른 아이를 임신한 동안에 그녀의 신경증이 크게 나아졌다. 그래서이 환자는 지금도 아이를 하나 더 가지면 큰 도움을 받을 수 있을 텐데하는 생각 속에 살았다. 그러나 그녀는 임신은 더 이상 불가능하다고믿으면서 에너지를 자선 활동에 쏟으려고 노력했다. 그럼에도, 그녀는그런 활동에서 조금의 만족도 얻지 못했다. 그녀는 진정으로 뜨거운관심을 쏟을 만한 일을 발견할 때마다 불만이 크게 줄어드는 것을 확인하지만 지속적으로 관심을 쏟으면서 만족을 얻을 수 있는 일을 발견할 수 없다고 느꼈다. 이런 문제는 추론을 통해서는 절대로 해결되지않는다.

이 경우에 정신분석은 이 환자가 아이에 대한 갈망 그 이상의 관심을 개발하지 못하도록 막고 있는 것이 무엇인가, 하는 문제를 해결하려는 노력에서 시작되어야 한다.

시작 단계에서부터 그런 문제의 해결책이 무엇인지 안다고 단정할수 없다. 그러기에 이 시점에서는 환자의 개성이 풀어놓는 단서들을믿어야 한다. 이 단서들을 발견하는 데에는 의식적인 질문도, 이성적인 조언도 전혀 도움이 되지 않는다. 왜냐하면 우리가 단서들을 찾지 못하도록 막고 있는 원인들은 이 여자 환자의 의식이 모르는 곳에 꼭 꼭 숨어 있기 때문이다. 그러므로 이 같은 잠재의식적 억제에까지 닿을 수 있는 확실한 길은 어디에도 없다. 정신분석이 이 측면에서 제시하는 유일한 원칙은 환자가 그 순간에 마음에 떠오르는 것을 털어놓도록 하라는 것뿐이다. 그러면 분석가는 환자의 말을 유심히 관찰해야 하고, 또 자신의 의견을 환자에게 강요하려 들지 않고 환자의 말에 주목해야 한다.

한 예로, 내가 맨 먼저 언급한 환자는 그때까지 정상적인 것으로 여겨왔던 결혼생활에 대한 말부터 시작할 수도 있다. 그러면 우리는 그가 아내와의 사이에 끊임없이 어려움을 겪고 있었고 또 그가 아내를 이해하지 못하고 있다는 사실을 알게 될 것이다. 이 같은 지식을 얻게 되면, 의사는 환자의 직장 일이 유일한 문제가 아니고 결혼생활도 개선이 필요하다는 식으로 말할 것이다. 이 지식이 생각의 열차를 출발시킨다. 이제 환자에게 결혼생활과 관련해 아주 많은 생각이 떠오른다. 이어서 결혼 전에 있었던 연애에 관한 생각이 떠오를 것이다. 이 경험들이 세세하게 언급될 경우에 환자가 여자들과의 관계에서 언제나 다소 특이한 구석을 보였다는 점이 드러날 수 있다. 또 그 특이한 점이 유치한 이기주의로 나타나고 있다는 것까지 드러날 수 있다. 이것은 환자에게 새롭고 놀라운 견해로 다가올 것이며 아울러 그가 여자들과의 사이에 겪은 많은 불행을 설명해줄 것이다.

환자가 말을 하도록 한다는 단순한 원칙을 따른다고 해서, 반드시 결실을 거두게 되는 것은 아니다. 정신적 자료를 겉으로 많이 드러내는 환자가 드물기 때문이다. 게다가, 많은 사람들은 순간의 충동에 따라 마음에 떠오르는 것을 자유롭게 공개하는 것 자체에 강하게 저항한다. 전적으로 신뢰할 수 없는 의사에게 그런 것을 털어놓는 것이 너무나 고통스럽기 때문이다.

또 환자에 따라서는 아무것도 떠오르지 않는 탓에 의사의 눈치를 보며 다소 무관한 일에 대한 이야기를 어쩔 수 없이 늘어놓을 수도 있다. 그렇다고, 핵심에 대해 말하지 않는 습관이 환자가 불쾌한 내용을 의식적으로 숨기고 있다는 사실을 뒷받침하는 것은 절대로 아니다. 무관한 내용에 대해 말하는 것은 꽤 무의식적으로 이뤄질 수 있다. 그런 경우에, 환자에게 강제적으로 말을 해야 하는 것은 아니라는 점을 일러주면 간혹 환자에게 도움이 될 수 있다. 또 환자에게 아무리 하찮아 보이고 터무니없어 보이더라도 가장 먼저 떠오르는 생각은 반드시 말해야 한다고 일러줘도 큰 도움이 될 수 있다. 어떤 환자의 경우엔 이런 지시 사항마저도 아무런 소용이 없다. 그런 경우라면 의사는 다른 방편에 기대야 한다. 이런 때 효과적인 방편 하나가 바로 연상 테스트를 이용하는 것이다. 이 테스트는 당시에 환자 본인의 내면에서 작동하고 있는 중요한 경향들에 관한 소중한 정보를 제시한다.

두 번째 방편은 꿈 분석이다. 꿈 분석은 정신분석에 정말 소중한 도구다. 꿈 분석에 반대하는 의견은 이미 많이 나왔다. 그러기에 여기서 꿈 분석에 대해 간단히 설명할 필요가 있다. 잘 알고 있는 바와 같이, 꿈에 부여하는 의미뿐만 아니라 꿈의 해석까지도 좋지 않은 평판을 얻고 있다. 해몽이 관행처럼 행해지고 해몽을 믿었던 것이 결코 오래 전의 일이 아니다. 아주 계몽된 인간들조차 미신의 영향 아래에서 살았던 것도 그리 오래 전의 일이 아니다. 그러므로 우리 시대가 얼마 전에야 부분적으로 극복한 그런 미신에 대해 어느 정도의 두려움을 느끼는 것은 충분히 이해할 만하다. 꿈 분석에 반대하는 것은 상당 부분 미신을 대하는 이런 소심함 때문이다.

그러나 꿈 분석은 두려워할 대상이 절대로 아니다. 꿈은 우리가 미신적으로 숭배한다고 해서 선택할 수 있는 그런 것이 절대로 아니다. 꿈은 환자의 의식과 무관한 정신의 산물로, 저절로 생긴다. 우리가 환자에게 자유롭게 생각해달라고 요구하지만, 그렇게 해도 환자는 약간의 생각을 제시하거나 전혀 아무런 생각을 제시하지 않기도 한다. 아니면 기껏 상관없는 생각을 억지로 내놓기도 한다. 그러나 꿈은 자유로운 생각이고, 자유로운 공상이다. 꿈은 강요되는 것이 아니며, 생각만큼이나 자유로운 정신적인 현상이다.

꿈은 하나의 복합적인 구성물로서, 다시 말해 무의식적인 요소들이 서로 연결된 하나의 구조로서 의식 속으로 들어온다고 할 수 있다. 꿈의 그림들의 기원은 오직 후에 개별 그림들과 연상을 결합시킴으로써만, 가깝거나 먼 과거의 회상 속에서 찾아질 수 있다. 환자는 스스로에게 이렇게 물을 수 있다. "저걸 어디서 보았지?" 자유 연상과 똑같은 과정을 거치는 동안에, 꿈의 어느 부분을 실제로 경험했다는 기억이 떠오를 수 있다. 어제 경험한 부분도 있고, 그보다 앞서 경험한 부분도 있다. 이 같은 사실도 널리 잘 알려져 있으며, 누구나 그 점에 동의할 것이다. 지금까지 꿈은 대체로 어떤 요소들이 뒤섞여 있어서 이해가 쉽지 않은 하나의 복잡한 혼합물로서 나타나지만, 이 요소들은 처음에는 의식적이지 않아도 후에 자유 연상의 과정에 의해서 인식되게 된다.

이에 대해 경험을 근거로 하지 않은 진술이라는 점을 근거로 이의가 제기될 수 있다. 그러나 나는 이 같은 개념이 꿈의 기원과 관련해 유일하게 일반적으로 인정받고 있는 작업 가설, 즉 꿈은 가까운 과거의 경험과 생각에서 비롯된다는 가설과 일치한다는 점을 강조해야 한다. 그러므로 우리는 지금 널리 잘 알려진 토대를 근거로 하고 있다.

  그렇다고 어떤 꿈 부분들이 모든 상황에서 꿈을 꾼 사람 본인에게 그것들이 의식적이라고 불러도 좋을 만큼 알려져 있는 것은 아니다. 반대로, 꿈을 꾼 사람 본인도 자주 아니 일반적으로 꿈 부분들을 알아보지 못한다. 후에 우리가 꿈의 이 부분 또는 저 부분을 의식적으로 경험했다는 사실을 기억해낼 때까지는 대체로 그렇다. 이런 관점에서, 우리는 꿈을 잠재의식의 어떤 기원에서 비롯된 산물로 여길 것이다. 이 잠재의식의 원천들을 기술적으로 밝혀내는 과정에서는 언제나 본능이 중요한 역할을 한다. 정신분석가는 단지 꿈의 부분들이 어디서 오는지 찾아내려고 노력한다. 꿈을 정신분석적으로 풀이하는 방법은 너무나 단순한 원칙에 그 근거를 두고 있다. 꿈의 일부 부분들이 깨어 있을 때의 삶에서 비롯되는 것은 하나의 사실이다. 또 중요성이 아주 떨어지는 까닭에 자주 망각의 늪으로 빠져 잠재의식이 된 경험으로부터도 꿈의 일부 부분이 비롯되는 것도 또한 사실이다. 그런 꿈 부분들은 잠재의식적 표현(이미지들)의 결과물이다.

  따라서 정신분석이 꿈을 풀이하는 원리들은 대단히 단순하고 또 오랫동안 알려져 왔다. 추가적인 절차도 논리적으로 일관되게 똑같은 경로를 따른다. 정신분석 밖에서는 좀처럼 일어나지 않는 일이긴 하지만, 그래도 어떤 사람이 어떤 꿈을 놓고 생각하면서 상당한 시간을 보낸다면, 그 사람은 개별적인 꿈 부분에 해당하는 기억을 더 많이 떠올릴 것이다. 그러나 꿈의 모든 부분에 해당하는 기억을 떠올리는 것은 언제나 가능한 일은 아니다. 그런 경우에는 내키지 않겠지만 기억을 불러일으키지 않는 꿈 부분들은 당분간 가만 내버려둬야 한다. 내가

"기억"이라는 표현을 쓸 때, 이 단어는 단순히 어떤 구체적인 경험의 기억만을 의미하는 것이 아니라 기억의 의미까지 뜻한다.

이런 식으로 모은 기억은 꿈 자료라 불린다. 이 자료를 갖고 보편적으로 유효한 과학적 방법에 따라 분석 작업을 벌이면 된다. 과학 분야에 종사하는 누군가가 실험을 통해 자료를 얻는다면, 그 전문가는 그 자료를 부분으로 나누고 각 부분을 서로 비교하면서 유사성에 따라 배열할 것이다. 꿈 자료를 다룰 때에도 이와 똑같은 과정을 밟으면 된다. 꿈 자료의 공통적인 특징을 모으면 되는 것이다. 이때 공통적인 특징은 형식적인 측면일 수도 있고 내용적인 측면일 수도 있다.

이런 식으로 꿈을 분석하는 작업을 벌일 때, 어떤 편견도 갖지 않는 것이 아주 중요하다. 분석을 처음 시도하는 초심자를 보면, 꿈 자료들을 꿰맞출 이런 경향 또는 저런 경향을 발견하기를 기대하는 것이 종종 관찰된다. 이런 예는 예전에 편견과 오해 때문에 정신분석에 다소 강하게 반대했던 나의 동료들 중에서 특히 자주 보인다. 마치 운명의 장난처럼, 내가 나의 동료들을 분석하고 따라서 그들이 마침내 분석 방법에 대한 통찰을 얻게 될 때, 그들이 정신분석 작업을 벌이면서 저지른 최초의 실수가 환자의 꿈 자료를 그들이 사전에 품고 있던 의견과 억지로 일치시키는 것이었다는 사실이 드러났다. 말하자면, 나의 동료들은 자신이 예전에 정신분석에 대해 품었던 태도가 꿈 자료에 영향을 미치도록 내버려두고 있었다는 뜻이다. 옛날에 정신분석을 객관적으로 평가하지 않고 자신의 주관적 공상에 따라 평가했으면서도 말이다.

만약에 누군가가 꿈 자료를 조사하는 어려운 임무를 과감히 시도하겠다고 나선다면, 그 사람은 어떤 비교도 허용하지 않아야 한다. 그렇게 하지 않고 비교를 하다가는 놀라서 그 작업에서 달아나게 될 수도 있을 테니까. 대체로 꿈 자료는 서로 매우 이질적인 이미지들로 이뤄져 있으며, 그래서 어떤 상황에서는 이 이미지들로부터 비교의 준거를 확보하는 것이 대단히 어렵다. 나는 이를 보여줄 세세한 예들을 제시하는 것을 포기해야 한다. 이런 상세한 자료들을 강의로 풀어내는 것은 거의 불가능한 일이기 때문이다.

무의식의 내용물을 분류할 때에는, 다른 모든 분야에서 자료에서 어떤 결론을 끌어내기 위해 자료를 비교 분석할 때와 똑같은 방법을 이용하면 된다. 이 대목에서 한 가지 반대 의견이 종종 제시된다. 꿈은 왜 언제나 잠재의식적 내용만을 가져야 하는가? 나의 의견에, 이 같은 반대는 비과학적이다. 모든 심리적인 순간은 나름의 역사를 갖고 있다. 내가 말하는 모든 문장은 나 자신이 의식적으로 의도하는 의미 외에 역사적인 의미를 갖고 있으며, 또 문장의 역사적 의미는 의식적인 의미와 완전히 다를 수 있다.

보다 크고 보다 복잡한 형성을 예로 들면 이해가 조금 더 쉬워질 것이다. 한 편의 시는 명백한 내용 외에 그 저자와 형식과 주제, 그리고 시의 기원의 역사를 특별히 보여준다는 사실에 누구나 동의할 것이다. 시인은 어느 한 순간의 시적 감흥을 노련한 솜씨로 한 편의 시로 담아내는 한편, 문학의 역사를 다루는 전문가는 그 시 속에서나 시 너머에서 시인이 전혀 생각하지 않았을 법한 것을 본다. 방법적인 측면에서 보면, 문학 비평가가 시인이 제공하는 내용을 파고드는 분석은 정신분석과 비교될 수 있다. 문학 비평가가 분석하면서 저지를 수 있는 실수까지도 정신분석과 비슷하다. 정신분석은 역사를 분석하고 종합하는 것과 비교될 수 있다.

예를 들어, 우리가 오늘날 교회에서 행해지고 있는 세례 의식의 의미를 이해하지 못하고 있다고 가정해 보자. 성직자가 세례는 아이를 기독교 공동체로 받아들인다는 것을 의미한다고 설명한다. 그러나 우리는 이 설명에 만족하지 못한다. 아이에게 물을 뿌리는 이유는 무엇인가? 이 의식을 이해하려면, 우리는 그 의식의 역사로부터, 말하자면 그 의식에 해당하는 인류의 기억들로부터 비교할 만한 자료들을 모아야 하는데, 이 과정 또한 다양한 관점에서 이뤄져야 한다.

첫째, 세례는 분명히 입회 의식, 즉 일종의 축성(祝聖)이다. 그러므로 무엇보다 먼저 입회 의식에 해당하는 기억들을 모아야 한다.

둘째, 세례 행위에 물이 동원된다. 이런 특별한 절차는 물이 쓰이는 의식에 관한 다른 기억들을 모을 것을 요구한다.

셋째, 아이가 세례를 받을 때 아이에게 물을 뿌린다. 그렇다면 물이 뿌려지는 의식의 형식들을 모두 파악해야 한다. 초심자에게 물을 뿌리거나, 아이를 물속에 집어넣는 의식이 그런 예에 속한다.

넷째, 세례의 상징적 행위와 비슷한 미신적인 관습과 신화 속의 흔적을 두루 찾아내야 한다.

이런 식으로 접근하면, 세례 행위를 비교 연구할 자료가 마련될 것이다. 그러면 세례가 비롯된 요소들을 찾아낼 것이고, 더 나아가 세례의 원래의 의미를 밝혀낼 수 있을 것이다. 동시에 종교적 신화가 풍성한 어떤 세계에 대해서도 알게 될 것이다. 아마 종교적 신화의 세계는 세례 행위의 다양한 의미를 들려줄 것이다. 정신분석가는 바로 이런 식으로 꿈을 다룬다. 그는 꿈의 각 부분과 비슷한 예들을 역사 속에서 찾아낸다. 이 예들은 시간적으로 매우 먼 시대의 것일 수 있다. 그렇게 하면서 정신분석가는 꿈의 심리적 역사와 그 꿈의 바탕에 깔린 의미를 구성해내려고 노력한다. 꿈을 갖고 이런 식으로 기술적으로 분석함으로써, 잠재의식에서 일어나고 있는 정신작용에 대한 깊은 통찰을 얻는다. 세례 행위를 분석하는 것과 똑같다. 앞에서 말한 바와 같이, 여기서 얻어지는 통찰은 지금까지 대단히 피상적이고 편향적인 관점에서만 고려했던 어떤 행위를 역사적 배경을 바탕으로 이해하는 것과 비교할 만한 통찰이다.

실제로 분석 작업을 벌이는 과정에, 특히 분석 초기에 모든 꿈을 완벽하게 분석하지 못한다는 사실을 나는 숨기지 않는다. 그럼에도 나는 꿈과 관련있는 연상을 더욱 많이 모으려고 노력한다. 그러다 보면 어느 시점에서 환자가 정신분석가에게 숨기고 있는 문제가 아주 명백하게 드러나게 된다. 그렇게 되면 환자 본인도 자신의 문제를 선명하게 보지 않을 수 없게 된다. 이제 정신분석가와 환자는 이 문제를 놓고 최대한 멀리까지 의식적으로 파고들게 된다. 여기서 우리는 다시 대답 불가능한 어떤 질문 앞에 선다.

환자가 꿈을 전혀 꾸지 않는다면, 그땐 어떤 과정을 밟아야 하는가? 여기서 나는 자신 있게 말할 수 있다. 지금까지 모든 환자들, 심지어 예전에 꿈을 꾼 적이 한 번도 없다고 말하는 환자까지도 분석에 적극적으로 임할 때면 꿈을 꾸기 시작한다는 사실이다. 한편, 꿈을 생생하게 꾸기 시작한 환자가 돌연 더 이상 꿈을 꾸지 못하게 되는 예도 자주 보인다. 내가 지금까지 지키고 있는, 경험적이고 실용적인 원칙 하나는 꿈을 꾸지 않는 환자는 어떤 이유로든 의식적인 자료를 억누르고 있다는 것이다. 가장 흔한 이유는 이것이다. "나는 지금 의사의 손아귀에 잡힌 상태에서 기꺼이 의사의 치료를 받으려 한다. 그러나 그 일은 의사가 해야 할 것이며, 나는 그 문제에 수동적으로 임할 것이다."

저항이 심각한 성격을 띠는 경우가 가끔 있다. 예를 들어, 자신의 성격에 도덕적으로 심각한 결함이 있다는 점을 인정하지 못하는 사람은 의사가 도덕적 결함을 갖고 있다는 식으로 단정함으로써 자신의 결점을 의사에게 투사한다. 그러면 환자는 바로 그런 이유 때문에 불쾌한 일을 의사에게 털어놓지 못하게 된다. 그렇다면, 처음부터 꿈을 꾸지 않거나 꿈을 더 이상 꾸지 않게 된 사람은 의식적 검토 대상이 될 위험이 있는 자료를 감추고 있다고 보면 된다. 여기서 의사와 환자의 인간관계가 중대한 장애로 여겨질 수 있다. 이 장애는 환자뿐만 아니라 의사까지도 상황을 명쾌하게 보지 못하도록 막을 수 있다.

이 대목에서 잊지 말아야 할 것이 있다. 바로 의사가 환자의 심리에 대해 깊은 관심을 보이고 또 보여야만 하듯이, 환자도 적극적인 정신의 소유자인 경우에 의사의 심리를 어느 정도 파악하고 그에 따라 의사를 대하는 태도를 정한다는 사실이다. 따라서 의사는 자기 자신과 자신의 잠재의식의 문제들을 보지 못하는 한, 환자의 정신적 태도를 제대로 파악하지 못하게 된다. 그래서 의사가 환자를 분석하기 전에 먼저 분석 대상이 되어야 한다는 것이 나의 지론이다. 그렇게 하지 않을 경우에, 분석 작업이 분석가에게 쉽게 큰 실망이 될 수 있다. 왜냐하면 분석가가 일부 상황에서 더 이상 진전이 불가능한 지점에 닿게 될 것이기 때문이다. 이렇게 되면 분석가는 쉽게 당황하게 되고, 정신분석은 난센스라는 식으로 결론을 내리기 쉽다. 이것이 자신이 배를 좌초시켰다는 사실을 인정하지 않기 위한 결론이라는 점에 대해선 말할 필요조차 없다.

자신의 심리에 대해 확실히 알고 있는 분석가는 꿈을 꾸지 않는 환자에게 아직 정리해야 할 의식적 자료가 있기 때문이라는 식으로 자신

있게 말할 수 있다. 정신분석가는 자신의 자기를 잘 알아야 한다는 점을 다시 강조하고 싶다. 정신분석가는 이따금 가차 없는 비판에 시달리게 되는데, 이런 힘든 것을 직면할 준비가 되어 있지 않은 경우에 쉽게 충격을 받기 때문이다. 의사가 개인적 균형감을 상실하는 즉시 나타나는 현상은 의사가 환자에게 영향력을 계속 행사하기 위해 환자와 논쟁을 벌이기 시작한다는 점이다. 이런 상황이 전개되면 당연히 추가 분석은 불가능해진다.

나는 꿈들을 분석을 위한 자료의 원천으로만 여길 필요가 있다는 점을 강조한 바가 있다. 분석을 시작하는 단계에서 어떤 꿈을 완벽하게 해석하는 것은 필요하지도 않을 뿐만 아니라 현명하지도 않다. 왜냐하면 꿈을 완벽하게 해석하는 작업 자체가 대단히 어려운 일이기 때문이다. 정신분석 관련 간행물에서 가끔 읽게 되는 꿈의 해석은 종종 일방적이며, 문제가 될 수 있는 경우도 드물지 않다. 나는 빈 학파가 꿈을 일방적으로 성적인 방향으로 몰고 가는 해석까지도 그런 해석에 포함시킨다. 분석가는 꿈 자료가 지닌 포괄적이고 다면적인 성격에 비춰보면서, 무엇보다 일방적인 해석을 경계해야 한다. 꿈의 의미가 단일적이지 않고 다면적이라는 점은 특히 분석 치료의 초기에 아주 큰 가치를 지닌다.

예를 들어보자. 어떤 환자가 분석 치료를 시작하고 얼마 지나지 않아서 다음과 같은 꿈을 꾸었다. '그녀는 낯선 도시의 호텔에 있었다. 그런데 갑자기 화재가 발생했다. 함께 있던 그녀의 남편과 아버지는 그녀가 다른 사람들을 구조하는 일을 도왔다.' 이 환자는 지적이고, 대단히 의심이 많으며, 애초부터 꿈 분석은 난센스라고 강하게 믿고 있었다. 그래서 나는 그녀가 꿈 분석을 해보도록 설득하느라 애를 먹었다. 정말이지, 나는 그런 상황에서 환자에게 그 꿈의 진짜 내용을 알려주는 것이 불가능하다는 사실을 금방 깨달았다. 왜냐하면 그녀의 저항이 너무나 완강했기 때문이다.

나는 그 꿈에서 가장 두드러진 사건인 화재를 그녀의 자유 연상을 얻는 출발점으로 삼았다. 환자는 최근에 신문에서 Z에 있는 어떤 호텔이 불에 타 무너졌다는 기사를 읽은 적이 있다고 말했다. 또 그녀가 그 호텔을 기억하는 것은 거기에 살았던 적이 있기 때문이라는 이야기도 들려주었다. 그 호텔에서 그녀는 어떤 남자를 알게 되었으며, 이 만남에서 다소 의문스런 연애가 시작되었다. 이 이야기와의 연결 속에서, 그녀가 그와 비슷한 연애를 이미 몇 차례 경험했다는 사실도 나왔다. 이 연애 사건 모두는 다소 천박한 성격을 띠었다. 꿈의 한 부분을 놓고 처음 자유 연상을 실시한 결과, 이처럼 소중한 과거 역사의 한 조각이 드러나게 되었다. 이 환자에게 그 꿈의 놀라운 의미를 분명하게 전하는 것은 아마 불가능했을 것이다. 의심이 크다는 사실로도 확인되듯이, 정신적 태도가 변덕스러웠던 그녀는 이런 종류의 시도를 무턱대고 물리칠 수 있었을 것이다. 그러나 그녀의 정신적 태도가 경박하다는 것이 그녀가 제시한 자료에 의해 그녀의 눈에까지 분명히 확인된 뒤에야, 꿈들을 보다 더 철저하게 분석할 수 있게 되었다.

그러므로 분석을 시작하는 단계에서는 잠재의식의 중요한 자료에 닿는 한 방법으로 환자의 꿈과 자유 연상을 이용하는 것이 바람직하다. 이제 막 정신분석을 시작한 분석가에게, 이 방법은 가장 훌륭하면서도 신중을 요구하는 방법이다. 꿈을 자의적으로 해석하는 일은 절대로 피해야 한다. 그런 식의 해석은 확고한 상징적 의미들을 바탕으로 한 미신적인 관행일 뿐이다. 정말로, 일정하게 고정된 상징적인 의미

같은 것은 절대로 있을 수 없다. 물론 자주 반복되는 상징들이 있긴 하지만, 그 고정된 의미에 기댈 경우에 우리는 일반적인 설명을 결코 넘어서지 못한다.

예를 들어, 뱀이 꿈에 나타난다고 하자. 그때 뱀을 오직 남근의 의미를 지니는 것으로 단정하면 부정확할 수 있다. 그것은 뱀이 일부 꿈에서 남근의 의미를 지닐 수 있다는 점을 부정하는 것이 부정확할 수 있는 것과 똑같다. 그러므로 나는 일부 정신분석 관련 책의 주장과 달리, 전적으로 성적인 해석의 정확성을 인정하지 않는다. 나의 경험에 비춰볼 때 그런 식의 주장이 일방적이고, 따라서 불충분한 것으로 여겨지기 때문이다.

그런 한 예로, 나는 어느 젊은 환자가 꾼 매우 단순한 꿈에 대한 이야기를 들려주고 싶다. 꿈의 내용은 이렇다. '나는 어머니와 누나와 함께 계단을 올라가고 있었다. 우리가 계단 끝에 이르렀을 때, 나는 누나가 곧 아이를 낳을 것이라는 말을 들었다.'

나는 지금 이 꿈이 오늘날까지 지배적이었던 관점에 따라 어떻게 성적 의미를 지니는 방향으로 해석될 수 있는지를 보여주고 싶다. 근친상간 공상이 신경증 환자의 삶에서 중요한 역할을 한다는 것을 우리는 알고 있다. 따라서 "어머니와 누나"와 함께 있는 그림은 근친상간을 암시하는 것으로 여겨질 수 있다. "계단"은 성적 의미를 지니며 또 계단을 오르는 율동적인 리듬 때문에 성행위를 나타낼 수도 있다. 나의 환자의 누나가 기대하고 있는 아이는 이런 전제들의 논리적 결과에 지나지 않는다. 이런 식으로 해석하면 이 꿈은 유아기 욕망의 실현일 것이며, 우리가 알고 있는 바와 같이, 유아기 욕망은 프로이트의 꿈 이론에서 중요한 역할을 한다.

이제 나는 이 꿈을 다음과 같은 추론 과정의 도움을 받아가며 분석했다. 만약 내가 계단은 성행위의 상징이라고 말한다면, 어머니와 누나와 아이를 구체적인 것으로, 말하자면 상징이 아닌 것으로 여길 권리를 나는 어디서 얻는가? 만약에 내가 꿈 그림들은 상징적이라는 주장을 근거로 이 그림들의 일부에 상징적인 가치를 부여한다면, 나는 무슨 권리로 꿈의 다른 부분들을 이 과정에서 배제하는가? 그러므로 계단을 오르는 행위에 상징적인 가치를 부여한다면, 나는 어머니와 누나, 아이가 나타나는 그림들에도 당연히 상징적 가치를 부여해야 한다. 그래서 나는 그 꿈을 번역하지 않고 정말로 분석했다. 결과는 놀라웠다. 나는 꿈의 각 부분들을 하나씩 놓고 행한 자유 연상을 보여줄 것이다. 그러면 당신도 그 자료에 대한 의견을 스스로 제시할 수 있을 것이다.

먼저, 그 젊은 청년이 몇 달 전에 대학 공부를 끝냈다는 점에 대해 언급해야 한다. 그는 직업을 선택하는 것이 너무나 힘든 일이라는 사실을 깨달았다. 그러다가 그는 신경증을 보이게 되었다. 그 결과, 그는 직업을 포기하게 되었다. 그의 신경증은 특히 동성애의 형태를 취했다.

환자가 자기 어머니와 관련해서 떠올린 연상은 이렇다. "나는 어머니를 아주 오랫동안 보지 못했다. 그 문제 때문에 나는 비난받아 마땅하다. 어머니를 그렇게 오랫동안 잊고 지내는 것은 있을 수 없는 일이다." 그렇다면 여기서 "어머니"는 그가 용서할 수 없는 방식으로 무시하고 있는 무엇인가를 나타내고 있다. 그래서 나는 환자에게 "그게 뭐죠?"라고 물었다. 이에 그는 상당히 당황해하는 모습을 보이면서 "직업"이라고 대답했다.

누나와 관련해, 그는 이런 연상을 제시했다. "누나를 못 본지도 몇 년 되었어요. 누나가 너무너무 보고 싶어요. 누나에 대해 생각할 때마다, 그녀를 떠나오던 때가 떠올라요. 나는 진정으로 사랑하는 마음으로 그녀와 입을 맞추었는데, 그 순간 처음으로 여자를 사랑한다는 것이 어떤 의미인지를 이해할 수 있었어요." 환자에게 누나가 "여자에 대한 사랑"을 상징하는 것이 금방 분명해진다.

계단과 관련해서 그는 이렇게 말한다. "위로 올라가는 것, 꼭대기에 이르는 것, 삶을 성공적으로 영위하는 것, 성장하는 것, 위대해지는 것…." 아이는 그에게 이런 생각을 떠올리게 했다. "새로운 탄생, 부활, 갱생, 새로운 사람이 되는 것…."

지금까지의 자료만을 바탕으로 하면, 환자의 꿈이 유아기 욕망의 성취가 아니라 그가 유치증(幼稚症) 때문에 지금까지 무시해 온 생물학적 의무들을 나타내고 있는 것으로 이해될 수 있다. 가혹한 생물학적 심판은 간혹 인간이 현실 속에서 무시한 의무들을 꿈에서 속죄하도록 만든다.

이 꿈은 꿈들이 일반적으로 갖는 목적론적 기능을 보여주는 전형적인 예인데, 이 기능은 나의 동료인 알퐁스 메더(Alphonse Maeder)에 의해 특별히 강조되고 있다. 만약에 여기서도 일방적으로 성적 해석을 고수한다면, 이 꿈의 진짜 의미는 우리에게 잡히지 않고 달아나 버릴 것이다. 꿈속의 성적 관심은 무엇보다 표현의 한 수단일 뿐이며 언제나 꿈의 의미와 목적인 것은 아니다. 분석이 아주 많이 진행되어 환자의 눈길이 자신의 내면적 삶이나 과거보다 미래로 보다 쉽게 돌려질 수 있게 되자마자, 꿈의 목적론적 의미가 특별히 더 중요해진다.

상징의 적용과 관련해서, 우리는 이 꿈이 제시하는 예를 통해서 고정 불변의 꿈 상징은 절대로 있을 수 없으며 기껏해야 꽤 일반적인 의미들이 되풀이될 뿐이라는 점을 배울 수 있다. 특히 꿈의 성적 의미에 관한 한, 나는 나 자신의 경험을 바탕으로 다음과 같은 실용적인 규칙들을 정해놓고 있다.

치료 초기에 꿈 분석을 통해서 그 꿈이 성적 의미를 확실히 지니는 것으로 나타난다면, 성적 의미를 현실적으로 받아들여야 한다. 말하자면, 성적 문제가 조심스럽게 다듬어졌음에 틀림없다고 판단해야 한다는 뜻이다. 예를 들어, 근친상간 공상이 꿈의 숨은 내용인 것으로 명확히 드러난다면, 그런 경우에는 그 사람이 부모와 형제자매에게 품었던 유아기의 관계뿐만 아니라 부모의 역할을 하기에 적합한 사람들에게 마음속으로 품었던 관계까지도 세심한 검사의 대상이 되어야 한다. 그러나 만약에 분석의 후반 단계에 꾼 꿈이 기본적인 내용으로 이를테면 근친상간 공상을, 말하자면 우리가 처리했다고 여겨도 좋은 그런 공상을 갖고 있다면, 어떤 상황에서도 그 공상에 가치를 부여해서는 안 된다. 이때는 이 공상을 하나의 상징으로 여겨야 한다. 이런 경우에 성적 공상에 구체적인 가치가 아니라 상징적인 가치가 부여되어야 한다. 이 경우에 구체적인 가치 그 너머로 나아가지 않는다면, 우리는 환자를 성욕으로 한정시키게 될 것이며, 이 같은 접근은 환자의 인격 발달을 중단시킬 수 있다. 환자를 원초적인 성욕 속으로 다시 밀어 넣음으로써 환자를 구할 수 있는 길을 발견하는 것은 불가능하다. 원초적인 성욕을 파고들 경우에 환자는 낮은 단계의 문명 상태에 남을 것이고, 그런 상태에서 환자는 자유와 건강의 완전한 회복을 절대로 성취하지 못할 것이다. 야만의 상태로 퇴행하는 것은 문명화된 인간 존재에게 절대로 이점이 될 수 없다.

앞에 설명한 공식, 즉 꿈에 나타나는 성욕은 상징적 표현이라는 주장의 근거가 된 공식은 당연히 분석 초기에 꾸는 꿈들에도 적용된다. 그런데 이런 성적 공상의 상징적 가치를 고려하지 않도록 만드는 현실적인 이유가 있다. 신경증 환자의 행동이 이런 공상들의 영향을 받는 한, 신경증 환자의 비정상적인 성적 공상에 실질적인 가치를 부여하지 않기가 어렵기 때문이다. 경험에 비춰보면, 이런 비정상적인 성적 공상은 환자가 상황에 적절히 적응하지 못하도록 방해할 뿐만 아니라 환자가 온갖 종류의 성행위를, 경우에 따라선 근친상간까지 하도록 만든다. 이런 상황에서, 꿈의 상징적 내용만을 고려하는 것은 실질적으로 거의 아무런 소용이 없을 것이다. 꿈의 구체적인 내용부터 먼저 다뤄져야 하기 때문이다.

앞의 주장들은 프로이트가 제시한 꿈의 개념과 다른 개념에 근거하고 있다. 정말이지, 지금까지의 경험은 나 자신이 프로이트와 다른 개념을 갖지 않을 수 없도록 만들었다. 프로이트에 따르면, 꿈은 본질적으로 그 사람의 인격의 이상(理想)들과 충돌을 빚는 탓에 억압되어 있는 욕망을 가리는 상징적인 베일이다. 나는 꿈의 구조를 이와 다른 관점에서 보지 않을 수 없다. 나에게 꿈은 무엇보다 그 사람이 깨어 있는 상태에서 느끼는 심리적 상황을 잠재의식적으로 그린 그림이다. 꿈은 그 순간의 심리적 상황에 의해 끌려 나오는 잠재의식의 자료를 요약한 것이나 마찬가지이다. 프로이트가 억압된 욕망이라고 부르는, 꿈의 의지적인(volitional) 의미는 나에겐 기본적으로 표현의 한 수단으로 보인다. 생물학적으로 말하면, 의식의 활동은 곧 그 사람이 삶의 조건에 스스로 적응하면서 기울이는 심리적 노력을 뜻한다. 그 사람의 의식은 매 순간의 필요에 스스로를 적응시키려고 노력한다. 바꿔 말하면, 그 사람 앞에 그가 극복해야 할 과제들이 놓여 있다는 뜻이다. 많은 경우에, 이 과제들을 해결할 방안은 알려져 있지 않다. 그렇기 때문에 의식은 언제나 비슷한 경험을 바탕으로 해결책을 찾으려고 노력한다.

우리는 알려지지 않았거나 미래에 있는 것이 지니는 의미를 언제나 이미 흘러간 것에 대한 정신적 이해에 따라 파악하려고 노력한다. 지금 우리에겐 무의식은 의식이 따르는 법칙과 다른 법칙을 따른다고 단정할 근거가 전혀 없다. 무의식도 의식처럼 생물학적인 문제들 주변으로 모이며, 예전에 일어났던 일을 바탕으로 유추하면서 문제들의 해결책을 찾으려는 노력을 의식 못지않게 열심히 벌인다. 미지의 무엇인가를 동화시키길 원할 때마다, 우리는 비교의 과정을 거치면서 미지의 것에 닿는다. 이를 보여주는 간단한 예는 스페인 탐험가들이 신대륙을 발견했을 때 그곳 인디언 원주민들이 그때까지 보지 못했던 정복자의 말을 보고 큰 돼지라고 생각했다는 사실이다. 인디언들이 그때까지 한 경험에 비춰볼 때 정복자들의 말과 가장 비슷한 것이 돼지였기 때문이다. 이런 식의 사고는 우리가 미지의 것을 이해하려고 할 때마다 이용하는 정신작용이며, 상징이 존재하는 근본적인 이유이기도 하다. 이 정신작용은 유추를 이용하는 이해의 한 과정이다.

꿈의 구조에 대한 이해가 서로 많이 다르기 때문에, 지금부터 추가로 이뤄질 분석 과정은 빈 학파의 분석과 완전히 다른 모습을 보일 것이다. 분석의 후반 단계에서 성적 공상에 부여하는 상징적 가치는 환자의 인격을 원초적인 경향들로 되돌리지 않고 반드시 환자의 정신적 태도를 확장시키고 추가로 발달시키게 될 것이다. 말하자면 그런 상징적 가치는 환자의 사고를 더욱 풍성하고 더욱 깊게 만들 것이며, 따라서 인간 존재가 스스로를 삶에 적응시키려고 노력할 때 동원하는 가장 막강한 무기 하나를 환자에게 안겨줄 것이다. 이런 새로운 과정을 논리적으로 따름으로써, 나는 종교적 및 철학적 원동력, 소위 인간의 추상적인 사고 욕구가 정신분석가에 의해 긍정적으로 고려되어야 한다는 결론에 이르렀다. 정신분석가는 성적 공상을 원초적인 성적 뿌리로 되돌려놓음으로써 그 공상의 바닥에서 작용하고 있는 원동력을 파괴해서는 안 된다. 정신분석가는 성적 공상을 심리학적으로 소중한 요소로 받아들여 생물학적 목적에 이바지하는 쪽으로 다듬을 수 있어야 한다. 그러면 이 본능들은 아득한 옛날부터 해왔던 본래의 기능을 다시 확보하게 될 것이다.

원시인이 종교적 및 철학적 상징의 도움으로 원래의 상태로부터 스스로를 해방시킬 수 있었던 것처럼, 신경증 환자도 그와 비슷한 방법으로 자신의 병을 고칠 수 있다. 그렇다고 종교적 교리나 철학적 견해에 대한 믿음을 환자에게 강요해야 한다는 뜻은 절대로 아니다. 단지 나는 신경증 환자가 초기의 문명에서 종교적 또는 철학적 견해에 대한 생생한 믿음이 특징이었던 그런 심리적 태도를 다시 찾아야 한다는 점을 강조하고 있을 뿐이다. 그러나 종교적 및 철학적 태도라고 해서 반드시 어떤 교리나 견해를 믿어야 한다는 뜻은 아니다. 하나의 교리는 잠정적인 지적 공식화에 지나지 않는다. 그것은 종교적 및 철학적 태도의 결과물이고 시간과 상황에 좌우된다. 이 태도는 그 자체로 문명의 한 성취이며, 생물학적 관점에서 대단히 소중한 기능이다. 이유는 이 태도가 인간들이 미래 세대를 위해 창조적인 일을 하도록 자극하고 또 필요한 경우에 인간이라는 종의 행복을 위해 자신을 희생시키도록 자극하기 때문이다.

이리하여 인간은 야생의 동물이 본능적으로, 또 무의식적으로 갖고 있는 것과 똑같은 전체성과 대담성, 희생의 능력을 의식적인 존재 안에서 성취하고 있다. 문명의 발달을 위해 닦은 코스를 벗어나거나 거꾸로 돌아가는 것은 그 인간을 절름거리는 동물로 바꿔놓는 것이나 다름없다. 나는 실제로 분석 활동 과정에 수많은 성공과 실패를 겪으면서, 인간에겐 이런 심리적 지향이 있다는 확신을 품게 되었다. 신경증 환자가 문명의 요구로부터 자유로워지게 함으로써 환자를 도울 수 있는 길은 없다. 신경증 환자가 문명의 발달을 지속적으로 추구하는 힘든 과업에 능동적으로 참여하도록 유도함으로써만 환자를 도울 수 있을 뿐이다. 그러면 환자가 이 과업을 수행하면서 겪는 고통이 그의 신경증을 대체하게 될 것이다.

신경증과 거기에 수반되는 불평에는 일을 잘 처리해냈다거나 일을 두려움 없이 수행해 냈다는 감정이 절대로 따르지 않지만, 유익한 일을 해내고 진짜 난관을 극복하는 데에 따르는 고통은 인간 존재들에게 진정으로 자신의 삶을 살았다는 소중한 감정을 안겨주는 평화와 만족의 순간을 낳는다. 〈1913년〉

6장

정신분석에 대하여(2)

오랜 경험을 바탕으로, 나는 공적 모임이나 총회 같은 곳에서 정신분석에 대해 논하는 것이 지극히 어려운 일이라는 사실을 잘 알고 있다. 정신분석을 둘러싼 오해도 너무나 많고, 일부 정신분석적 관점에 대한 편견도 아주 강하다. 그렇기 때문에 공적인 토론에서 상호 이해를 끌어내는 것은 거의 불가능한 과제이다. 나는 언제나 정신분석 문제를 놓고는 차분하게 논의하는 것이 공개적인 자리에서 뜨겁게 논쟁을 벌이는 것보다 훨씬 더 유익하고 더 많은 결실을 낳는다는 사실을 확인하고 있다. 그러나 국제의료총회(International Medical Congress)의 위원회로부터 정신분석 운동의 대표로 초대를 받은 상황에서, 나는 정신분석의 기본적인 이론적 개념들 일부에 대해 논하는 일에 최선을 다할 생각이다. 나는 정신분석 중에서도 이론적인 개념으로만 논의의 대상을 제한해야 한다. 왜냐하면 나 자신이 정신분석이 의미하고 추구하고 있는 모든 것을, 말하자면 정신분석의 다양한 적용들과 정신분석의 심리학, 정신분석의 이론적 경향들, 정신분석이 신화학과 비교종교, 철학 등의 영역에 지니는 중요성 등을 청중 앞에 다 제시할 수는 없기 때문이다. 그러나 정신분석의 기본적인 이론을 논하려면, 나는 청중이 정신분석 분야 연구의 발달과 주요 결실에 대해 어느 정도 알고 있다고 전제해야 한다. 불행하게도, 정신분석 관련 책조차 읽지 않은 사람들까지도 정신분석을 판단할 자격을 충분히 갖추고 있다고 믿는 경우가 더러 있다. 정신분석의 중요한 저작물들을 공부하기 전까지는 어느 누구도 정신분석에 대해 판단을 내릴 자격을 갖추지 못한다는 것이 나의 믿음이다.

프로이트의 신경증 이론은 대단히 세세하게 다듬어졌다. 그럼에도, 이 이론은 전반적으로 매우 명료하고 쉽게 이해된다는 소리를 듣지 못하고 있다. 그렇기 때문에 내가 여기서 신경증 이론에 관한 그의 근본적인 관점에 대해 아주 짧게 소개하는 것도 바람직할 것이다.

히스테리와 그것과 관련있는 신경증들은 성적인 성격을 지닌 어린 시절의 사건이나 충격에서 비롯된다는 독창적인 이론이 15년 전쯤 포기되었다는 사실을 여러분은 잘 알고 있다. 성적 충격이 신경증의 진정한 원인이 될 수 없다는 것은 금방 명백해졌다. 성적 충격이 보편적으로 확인되고 있기 때문이다. 어린 시절 초기에 성적 충격을 경험하지 않은 사람은 거의 없다. 그럼에도 훗날 신경증을 일으키는 사람들의 숫자는 비교적 작다. 프로이트는 곧 초기에 충격적인 사건을 겪었다고 털어놓은 환자들 몇 사람이 그 사건의 스토리를 꾸며냈다는 사실을 알게 되었다. 그런 사건이 현실 속에서 일어난 것이 아니라 단순히 공상의 창작물로 확인된 것이다. 게다가 추가 연구를 통해서, 마치 신경증의 구조가 전적으로 정신적 충격 때문인 것처럼 보일지라도, 실제로 일어난 정신적 충격도 언제나 신경증 전체의 원인이 아니라는 사실이 꽤 명백하게 드러났다. 만약에 신경증이 충격적인 정신적 사건의 불가피한 결과라면, 신경증 환자들이 아주 많지 않은 이유가 쉽게 이해되지 않을 것이다.

이처럼 겉보기에 정신적 충격의 결과처럼 보이는 것은 분명히 환자의 과장되고 병적인 공상에 바탕을 두고 있었다. 프로이트는 또한 자신이 '유아기 도착'(infantile perversity)이라고 부른, 비교적 이른 시기에 생긴 나쁜 버릇에도 이와 똑같은 공상이 작용하고 있는 것을 확인했다. 신경증의 원인에 관한 그의 새로운 개념은 이런 추가적인 이해를 바탕으로 하고 있으며, 이 개념은 신경증의 원인을 찾아 거꾸로 초기 유아기의 성적 행위까지 거슬러 올라갔다. 그 결과, 신경증 환자는 유아기 초기의 어떤 시기에 "고착되어 있다"는 견해가 나오게 되었다. 왜냐하면 신경증 환자가 지금도 여전히 정신적 태도에 직접적이든 간접적이든 유아기 초기의 흔적을 간직하고 있는 것처럼 보이기 때문이다. 프로이트는 또한 정신분열증을 포함한 신경증을, 유아기의 발달 단계 중에서 고착이 일어난 단계에 따라 분류하려고 시도했다.

이 이론의 관점에서 보면, 신경증 환자는 전적으로 과거 자신의 유아기에 좌우되는 것처럼 보이고, 훗날 환자가 겪는 어려움과 도덕적 갈등, 결점 등도 유아기의 막강한 영향력에서 비롯된 것처럼 보인다. 프로이트의 치료법과 그 치료법이 중요하게 여기는 것은 이 관점과 완전히 일치하며, 주로 이 유아기의 고착을 밝히는 데에 초점을 맞추고 있으며, 유아기의 고착은 유아기의 어떤 공상과 버릇에 무의식적으로 성적 리비도를 쏟는 것으로 이해된다.

내가 아는 한, 이것이 프로이트 이론의 핵심이다. 그러나 이 개념은 다음과 같은 중요한 질문을 간과했다. 리비도가 옛날의 유아기 공상과 버릇에 고착하도록 만드는 원인은 무엇인가? 우리는 거의 모든 사람이 유아기의 어느 때에 신경증 환자의 공상이나 버릇과 똑같은 공상과 버릇을 갖게 된다는 사실을 기억해야 한다. 그럼에도 많은 사람들은 유아기 공상이나 버릇에 고착되지 않고, 따라서 훗날 신경증 환자가 되지 않는다. 그러므로 신경증의 비밀스런 원인은 단순히 유아기의 공상이 존재한다는 데에 있지 않고 소위 고착에 있다. 그래서 신경증 환자들의 유아기 성적 공상에 관한 많은 주장은 아무런 가치를 지니지 못한다. 이 주장들이 유아기 공상에서 병의 원인을 찾으려 한다는 점에서 보면 그렇다. 똑같은 공상이 정상적인 개인에게서도 발견되기 때문이다. 이것은 나 자신이 개인적으로 종종 확인하는 사실이다. 신경증 환자에게 특징적으로 보이는 것은 단지 고착인 것 같다.

여기서 이 같은 유아기 고착이 진짜로 존재한다는 점을 뒷받침하는 증거들의 본질에 대해 묻는 것이 중요하다. 아주 철저하고 정직한 경험주의자인 프로이트는 충분한 근거를 확보하지 않은 상태에서 이런 가설을 절대로 제시하지 않았을 것이다. 그 근거는 무의식을 정신분석적으로 조사한 결과에서 발견된다. 정신분석은 무의식에 다양한 공상이 존재한다는 점을 보여주고 있다. 그런데 이 공상들은 과거 유아기에 뿌리를 내리고 있으며, 소위 핵심 콤플렉스, 말하자면 남자의 경우에 '오이디푸스 콤플렉스'라 불리고 여자의 경우에 '엘렉트라 콤플렉스'라 불리는 바로 그 콤플렉스를 중심으로 일어나고 있다. 이 용어들은 그 자체로 의미를 정확히 전하고 있다. 그리스 신화에서 오이디푸스와 엘렉트라의 비극적인 운명은 가족이라는 좁은 울타리 안에서 일어났다. 아이의 운명이 전적으로 가족의 경계선 안에 놓여 있는 것과 똑같다. 따라서 오이디푸스 갈등은 유아기 갈등의 특징이며, 엘렉트라 갈등도 마찬가지이다. 유아의 내면에 이런 갈등이 존재한다는 것은 대개 정신분석 경험에 의해 증명되고 있다. 고착이 일어나는 것으로 여겨지는 곳은 이 콤플렉스의 영역 안이다.

신경증 환자의 무의식에 핵심 콤플렉스가 존재하면서 매우 강력한 영향력을 행사하는 것이 확인됨에 따라, 프로이트는 신경증 환자가 핵심 콤플렉스에 특별히 집착한다는 가설을 제시하게 되었다. 모든 사람의 무의식에 이 콤플렉스가 존재한다. 그렇기 때문에 단순히 이 콤플렉스가 존재한다는 사실이 아니라 이 콤플렉스에 강하게 집착하는 것이 신경증 환자의 특징이다. 신경증 환자는 이 콤플렉스의 영향을 정상적인 사람보다 훨씬 더 강하게 받는다. 최근에 신경증 환자들을 정신분석적으로 연구한 모든 자료에서 이를 뒷받침할 만한 예가 발견될 것이다.

여기서 우리는 이 개념이 매우 그럴 듯한 개념이라는 점을 인정해야 한다. 왜냐하면 고착 가설이 인간 삶의 어떤 시기, 특히 유아기는 간혹 영원히 영향을 미칠 흔적을 남긴다는, 잘 알려진 사실에 근거를 두고 있기 때문이다. 유일한 문제는 이 원칙이 충분한 설명이 되는지 여부이다. 유아기 때부터 신경증을 앓고 있는 사람을 진단한다면, 그 같은 고착이 확인될 것이다. 그런 환자의 경우에 핵심 콤플렉스가 평생 동안 그의 내면에서 강력히 작용하고 있기 때문이다. 그러나 신경증이 나타나는 특별한 때를 제외하고는 신경증의 흔적을 뚜렷이 보이지 않는 환자들을 진단한다면, 이 원칙이 의심스러워질 것이다. 그런데 이런 환자들이 꽤 많다. 만약에 고착 같은 것이 있다면, 그것을 근거로 고착이 인생의 시기에 따라서 약해졌다가 강해졌다가 한다는 식의 새로

142

운 가설을 제시하는 것은 용납되지 않는다. 이런 환자들의 내면에서도 핵심 콤플렉스가 고착 이론을 뒷받침할 만한 환자들의 내면에서만큼 능동적으로 강력하게 작동하고 있는 것이 확인된다. 거듭 되풀이되는 관찰, 즉 병이 발생하는 시점도 결코 무관하지 않다는 관찰을 고려할 때, 여기서 비판적인 태도를 갖는 것이 특별히 정당해진다.

대체로 보면 병이 나타나는 시점이 결정적으로 중요하다. 병이 나타나는 것은 대체로 새로운 심리적 조정, 즉 새로운 적응이 요구되는 순간이다. 경험 많은 신경과 의사들이라면 모두가 잘 알고 있듯이, 그런 순간들엔 신경증의 발병이 용이해진다. 이 같은 사실이 나에겐 대단히 중요해 보인다.

만약에 고착이 정말로 있다면, 그 영향력이 지속적일 것이라고, 말하자면 신경증이 평생 동안 나타날 것이라고 예상해야 한다. 실제로 보면, 그렇지 않은 것이 분명하다. 유아기 초기의 성향이 신경증의 발병에 미치는 영향은 부분적일 뿐이다. 신경증의 발병은 현실의 어떤 원인 때문이기도 한 것이다. 신경증을 가진 개인이 특별히 집착하는 유아기 공상이나 사건의 종류를 조사한다면, 거기엔 신경증을 일으킬 특별한 것이 전혀 없다는 데에 모두가 동의할 것이다. 정상적인 개인들도 그런 종류의 내적 및 외적 경험을 갖고 있고 또 그런 것들에 놀랄 정도로 강하게 집착하지만 신경증을 일으키지 않는다. 원시인들을 보면 자신들의 유아기에 집착하는 정도가 특별히 강하다. 그렇다면 소위 고착도 정상적인 현상처럼 보이기 시작한다. 또 유아기가 훗날의 정신적 태도에 중요성을 지닌다는 사실은 지극히 당연하고 어디서나 확인된다.

신경증 환자가 유아기의 갈등에 특별히 휘둘리는 것처럼 보인다는 사실은 신경증이 고착의 문제이기보다는 환자가 자신의 유아기를 특별히 이용하는 문제라는 점을 보여주고 있다. 신경증 환자는 유아기의 중요성을 과장하고 거기에 인위적인 가치를 대단히 많이 부여하는 것처럼 보인다(프로이트의 제자인 아들러도 이와 매우 비슷한 견해를 제시하고 있다). 프로이트가 고착 가설을 고집하고 있다고 말하는 것은 정당하지 못하다. 그도 내가 방금 논한 인상에 대해 잘 알고 있었기 때문이다. 프로이트는 유아기 기억을 다시 작동시키거나 과장하는 현상을 "퇴행"이라고 불렀다. 그러나 프로이트의 개념에서는 마치 오이디푸스 콤플렉스의 근친상간 욕망이 유아기 공상으로 퇴행하는 진짜 원인처럼 보인다. 만약에 그게 사실이라면, 우리는 원초적인 근친상간 경향이 의외로 강하다고 가정해야 한다. 이 같은 관점이 프로이트가 아이들에게 나타나는, 소위 심리적 "근친상간 장벽"과 원시인의 내면에 있는 "근친상간 터부"를 서로 비교하도록 만들었다. 프로이트는 진짜 근친상간 욕망이 원시인으로 하여금 보호적인 법을 만들게 했다고 주장한다. 그러나 나에겐 근친상간 터부는 온갖 종류의 무수한 터부 중 하나로 보이고, 원시인이 전형적으로 갖고 있는 미신적인 두려움, 말하자면 근친상간이나 근친상간의 금지와 상관없이 존재하는 두려움 때문인 것처럼 보인다. 나는 어린 시절의 근친상간 욕망에 특별한 힘을 거의 부여하지 않는다. 나는 근친상간이나 다른 성적 욕망에서 퇴행의 원인을 찾으려 들지도 않는다. 순수하게 성적인 것에서 신경증의 원인을 찾는 것은 나의 눈엔 지나치게 편협해 보인다. 이 같은 나의 비판은 성욕에 반대하는 편견 때문이 아니라 전체 문제에 대한 지식에 근거를 두고 있다.

그러므로 나는 정신분석 이론이 순수하게 성적인 관점에서 놓여날 수 있어야 한다고 주장한다. 나는 신경증의 심리학에 성적 관점 대신에 에너지 관점을 소개하고 싶다.

심리적인 모든 현상은 에너지의 표현으로 여겨질 수 있다. 로베르트 마이어(Robert Mayer)가 에너지 보존 법칙을 발견한 이래로, 모든 물리적 현상이 이미 에너지의 표현으로 이해되고 있는 것과 똑같다. 이 에너지는 주관적으로, 또 심리적으로 욕망으로 이해된다. 나는 이 에너지를, 욕망이라는 단어의 원래 의미를 잘 표현하고 있는 리비도라 부른다. 욕망이라는 단어는 절대로 성적인 것만을 의미하지 않는다.

보다 넓은 관점에서 보면, 리비도는 일반적으로 생기(生氣)로, 혹은 앙리 베르그송(Henri Bergson)의 '생의 약동'(élan vital)으로 이해될 수 있다. 젖을 빠는 행위에서 이 에너지가 최초로 표현되는데, 이는 영양 섭취 본능이라 불린다. 이 단계에서부터 리비도는 서서히 다양한 빠는 행위를 거쳐 성적 기능으로 발달해간다. 따라서 나는 빠는 행위를 성적인 행위로 보지 않는다. 빠는 행위에 따르는 쾌감은 분명히 성적 쾌감이 아니라 영양 섭취의 쾌감으로 여겨져야 한다. 이 쾌감 자체가 성적이라는 것은 어디서도 입증되지 않기 때문이다. 이 발달의 과정은 성인의 삶으로 이어지면서 외부 세계에 대한 적응을 높여간다.

리비도가 적응 과정에 장애를 만날 때마다, 거기서 리비도의 축적이 일어난다. 정상적이라면 이 리비도의 축적은 장애를 극복하려는 노력의 증대로 이어진다. 그러나 만약에 장애가 극복 불가능할 것처럼 보이고 그 사람이 장애를 극복하길 포기한다면, 축적된 리비도는 퇴행한다. 그러면 이 리비도는 장애 극복을 위한 노력에 이용되지 못하고, 말하자면 현재의 과업을 포기하고 예전의 보다 원초적인 방법으로 돌아간다. 사랑이나 결혼에 실망해 신경증을 일으킨 히스테리 환자들의 내면에서 이런 퇴행의 예를 볼 수 있다. 이런 환자들을 치료하다 보면, 영양 섭취 장애나 음식 섭취 거부, 그리고 온갖 종류의 소화불량 증후가 발견된다. 리비도가 현실에 적응하려는 노력에 적용되지 못하고 뒤로 물러나면서 영양 섭취 기능을 마음대로 주무르며 상당한 장애를 일으키고 있는 것이다. 이런 환자들은 퇴행의 명백한 예들이다. 영양 섭취 기능에 전혀 아무런 문제가 없는 환자들에게서도 이와 비슷한 퇴행의 효과가 발견된다. 여기선 오래된 과거 어느 때의 회상이 퇴행적으로 살아날 것이다. 부모들의 이미지, 말하자면 오이디푸스 콤플렉스의 이미지가 부활하는 경우도 있다. 이런 경우엔 유아기의 일들이나 사건들이 그때까지 전혀 중요하지 않다가 돌연 중요해진다. 유아기의 일들이나 사건들이 퇴행적으로 되살아나는 것이다.

삶의 길에 놓인 장애를 치워보라. 그러면 유아기의 공상 체계는 돌연 허물어지면서 예전처럼 다시 무력하고 효과없는 상태로 돌아갈 것이다. 그러나 유아기의 공상 체계가 어느 정도는 늘 우리에게 작용하면서 영향을 미치고 있다는 사실을 잊지 않도록 하자. 나는 이 관점이 어떤 기능의 "탁월한 부분들"이 "열등한 부분들"에 의해 대체된다는 피에르 자네의 가설과 매우 가깝다는 점에 대해 언급해야 한다. 또한 신경증 증후들을 원시적인 어떤 성격을 지닌 감정적 반사(反射)로 보는 클라파레드의 개념도 상기시키고 싶다.

따라서 나는 신경증의 원인을 더 이상 과거에서 찾지 않고 현재에서 찾고 있다. 나는 환자에게 필요한 과제가 무엇인지를, 말하자면 환자가 성취하지 못하고 있는 과제가 무엇인지를 묻는다. 환자의 내면에 들어 있는 유아기 공상의 긴 목록은 나에게 병의 원인에 대한 설명을 제시하지 못한다. 나는 이 공상들이 퇴행하는 리비도에 의해서만, 그러니까 삶이 요구하는 새로운 형식의 적응에서 분출구를 찾지 못한 리비도에 의해서만 건드려진다는 사실을 알고 있기 때문이다.

그러면 신경증 환자가 자신에게 요구되는 과제들을 성취하지 않으려 하는 특별한 경향을 갖게 되는 이유가 무엇인가, 하는 질문이 제기될 수 있다. 여기서 나는 살아 있는 존재들 중에서 그 어떤 존재도 새로운 조건에 매끄럽게 스스로를 적응시키지 못한다는 점을 강조하고 싶다. 최소한의 노력이라는 원칙은 어디서나 유효하다.

신경증 환자가 늘 그렇듯이, 예민하고 다소 조화롭지 못한 성격은 삶을 살면서 정상적인 사람에 비해 특별한 어려움이나 특이한 과제에 더 자주 봉착할 것이다. 정상적인 사람에겐 별다른 노력 없이 일상적으로 따르기만 하면 되는 삶의 길이 있지만, 신경증 환자에겐 확립된 길 같은 것은 절대로 없다. 이는 신경증 환자의 목표와 과제가 개인적인 성격을 지닐 확률이 아주 높기 때문이다. 신경증 환자는 본인의 본성이 많이 다르다는 점을 깨닫지 못하고 정상적인 사람들의 다소 자유로운 길을 따르려고 노력하지만, 그 길은 신경증 환자에게 정상적인 사람보다 더 많은 노력을 요구하기 마련이다. 태어나서 아주 일찍부터 민감하게 굴면서 적응에 저항하는 신경증 환자들도 있다. 이런 환자들은 엄마의 젖을 빠는 데도 어려움을 겪고 신경질적 반응을 쉽게 보인다. 이런 신경증적 경향이라면, 신경증이 심리가 생겨나기 전에 일어나기 때문에 거기서 심리적 원인을 찾는 것은 당연히 불가능하다. 그러나 이런 신경증적 경향은, "선천적 민감성"이라 불리든 다른 이름으로 불리든, 사람이 적응에 처음 저항하게 하는 원인이다. 이런 경우에는 적응의 길이 봉쇄되어 있기 때문에, 리비도라 불리는 생물학적 에너지가 적절한 출구나 활동을 발견하지 못하고, 따라서 적절한 형식의 적응이 비정상적이거나 원시적인 적응으로 대체된다.

신경증을 두고 우리는 유아기의 태도라거나, 유아기의 공상과 욕망이 지배하게 된 결과라는 식으로 말한다. 유아기의 인상과 욕망이 정상적인 사람의 내면에도 분명히 중요하다는 점에서 본다면, 그런 인상과 욕망은 신경증 환자의 내면에서도 똑같이 영향력을 행사하지만, 여기서 그것들은 병의 원인을 설명하는 데 전혀 아무런 의미를 지니지 못한다. 프로이트가 언급한 바와 같이, 유아기 공상들이 신경증의 형식과 발달 과정을 결정한다는 말은 완벽하게 맞는 말이다. 그렇다고 유아기의 공상이 신경증의 원인이라는 뜻은 절대로 아니다. 어린 시절에 도착적인 성적 공상이 있었다는 것을 밝혀낼 때조차도, 우리는 그 공상들을 신경증의 원인으로 여겨서는 안 된다.

신경증은 유아기 성적 공상에서 비롯되는 것이 아니다. 신경증적인 공상의 성적 측면에 대해서도 똑같이 말할 수 있다. 신경증적 공상은 도착적인 성적 취향에 근거한 일차적인 현상이 아니고 단지 축적된 리비도가 적절한 방법으로 적용되지 못한 결과 부차적으로 일어나는 현상이다. 이 같은 견해는 매우 오래된 관점이지만, 오래되었다고 해서 진실이 될 수 없는 것은 아니다. 환자 본인이 종종 유아기 공상이 신경증의 진짜 원인이라고 믿는다고 해서 그것이 곧 그의 믿음이 옳다는 점을 뒷받침하는 것은 아니다. 혹은 똑같은 믿음을 따르는 이론이라고 해서 모두가 옳다는 뜻도 아니다. 그런데 환자가 병의 원인을 유아기 공상에서 찾는 경우가 많다. 여기서 나는 얼핏 보면 유아기 공상이 병의 원인처럼 보이는 환자들이 많다는 사실을 고백해야 한다. 아무튼 프로이트가 이런 견해를 갖게 된 과정은 쉽게 이해된다. 정신분석 경험이 있는 사람이라면 누구나 나의 의견에 동의할 것이다.

이제 강연 내용을 요약할 때이다. 나는 유아기의 성적 발달과 그에 따른 다양한 공상에서 신경증의 진정한 원인을 찾지 않는다. 신경증에서 유아기의 성적 공상이 과장되면서 전면으로 부각되는 것은 축적된 에너지, 즉 리비도의 결과이다. 신경증에 나타나는 심리적인 문제와 신경증 자체는 실패한 적응으로 여겨질 수 있다. 이 같은 설명은 피에르 자네의 일부 견해와 프로이트의 견해, 즉 신경증은 자가치유의 한 시도라는 견해를 서로 조화시킬 것이다. 후자의 견해는 많은 질병에 적용될 수 있고 또 지금까지 적용되어 왔다.

유아기의 공상에서 신경증의 원인을 찾지 못한다는 주장 앞에서, 그렇다면 분석을 통해 환자의 모든 공상을 드러내는 것이 여전히 바람직한가 하는 의문이 생길 것이다. 지금까지 정신분석은 유아기의 공상에서 신경증의 원인을 밝혀낼 수 있다는 판단에서 이 공상을 찾아내는 일에 주력해 왔다. 신경증 이론에 관한 나의 견해가 바뀐다고 해서 정신분석의 절차까지 바뀌는 것은 아니다. 분석 기술은 어디까지나 똑같다. 이제 우리는 신경증의 뿌리를 뽑고 있다는 생각을 더 이상 갖지 말아야 한다. 단지 환자의 건강에, 말하자면 적응에 필요한 에너지가 성적 공상에 쏠려 있기 때문에 그 공상들을 뽑아내야 한다고 생각해야 한다. 정신분석을 통해서 무의식의 리비도와 의식의 연결이 다시 이뤄진다. 그러면 이 무의식의 리비도를 의식의 통제 아래에 둘 수 있을 것이다. 오직 이런 방법을 통해서만, 이전에 분열되었던 에너지가 다시 삶의 과제를 성취하는 일에 적용될 수 있을 것이다. 이 관점에서 고려한다면, 정신분석은 더 이상 환자에게 원초적인 성적 소망을 드러내 보여주는 것으로 보이지 않을 것이다. 제대로 이해되기만 하면, 정신

분석은 엄청난 교육적 가치를 지니는 도덕적 과제라는 것이 분명히 드러날 것이다. 〈1913년〉

7장

정신병리학에서
무의식의 중요성에 대하여

어떤 것을 두고 "무의식적"이라고 말할 때, 뇌의 기능이라는 관점에서 보면 그것이 우리에게 두 가지 길로, 즉 생리적으로나 심리적으로 무의식적일 수 있다는 점을 잊지 말아야 한다. 여기서는 심리적 관점에서만 이 주제를 다룰 것이다. 그렇다면 우리의 목적을 위해서 무의식을 "통각(統覺)되지 않고, 그래서 무의식에 남아 있는 모든 심리적 사건들의 총합"으로 정의할 것이다.

무의식은 정신적인 사건들 중에서 그 기능이 충분히 강하지 않아서 의식과 무의식을 나누고 있는 문턱을 통과하지 못하는 그런 모든 정신적 사건들을 포함한다. 그래서 그런 정신적 사건들은 요컨대 의식의 표면 아래에 남아 있으면서 잠재의식의 유령 같은 것이 되어 이리저리 획획 날아다니고 있다.

라이프니츠(Gottfried Wilhelm Leibniz) 시대 이후로, 원소들, 말하자면 의식을 이루고 있는 관념들과 감정들, 다시 말해 의식의 내용물은 복합적인 성격을 지니며 나머지는 훨씬 더 단순하고 무의식적인 원소들이라는 것이 심리학자들에게 알려져 왔다. 라이프니츠는 당시에 이미 '감지할 수 없는 지각'에 대해 언급했다. 이런 모호한 지각은 칸트(Immanuel Kant)에 의해 "그림자 같은" 표상이라 불렸으며 간접적으로만 의식에 닿을 수 있는 것으로 여겨졌다. 훗날의 철학자들은 무의식에게 첫 번째 자리를 부여했다. 말하자면, 무의식을 의식적인 정신이 구축되는 바탕으로 여긴 것이다.

그러나 이 자리에서 사변적인 이론에 대해 논할 수도 없고 무의식의 본질과 특징에 관한 철학적 이론에 대해 논하고 있을 수도 없다. 우리는 무의식에 대한 정의와 관련해서는 이미 주어진 정의로 만족해야 한다. 기존의 정의, 즉 무의식을 의식의 문턱 아래에서 이뤄지고 있는 모든 정신 작용의 총합으로 보는 정의도 우리의 목적에 꽤 충분한 것으로 증명될 것이다.

정신병리학에서 무의식의 중요성을 묻는 질문은 간단히 다음과 같이 요약될 수 있다. "무의식적인 정신적 요소들이 정신증 환자와 신경증 환자의 내면에서 작동하는 과정을 어떻게 찾아낼 수 있는가?"

정신적 장애가 일어날 때 정신에서 벌어지는 상황을 보다 잘 파악하려면, 정상적인 사람의 무의식적 요소들이 어떻게 작동하는지를 먼저 고려하면 큰 도움을 받을 수 있다. 특히 정상적인 사람들의 내면에서 쉽게 무의식이 되는 것들을 시각적으로 그려보는 것이 중요하다. 이 지식을 얻기 위한 예비 조치로, 우리는 의식에 담겨 있는 것을 완벽하게 이해해야 한다. 그러면 제거의 과정을 통해 무의식에 담겨 있는 것을 발견해낼 수 있다. 왜냐하면 의식 속에 들어 있는 것은 절대로 무의식일 수 없기 때문이다. 이 목표를 이루기 위해서, 우리는 개인이 의식하고 있는 모든 활동과 관심, 열정, 걱정과 기쁨 등을 검사한다. 이런 식으로 발견할 수 있는 것들은 당연히 무의식이 될 수 없다. 이제 우리는 무의식에 포함된 것들만을, 그러니까 의식에서 발견하지 못한 것들을 발견하게 될 것이다.

구체적인 예를 보자. 한 상인이 있다. 그는 행복한 결혼생활을 누리고 있으며, 두 아이의 아버지이고, 사업에도 철저하고 열심이며, 동시에 세상 속에서 자신의 지위를 높이려고 노력하고 있다. 그는 어딜 가나 자존심을 내세우고, 종교적인 일에 밝으며, 자유주의 사상을 논하는 모임에 소속되어 있다.

이런 개인의 경우에 무의식을 이루고 있는 내용물은 어떤 것일까?

앞에 소개한 이론적인 관점에서 보면, 인격에 있는 것들 중에서 의식에 포함되지 않은 모든 것은 무의식에서 발견되어야 한다. 이 남자가 앞에 열거한 그런 멋진 특성을 갖고 있다고 스스로 의식적으로 생각하고 있다고 가정하자. 그는 자신이 앞에서 묘사한 그 이상도 아니고 그 이하도 아니라고 생각하고 있다. 그러면 이 사람은 인간이란 존재는 근면하고 철저하고 열심히 일하기도 할 뿐만 아니라 부주의하고 무관심하고 신뢰하기 어렵기도 한 존재라는 것을 전혀 모르고 있다는 말이 된다. 왜냐하면 부주의하고 무관심하고 신뢰하기 어려운 특성도 인류의 보편적인 유산이고 또 모든 성격의 근본적인 요소일 수 있기 때문이다. 이 훌륭한 상인은 최근에 편지를 몇 통 받아놓고는 마음만 먹으면 쉽게 답장할 수 있었을 텐데도 답장을 하지 않았다는 사실을 까먹고 있다. 그는 또 자기 아내가 서점에서 책을 좀 사 달라고 부탁했는데 그걸 깜빡했다는 것도 잊고 있다. 이것 또한 그가 마음만 먹으면 쉽게 해결해 줄 수 있었던 부탁이었다. 그런데 이런 일이 그에게 자주 일어난다. 그러므로 우리는 그가 게으르고 신용할 만한 사람이 아니기도 하다고 결론을 내려야 한다. 그는 자신이 시민정신을 철저히 지키는 사람이라고 확신하고 있다. 그럼에도 불구하고, 그는 소득을 전부 신고하지 않았으며, 정부가 세금을 인상하겠다고 나서면 사회주의자들에게 표를 준다.

그는 자신이 독립적으로 사고할 수 있는 사람이라고 믿고 있다. 그런데도 그는 얼마 전에 주식시장에서 큰 거래를 한 다음에 거래 내역을 장부에 기록하다가 그날이 13일이고 금요일이라는 사실을 알고는 약간의 불안을 느꼈다. 그렇다면 그는 사실은 말과 달리 미신을 믿고 있으며 사고를 결코 자유롭게 하지 못하고 있다.

그러기에 우리는 이 대목에서 미덕을 상쇄할 이런 악들이 사람들의 무의식을 채우고 있다는 사실이 확인되어도 전혀 놀라지 않는다. 그 반대도 마찬가지로 진실이다. 즉 무의식의 미덕이 의식의 결함을 보상할 수 있는 것이다. 이런 추론의 결과로 나타나는 법칙은 꽤 간단해 보인다. 즉, 의식적인 낭비자는 무의식적 수전노이고, 의식적 박애주의자는 무의식적 이기주의자이고 염세주의자일 수 있다. 그러나 불행하게도, 이 간단한 원칙에 진실의 일면이 없는 것은 아니지만 문제가 그처럼 간단하지는 않다. 왜냐하면 잠재적이거나 명백한 성격을 지닌, 기본적으로 유전적인 성향들이 있어서 보상이라는 단순한 원칙을 엎어버리고, 이 유전적 성향들이 개인에 따라 엄청나게 다르기 때문이다. 예를 들어, 어떤 사람이 완전히 다른 동기에서 자선가가 될 수 있지만, 그가 자선 활동을 하는 방식은 물려받은 성향에 좌우되고, 그 같은 자선적인 태도를 보상하는 방법은 그의 동기에 좌우된다. 무의식적 이기주의를 진단하기 위해서는 간단히 어떤 사람이 인정 많다는 사실을 아는 것만으로 충분하지 않다. 왜냐하면 그런 진단을 하기 위해선 거기에 개입된 동기에 대한 연구도 면밀히 이뤄져야 하기 때문이다.

정상적인 사람들의 경우에, 무의식의 중요한 기능은 보상의 효과를 발휘하면서 정신적 균형을 이루는 것이다. 의식의 극단적인 경향은 무의식적으로 반대 방향으로 일어나는 충동을 통해 순화되고 약화된다. 앞에서 상인의 예를 빌려 보여주려 했던 바와 같이, 이 보상적인 힘은 무의식적이고 비논리적인 작용을 통해, 말하자면 프로이트가 아주 적절하게 '증후적인 행위'라고 묘사한 그런 작용을 통해 표현된다.

꿈의 중요성에 관심을 기울일 것을 요구한 프로이트에게 우리는 많은 빚을 지고 있다. 왜냐하면 꿈을 통해서 이 보상적인 기능에 대해 많은 것을 배울 수 있기 때문이다. '다니엘서' 4장을 보면 그 유명한 네부카드네자르(신바빌로니아 제국의 2대 왕으로 신바빌로니아의 전성기를 이끌었다/옮긴이)의 꿈이 나오는데, 이 꿈이 이런 보상적 기능을 보여주는 좋은 예이다. 그 대목을 보면, 네부카드네자르는 권력의 정점에서 자신의 몰락을 예언하는 꿈을 꾸었다. 그는 꼭대기가 하늘까지 닿았기 때문에 이제는 베어져야 할 운명에 처한 나무에 관한 꿈을 꾸었다. 이것은 과도해진 왕권이 균형을 되찾아야 한다는 점을 강조하는 꿈이다.

정신적 균형이 깨어진 상태들을 고려하면, 무의식이 정신병리학에서 어떤 면에서 중요한지가 쉽게 확인된다. 비정상적인 정신 상태에서 무의식이 어디서, 또 어떤 식으로 나타나는가 하는 문제에 대해 생각해보자. 무의식이 작동하는 방식은 히스테리나 강박 신경증 같은 심인성(心因性) 장애에서 가장 뚜렷하게 드러난다.

이런 장애의 일부 증후들이 무의식에서 일어나는 정신적 사건들에 의해 생겨난다는 것은 오래 전부터 알려져 왔다. 이것만큼 분명한데도 현재 널리 인정을 받지 못하고 있는 것은 정신이상에 걸린 환자들의 내면에서 실제로 일어나고 있는 무의식의 표현들이다. 정상적인 사람들의 직관적인 생각이 의식에서 일어나는 논리적 결합에서 비롯되는 것이 아니듯이, 정신이상 환자의 환상과 착각은 의식적인 과정이 아니라 무의식적 과정에서 생겨난다.

예전에 보다 물질주의적 관점에서 정신의학을 보았을 때, 사람들은 모든 착각과 환상, 반복 행동 등은 뇌 세포 안의 병적인 과정에 의해 일어난다고 믿는 경향을 보였다. 그러나 그런 이론은 착각과 환상, 반복 행동 등이 기능적 장애에서도 일어난다는 점을, 더 나아가 장애를 앓고 있는 사람들뿐만 아니라 정상적인 사람들에게도 일어난다는 점을 무시하고 있다. 원시인들은 정신작용이 전혀 방해를 받지 않는 가운데서도 유령을 보고 이상한 목소리를 듣는다. 그런 자연의 징후들을 직접적으로 뇌세포의 질병으로 돌리는 것은 피상적이며 정당하지 않다고 나는 믿는다. 환각은 무의식의 내용물 일부가 의식의 문턱을 넘어설 수 있다는 사실을 아주 분명하게 보여주고 있다. 환자가 전혀 예상하지 않은 가운데 일어나는 착각도 마찬가지이다.

"정신적 균형"이라는 표현은 수사적 표현에서 그치지 않는다. 왜냐하면 정신적 균형에 장애가 일어나는 것은 무의식의 내용물과 의식의 내용물 사이에 존재하는 평형이 진짜로 깨어지는 것을 의미하기 때문이다. 사실, 정신적 균형이 깨어진다는 것은 이런 뜻이다. 무의식적 작용의 정상적인 기능이 깨어지면서 비정상적인 방법으로 의식을 흔들어 놓고, 그렇게 함으로써 개인이 환경에 제대로 적응하지 못하도록 방해한다.

정신적 균형이 깨어진 사람이 살아온 역사를 주의 깊게 연구하면, 그 사람이 상당 기간 동안 현실 세계를 다소 피하면서 혼자 소외된 삶을 살았다는 사실이 확인될 것이다. 이처럼 세상을 초연한 듯 무관심하게 사는 부자연스런 삶의 조건을 거꾸로 거슬러 올라가면, 선천적으로 타고났거나 초기에 습득한 기이한 버릇에 닿는 경우가 있다. 예를 들어, 정신분열증을 앓는 사람들의 삶의 역사와 관련해 주변에서 이런 말이 자주 들린다. "그 사람은 언제나 수심에 잠긴 모습을 보였어요. 그러면서 자신의 내면 깊이 침잠했어요. 어머니가 세상을 떠난 뒤로는 세상과 담을 더 높이 쌓고 살았어요. 친구와 지인들까지도 피했으니까요." 그렇지 않으면 이런 소리가 들릴 것이다. "그는 어릴 때부터 기이한 발명품을 많이 고안했어요. 훗날 엔지니어가 되었을 때, 그는 아주 야심찬 계획에 빠져 지냈지요."

이 문제에 대해 더 이상 논의하지 않아도, 의식적인 태도의 편파성을 상쇄하기 위해 무의식에서 태도의 균형을 이룰 수 있는 어떤 작용이 일어난다는 것은 누구에게나 명백히 보여야 한다. 첫 번째 예에서, 우리는 그 사람의 무의식에서 앞으로 나아가려는 욕망이 커지는 것을, 인간과 접촉하고 싶어 하는 욕망이 커지는 것을, 어머니와 친구, 친척에 대한 갈망이 커지는 것을 확인할 것이다. 반면에 두 번째의 예에서는 자기비판이 균형을 잡으려고 나설 것이다.

정상적인 사람들에게는 의식의 성향을 바로잡는 무의식의 성향이 가치를 잃어버릴 만큼 터무니없이 일방적인 상황은 절대로 일어나지 않는다. 그러나 비정상적인 사람들의 경우에 무의식에서 일어나는 이런 보상적인 영향을 전혀 알아차리지 못하는 것이 두드러진 특징이다. 비정상적인 사람은 심지어 자신의 편파성을 계속해서 심화시킨다. 이 같은 현상은 잘 알려진 어떤 심리적 사실과 맞아떨어진다. 울프(늑대)의 최대의 적은 울프하운드(늑대와 개의 잡종으로, 주로 늑대 사냥에 쓰였다/옮긴이)이고, 흑인을 가장 경멸하는 존재는 흑백 혼혈이라는 사실 말이다. 그것만이 아니다. 가장 열광적인 광신자는 바로 개종자이다. 왜냐하면 나 자신이 내면적으로 옳다고 인정하지 않을 수 없는 무엇인가를 외적으로 공격해야 하는 상황에 처하는 경우에, 내가 광신자가 되지 않을 수 없기 때문이다.

정신적 균형이 제대로 잡히지 않은 사람은 자신의 무의식에 맞서 자신을 방어하려고 노력한다. 말하자면 자신의 의식적인 태도를 바로잡아 주려는 영향력에 맞서 싸운다는 뜻이다. 그러면 이미 고립된 환경에서 살고 있는 사람은 현실 세계로부터 더욱더 멀어질 것이고, 야심 찬 엔지니어는 자기비판이라는 보상적인 힘이 적절하지 않다는 점을 증명하기 위해 발명에 더욱 병적으로 집착할 것이다. 그 결과, 흥분이 쉽게 일어나는 환경이 조성되고, 따라서 의식적 태도와 무의식적 태도 사이의 간극은 더욱 벌어지게 된다. 그러면 상반된 것들의 짝은 둘로 찢어지고, 그에 따른 구분이나 갈등은 재앙으로 이어진다. 왜냐하면 무의식이 곧 의식의 작용을 맹렬히 방해하기 시작하기 때문이다. 그러면 이상하고 기이한 생각들과 기분들이 일어나고, 내면의 갈등의 흔적을 확실히 보이는 초기 형태의 환각이 심심찮게 나타나게 된다.

지금 의식 속으로 쳐들어오고 있는, 정신의 균형을 잡고자 하는 이 충동 또는 보상 작용이 이론적으로 치료 과정의 시작이 되어야 한다. 왜냐하면 이전의 고립적인 태도가 이 충동 또는 보상 작용을 통해 해방되어야 하기 때문이다. 그러나 실제로 이런 결과가 나타나지 않는다. 이유는 의식의 균형을 잡고자 하는 무의식적 충동이 의식 앞에 모습을 드러내는 데에는 성공하지만 그 충동이 의식이 받아들일 수 없는 형태로 나타나기 때문이다.

그러면 고립된 사람은 자신이 살인과 온갖 종류의 범죄를 저질렀다고 비난하는 이상한 목소리들을 듣기 시작한다. 이 목소리들은 그를 절망하게 만들고, 그러면 그는 흥분 상태에서 주변 환경과 접촉하려 시도하면서 예전에 극구 피했던 일을 하려 들 것이다. 분명히, 무의식의 보상 작용이 이뤄지고 있지만, 그 보상이 엉뚱하게도 그 사람에게 피해를 입히고 있다.

자기비판의 가치를 인정하길 거부함으로써 과거의 실패에서 무엇인가를 배우지 못하는 병적인 그 발명가는 예전보다 훨씬 더 터무니없는 디자인을 창작하고 나서게 된다. 그는 불가능한 것을 성취하길 바라다가 모순에 빠진다. 시간이 조금 더 지나면 사람들이 자신을 놓고 수군거리기 시작하고 또 자신에게 불리한 논평을 하고 심지어 조롱까지 한다는 사실을 깨닫는다. 그러면 그는 자신의 발명을 망가뜨리고 또 자신을 조롱의 대상으로 만들려는 엄청난 음모가 벌어지고 있다고 믿게 된다. 이런 식으로 그의 무의식은 그의 자기비판이 성취했을 수 있는 것과 똑같은 결과를 낳지만, 이 경우에 본인에게 큰 피해를 안겨줄 뿐이다. 왜냐하면 비판이 그의 주변으로 투사되고 있기 때문이다.

무의식적 보상이 특별한 형태로 나타나는 한 예가 알코올 중독자의 편집증이다. 알코올 중독자는 대체로 아내를 사랑하는 마음을 잃게 된다. 그러면 무의식적 보상이 알코올 중독자를 다시 예전의 의무로 이끌려고 하지만 부분적으로만 성공할 뿐이다. 왜냐하면 그 같은 무의식적 보상이 알코올 중독자로 하여금 마치 그때까지도 아내를 사랑해 왔다는 듯이 엉뚱하게 아내를 질투하게 만들기 때문이다. 모두가 알고 있듯이, 알코올 중독자는 심지어 질투심에서 아내와 자신을 죽이기까지 한다. 달리 표현하면, 아내에 대한 그의 사랑은 완전히 사라진 것이 아니고 잠재의식이 되었지만, 그 사랑은 지금 무의식의 영역으로부터 오직 질투의 형태로만 다시 나타날 수 있다.

종교적 개종자들의 내면에서도 이와 비슷한 성격의 무엇인가가 확인된다. 개신교에서 가톨릭으로 개종한 사람은 잘 알려진 바와 같이 다소 광신적인 경향을 보인다. 이 개종자가 예전에 믿었던 개신교는 완전히 사라진 것이 아니고 단지 무의식 속으로 사라졌을 뿐이다. 그렇기 때문에 개신교는 그의 무의식에서 새로 획득한 가톨릭에 맞서 끊임없이 반론을 제기하게 된다. 따라서 개종자는 자신이 새로 채택한 믿음을 강하게 옹호해야 한다는 압박감을 느끼게 된다. 자신의 망상이 내면에서 크게 위협을 받고 있는 탓에 모든 외부 비판으로부터 자신을 방어해야 한다고 느끼는 편집증 환자의 내면에서도 이와 똑같은 현상이 벌어진다.

이런 보상적인 영향들이 이상한 방식으로 의식을 뚫고 들어가는 이유는 그것들이 이미 의식에 존재하고 있는 저항을 뚫어야 하고, 따라서 완전히 왜곡된 모습으로 환자의 마음에 나타나야 하기 때문이다. 또 이 보상의 영향들이 반드시 무의식의 언어로, 말하자면 이질적이고 잠재의식적인 성격의 자료로 모습을 드러내야 하기 때문이기도 하다. 의식에 있는 자료들 중에서 더 이상 가치가 없게 되거나 적절히 사용될 기회를 전혀 찾지 못한 자료는 잠재의식이 된다. 대표적인 예를 찾는다면, 망각한 유아기의 공상적 창작들이 있다.

불완전하다는 느낌이 들지만, 이 짧은 글을 통해서라도 정신병리학에서 무의식이 차지하는 중요성이 어느 정도 전달되었으면 하는 마음간절하다. 이 분야에서 이룬 모든 성과를 짧은 글에 담아내는 것은 아마 불가능한 일일 것이다.

요약하면, 정신적 장애가 일어나고 있는 상황에서 무의식이 하는 기능은 기본적으로 의식에 들어 있는 내용물의 균형을 잡아주는 것이다. 그러나 정신적 장애를 겪는 모든 환자를 보면 의식의 편파성이 너무 두드러지기 때문에 이 편파성을 바로잡아 주려는 무의식의 노력이 쓸모없게 된다. 그러나 이런 무의식의 경향들이 의식 속으로 쳐들어가는 것은 불가피하며, 이 경향들은 의식의 편파적인 의도에 스스로를 적응시키다 보니 왜곡되고 용인할 수 없는 형태로 나타나는 수밖에 없다. ⟨1914년⟩

8장

심리 유형에 대하여

히스테리와 정신분열증의 전반적인 증상이 놀라운 대조를 보인다
는 사실은 널리 알려져 있다. 환자들이 외부 세계를 대하는 태도에 특
히 더 두드러진 차이가 보인다. 히스테리 환자의 반응을 보면, 감정의
강도가 정상적인 수준을 훨씬 넘어선다. 반면에 정신분열증을 앓는 사
람의 경우에는 감정의 강도가 정상적인 수준에 훨씬 못 미친다. 이 병
들은 이렇듯 서로 뚜렷이 구별된다. 히스테리 환자는 환경에 지나치게
과장되게 반응하는 반면에, 정신분열증 환자는 지나치게 냉담하게 반
응한다. 인간관계를 보면, 차이가 더욱 두드러진다. 사람들이 히스테
리 환자들과는 감정적 관계를 유지할 수 있지만 정신분열증 환자와는
그런 관계를 맺지 못한다.

이 두 가지 병 사이의 대조적인 차이는 나머지 증상에서도 보인다.
지적 관점에서 본다면, 히스테리 환자의 상상력의 산물은 그 환자에
게 예전에 일어난 사건이나 개인의 역사를 바탕으로 자연스럽게 인간

적으로 설명이 된다. 반면에 정신분열증 환자들의 창작은 반대로 정상적인 의식보다는 꿈과 더 많이 연결되어 있으며, 게다가 원초적인 경향까지 보인다. 정신분열증 환자들의 내면에서는 환자의 개인적 기억보다는 원초적인 상상력을 바탕으로 한 신화적 창작이 더 많이 이뤄진다. 육체적인 관점에서 보면, 정신분열증 환자에겐 히스테리 환자에게 아주 흔하게 나타나는 증상들, 말하자면 기질성(器質性) 질환을 닮은 그런 증상들은 나타나지 않는다.

이 모든 것들은 히스테리의 경우에는 리비도가 중심에서 벗어나려는 경향(遠心性)을 갖고 있는 반면에 정신분열증의 경우에는 리비도가 중심으로 향하려는 경향(求心性)을 갖고 있다는 점을 암시한다. 그러나 병이 그 보상적인 효과를 충분히 확립할 때에는 반대 현상이 나타난다. 히스테리 환자의 내면에서, 리비도가 언제나 확장하려 드는 경향이 방해를 받으면서 리비도 자체로 퇴행하게 되는 것이다. 이런 상황에 처한 히스테리 환자는 일상의 삶에 동참하기를 거부하고, 자신만의 공상에 빠져 지내고, 잠만 자려 하거나 병실 밖으로 나가지 않으려 한다. 이와 반대로, 정신분열증 환자는 병이 잠복해 있는 동안에 자신 속으로 깊이 빠지기 위해 외부 세계로부터 눈길을 거두지만 무의식이 병적으로 보상하려는 경향을 보이는 때가 되면 마치 타인들의 관심을 자신에게로 돌려놓아야 한다는 의무감을 느끼는 것처럼 행동한다. 이런 때 정신분열증 환자를 보면, 터무니없거나 참아줄 수 없거나 공격적인 행동으로 주변 사람들의 주목을 끌기로 작심하고 나선 듯하다.

여기서 나는 리비도가 향하는 상반된 두 방향을 묘사하는 용어로 "외향성"과 "내향성"이라는 단어를 쓰자고 제안하고 싶다. 그러나 공상이나 픽션 또는 공상적 해석 등으로 인해 환자가 자기 자신뿐만 아니라 주변의 대상에 대한 지각까지 왜곡하는 병적인 상황에 처하게 되는 경우에는 리비도의 방향에 "퇴행적"이라는 표현을 붙이도록 하자. 어떤 사람이 기본적으로 외부의 객관적인 세계에 지대한 관심을 쏟을 때, 그 사람을 두고 외향적인 사람이라고 부르면 된다. 반대로 어떤 사람이 자기 자신을 높이기 위해 객관적인 세계에 대한 평가를 다소 낮추고 그 세계를 크게 고려하지 않는다면, 그 사람을 두고 내향적인 사람이라고 부르면 된다. 정도가 심해지면 내향적인 사람은 모든 관심을 자신에게로 돌리면서 자기를 제외하고는 그 어떤 사람도 고려할 만한 가치를 지니지 않는다고 믿게 된다. 나는 프로이트가 "전이"(transference)라 부른 현상을, 다시 말해 히스테리 환자가 자신의 감정의 주관적 가치를 객관적인 세계로 투사하는 현상을 "퇴행적 외향성"(regressive extraversion)이라고 부를 것이다. 마찬가지로, 정신분열증 환자가 공상 속에서 이런 변모들로 인해 힘들어할 때 나타나는 정반대의 병적인 현상을 "퇴행적 내향성"(regressive introversion)이라고 부를 것이다.

리비도의 두 가지 상반된 움직임은 단순한 정신 작용으로서 같은 사람의 내면에서도 번갈아 일어나는 것이 틀림없다. 어쨌든 이 상반된 움직임들이 서로 다른 방법으로 똑같은 목적에, 즉 그 사람의 행복을 보살피는 일에 이바지하기 때문이다. 프로이트의 가르침에 따르면, 환자는 고통스런 콤플렉스에서 벗어나기 위해 히스테리성 전이라는 방어 기제를 통해서 불쾌한 기억이나 인상을 "억압"하려 노력한다. 거꾸로 내향성이 작용할 경우에는 인격이 콤플렉스들에 집중하고, 그렇게 함으로써 외부의 현실로부터 스스로를 고립시키려는 경향을 보인다. 이때의 과정은 "억압"보다는 객관적인 세계에 대한 "경시"라는 표현이 더 적절한 것 같다.

성격에 히스테리와 정신분열증처럼 상반된 두 가지 성향이 존재한다는 사실은 이 두 가지 심리적 유형이 정상적인 사람의 내면에도 똑같이 존재할 수 있다는 점을 암시한다. 그렇다면 정상적인 사람의 내면에도 이 두 가지 메커니즘 중 어느 하나가 상대적으로 지배적일 것이다. 반면에 히스테리와 정신분열증 환자의 경우엔 두 가지 메커니즘 중 어느 하나가 절대적인 우위에 서 있을 것이다. 정신과의사들은 이 중 어느 한 가지 병이 분명히 드러나기 전에 환자들이 이미 특징적인 유형을 보이고 또 이 유형의 흔적은 삶의 초기까지 거슬러 올라간다는 것을 잘 알고 있다. 알프레드 비네가 예리하게 지적했듯이, 신경증 환자는 단지 인격의 특징들을 돋보이게 하고 있을 뿐이다. 물론 히스테릭한 성격은 히스테리의 산물이 아니며 어느 정도는 히스테리보다 앞서 존재했다. 아우구스트 호크(August Hoch)가 정신분열증 환자들의 삶의 역사를 깊이 연구함으로써 보여주었듯이, 정신분열증 환자들도 마찬가지이다. 정신분열증이 발병하기 전에 그들에게서도 분열이나 기행이 보였다. 그렇다면, 병리학의 영역 밖에서도 심리적 기질 사이에 이 같은 대조를 기대해도 좋을 것이다. 이처럼 상반된 유형의 심리 상태가 실제로 존재한다는 점을 뒷받침할 예들을 문헌에서 찾아내는 일은 아주 쉽다. 여기서 두드러진 예를 몇 가지 제시할 생각이다.

나의 의견엔, 윌리엄 제임스(William James)의 철학에서 이 주제에 관한 최고의 관찰이 나타나고 있다. 제임스는 이런 원리를 제시했다. 어떤 "전문적인 철학자"의 기질이 어떻든, 그 철학자가 자신의 철학을 통해 어떤 것을 표현하고 정당화해야겠다고 느끼도록 만드는 것은 바로 그 기질이다. 정신분석의 정신과 완전히 일치하는 이 사상에서 출발하면서, 제임스는 철학자들을 두 부류로 나누고 있다. 내면의 삶과 정신적인 것에만 관심을 두는 "이상주의적인"(tender-minded) 철학자가 있는가 하면, 물질과 객관적인 현실을 가장 중요하게 여기는 "현실주의적인"(tough-minded) 철학자가 있다. 우리는 두 부류의 철학자들이 리비도의 상반된 경향의 영향을 받고 있다는 사실을 볼 수 있다. "이상주의적인" 철학자는 내향적인 기질을, "현실주의적인" 철학자는 외향적인 기질을 보인다.

제임스는 이상주의적인 철학자의 특징이 합리주의라고 말한다. 이상주의적인 철학자들은 원칙과 체계를 중시하는 사람들이고, 경험을 지배하길 원하고, 추론을 통해 경험을 초월하길 원한다. 이들은 사실들에 거의 신경을 쓰지 않고, 현상의 다양성 앞에서도 당혹감을 거의 느끼지 않는다. 그들은 자료를 자신들의 이상적인 이론에 끼워 맞추고, 모든 것을 자신의 선험적(先驗的) 전제와 맞아떨어지게 만든다. 헤겔이 행성의 수를 미리 결정할 때 쓴 방법이 바로 이것이었다. 정신병리학 영역의 편집증 환자에서 우리는 이런 부류의 철학자를 다시 만난다. 이런 철학자는 경험을 통해 드러나는 너무나 분명한 모순에도 전혀 아랑곳하지 않으며, 자신의 엉터리 개념을 우주에 억지로 적용하고, 자신의 병적인 선입견에 맞춰 모든 것을 해석할, 아들러의 표현을 빌리면 모든 것을 "배열할" 수단을 발견한다.

제임스가 이 유형에서 묘사한 다른 특징들은 당연히 이 유형의 근본적인 성격에서 나온다. 제임스에 따르면, 이상주의적인 사람은 지적이고, 이상을 추구하고, 낙천적이고, 종교적이고, 자유의지의 옹호자이고, 일원론자이고, 교조주의자이다. 이 모든 특징들은 그 사람이 가진 리비도의 거의 전부가 지적인 삶에 집중되고 있다는 점을 보여주고 있다. 사고라는 내면세계에 리비도를 집중하는 것은 내향성에 지나지 않는다. 이 부류의 철학자들에게 경험이 어떤 역할이라도 하게 된다면, 그 역할은 어디까지나 우주의 온갖 카오스를 잘 정의된 어떤 틀 안에 억지로 집어넣는 데에 필요한 추상 작용을 끌어내는 미끼에 지나지 않는다.

현실주의적인 사람은 실증주의자이고 경험주의자이다. 그는 오직 사실인 것들에만 신경을 쓴다. 경험은 그의 주인이고 그의 절대적 가이드이고 영감(靈感)이다. 중요한 것은 오직 외부 세계에 드러나고 있는 경험적인 현상이다. 사고는 단지 외부 경험에 대한 반응에 지나지 않는다. 이 철학자들의 눈에 원리는 절대로 사실만큼 중요하지 않다. 그들은 오직 현상의 결과에 대해 생각하고 설명할 뿐이며, 이론 체계 같은 것을 구축하지 않는다. 따라서 그들의 이론은 엄청나게 축적되는 경험 속에서 모순에 노출되기 마련이다. 실증주의자에게 정신적 실체는 쾌감과 고통의 경험과 관찰로 국한된다. 실증주의자는 이 범위를 벗어나지도 않고 철학적으로 사고할 권리도 인정하지 않는다. 언제나 변화하는 현상 세계의 표면에 남으면서, 실증주의자는 세계의 불안정성을 몸소 겪는다. 또 우주의 혼란 속에 이리저리 휩쓸리고 있는 실증주의자는 우주의 모든 측면과 이론적 및 실용적 가능성을 두루 보지만 확고한 체계 같은 것에는 절대로 이르지 못한다. 이상주의자들은 이런 체계 하나만으로도 크게 만족할 수 있는데도 말이다. 실증주의자는 모든 가치들을 그것보다 더 작은 원소들로 바꿔놓으면서 그 가치들을 낮게 평가한다. 실증주의자는 고차원적인 것을 저차원적인 것을 빌려서 설명하고, 고차원적인 것도 그 자체로는 전혀 아무런 가치를 지니지 않는 "또 다른 하나"에 지나지 않는다는 점을 보여줌으로써 고차원적인 것을 '폐위'시켜 버린다.

이 같은 일반적인 특징으로부터, 제임스가 언급한 다른 것들은 논리적으로 나온다. 실증주의자는 감각을 초월하는 깊은 성찰보다 감각의 구체적인 영역에 더 큰 가치를 부여하는 감각론자이다. 그는 또 물질주의자이고, 세상사의 이치들이 너무도 불확실하다는 것을 아주 잘 알고 있기에 염세주의자이다. 실증주의자는 반종교적이며, 외적 사실들과 크게 다른 내면세계의 실체에 확고히 매달릴 수 있는 그런 입장에서 있지 않으며, 결정론자이고 또 체념을 일삼는 운명론자이다. 또 통합을 모르는 다원론자이며, 마지막으로 이 모든 것들의 결과로 인해 회의론자이다.

따라서 제임스가 사용한 표현들은 유형의 다양성이 리비도가 서로 다른 곳에 있게 된 결과라는 점을 분명히 보여주고 있다. 이 리비도는 우리의 존재 깊은 곳에 있는 마법의 힘이며, 그것은 본인의 인격에 따라서 내면생활로 향하기도 하고 객관적인 세상으로 향하기도 한다. 예를 들어, 제임스는 이상주의자의 종교적인 주관주의와 현대 경험주의자의 유사 종교적인 태도를 서로 비교한다. "사실들을 존중한다고 해서 우리 내면에서 종교적인 성향이 사라지는 것은 아니다. 사실들에 대한 존중 자체가 거의 종교적이다. 과학을 중요시하는 우리의 기질은 아주 독실하다."

두 번째 예는 "석학들"과 천재들을 고전주의자와 낭만주의자로 분류한 빌헬름 오스트발트(Wilhelm Ostwald)의 글에 나타난다. 낭만주의자는 반응이 신속하고, 아이디어와 프로젝트들을 대단히 빨리, 또 대단히 많이 생산해내는 것이 두드러진 특징이다. 그런데 이 아이디어와 프로젝트 중에는 어설프게 소화되고 가치가 의문스런 것들이 있다.

그들은 존경할 만하고 뛰어난 거장들이며, 가르치기를 좋아하고, 열정의 소유자이다. 그래서 그들은 학생들을 많이 끌어들이고, 학파의 창설자가 되고, 개인적 영향력을 발휘한다. 여기서 외향성 유형이 쉽게 확인되고 있다.

이와 반대로, 오스트발트가 분류하는 고전주의자는 반응이 느리고, 무엇인가를 생산해내는 과정이 더디고, 가르치는 능력이 떨어지거나 개인적인 영향력을 좀처럼 발휘하지 않으며, 엄격한 비판정신 때문에 열정이 뜨겁지 않다. 또 고전주의자는 따로 떨어져서 자기 자신에 깊이 빠져 지내며, 제자들도 거의 두지 않고, 거의 완벽에 가까운 작품만을 발표한다. 그래서 고전주의자들 중에 사후에 명성을 얻는 경우가 종종 있다. 이 모든 특징은 내향성과 일치한다.

빌헬름 보링거(Wilhelm Worringer)의 미학 이론에도 매우 소중한 예가 발견된다. 예술가를 고무하는 내면의 힘을 나타내기 위해 알로이스 리글(Alois Riegl)로부터 '예술의 절대 의지'(Volonté d'art absolue)라는 표현을 빌리면서, 보링거는 두 가지 형식을, 즉 공감과 추상을 구분하고 있다. 그가 사용하고 있는 용어도 리비도의 작용을, 즉 생명의 고동을 느끼게 한다. 보링거는 이렇게 말한다. "공감 충동이 유기적인 아름다움에서 만족을 얻듯이, 추상적인 충동도 모든 생명의 부정인 비유기적인 것에서, 구체화된 형식에서, 그리고 추상적인 법칙의 엄격함이 지배하는 곳에서 확인되는 일반적인 방식에서 아름다움을 발견한다." 공감이 대상을 동화시키고 거기에 감정적인 가치를 불어넣기 위해 대상의 존재 깊은 속으로 들어가는 열정의 따스함을 표현하는 것이라면, 추상은 대상으로부터 생명을 상기시킬 수 있는 모든 것을 박탈하고 그 대상을 순수하게 지적인 사고를 통해서만 이해하려 한다. 베르그송도 지적 추상 작용의 본질을 보여주기 위해 결정화(結晶化), 응결화(凝結化) 등의 이미지를 이용하고 있다.

보링거의 "추상"은 내가 이미 내향성의 결과로 언급한 과정을, 말하자면 가치가 떨어지는 외부 세계의 현실 대신에 지성을 찬양하는 것을 의미한다. "공감"은 실제로 외향성과 일치한다. 그 이유에 대한 설명으로 립스(Hans Lipps)의 말을 그대로 옮긴다. "내가 어떤 대상에 감정을 이입하며 거기서 지각하는 것은 일반적으로 말하는 생명이며, 생명은 힘이고 내적 활동이고 노력이고 성취이다. 한마디로 말해, 사는 것은 곧 행동하는 것이고, 행동하는 것은 곧 우리가 방출하는 힘을 절실히 경험하는 것이다. 경험은 활동을 낳는데, 이 활동은 기본적으로 자발적인 성격을 지니고 있다." 보링거는 "미학적 즐거움은 자기 자신의 자기를 대상에 투사하는 즐거움"이라고 말한다. 전이에 대한 우리의 정의와 완전히 일치하는 설명이다. 이 같은 미학적 개념은 제임스가 말한 실증주의자를 뜻하지 않으며, 그보다는 심리학적 실체만을 관심의 대상으로 삼고 고려의 대상으로 여기는 그런 이상주의자의 태도를 가리킨다.

공감의 정반대가 바로 추상이다. 보링거에게 추상의 충동은 "인간 영혼이 외부 세계 앞에서 엄청난 갈등을 겪은 결과"로 인식되고 있다. 이 같은 정의에서 우리는 내향성의 근본적인 경향을 확실히 확인하고 있다. 내향 유형에게 우주는 아름답거나 바람직스러워 보이지 않고 불안하고 심지어 위험한 곳으로 보인다. 내향 유형은 우주 앞에서 방어적인 자세를 취하게 된다.

보링거는 "추상에 대한 욕구가 모든 예술의 기원"이라고 말한다. 이것은 정신분열증 환자들이 원시인의 형태나 형상과 아주 비슷한 형태와 형상을 그린다는 사실로 뒷받침되는 하나의 훌륭한 원칙이다.

실러(Friedrich Schiller)도 앞서 순박한(Naive) 유형과 감상적 (Sentimental) 유형이라는 이름으로 똑같은 현상을 공식화하려고 시도했다. 감상적인 유형은 자연을 추구하는 한편, 순박한 유형은 본인 자체가 "자연"이다. 실러는 또 두 가지 유형은 지배적인 심리적 메커니즘이 어느 것이냐에 따라 나뉘고, 같은 개인에게서도 두 가지 유형이 발견될 수 있다고 보았다. 실러는 이렇게 말한다. "같은 시인의 내면에서만 아니라 같은 작품 안에서도 두 가지 유형의 심리 상태가 발견된다. … 순박한 시인은 자연에만 빠져들며 자연의 단순성 안에서 느끼는 감정을 노래한다. 순박한 시인의 노력은 현실을 모방하고 재현하는 것으로 국한될 수 있다. 반대로 감상적인 시인은 자신이 대상으로부터 받은 인상을 표현한다. 여기서 대상은 어떤 관념과 결합되고, 작품의 시적 힘은 이 결합에 따라 달라진다." 이 인용은 실러가 어떤 유형들을 염두에 두고 있었는지를 보여주는데, 우리가 여기서 다루고 있는 유형과 기본적으로 일치한다.

니체(Friedrich Nietzsche)가 아폴론의 정신과 디오니소스의 정신을 대조시키며 비교한 것도 또 다른 예이다. 니체가 이 대조를 쉽게 보여주기 위해 이용한 예는 꿈과 도취이다. 꿈속에서, 개인은 자기 자신에게 갇힌다. 그러나 도취에 빠질 때, 개인은 반대로 자기 자신을 최대한 망각하고 자의식에서 풀려나 객관적인 세계의 다양성 속으로 몸을 던지게 된다. 아폴론을 묘사하기 위해, 니체는 쇼펜하우어 (Arthur Schopenhauer)의 말을 빌리고 있다. "치솟았다가 가라앉기를 거듭하는 거친 바다 위에서 산더미 같은 파도에 가려져 보이지 않는 상황에서도 선원이 한 점 조각에 불과한 돛단배를 강하게 믿으면서 자신의 자리에 침착하게 앉아 있듯이, 개별적인 인간은 고난의 세상에서 '개성화'의 원칙을 확고히 믿으면서 수동적으로 조용히 살아가고 있다." 니체는 이렇게 잇는다. "이 같은 원칙에 대한 확고한 믿음, 그리고 이 원칙에 고무된 사람들이 느끼는 안전감은 아폴론의 내면에서 가장 숭고한 모습으로 나타난다. 우리는 아폴론의 정신세계에서 개인의 완성이라는 원칙이 가장 장엄하고 신성하게 구현되고 있는 것을 볼 수 있다." 따라서 아폴론의 정신 상태는 니체가 생각한 바와 같이 자신의 내면세계로 파고드는 내향성을 보이고 있다. 거꾸로 디오니소스의 상태에서 정신적 도취는 리비도의 물줄기를 열어젖히는 것을 암시한다. 니체는 이렇게 말한다. "이것은 디오니소스 축제에서 새롭게 확인되는, 사람과 사람의 결합에서 그치지 않는다. 소외된 가운데 적대적이거나 예속되어 있던 자연이 자연의 방탕한 자식인 인간과 화해를 이루는 것을 축하하는 일이기도 하다. 자연히 대지는 자신의 선물을 내놓고, 바위와 사막의 야생 짐승들은 평화로이 가까이 다가온다. 디오니소스의 귀는 꽃과 화환에 덮히고, 그때 표범과 사자가 그의 지배 아래로 들어온다."

만약에 우리가 베토벤(Ludwig van Beethoven)의 '환희의 송가'를 어떤 그림으로 바꾸고, 상상력을 최대한 발휘하면서 먼지 속에서 사지를 쭉 뻗고 엎드려 전율하고 있는 수백만 명의 존재들을 생각한다면, 바로 그 순간이 디오니소스의 도취와 가장 가까울 것이다. 노예는 자유의 몸이 되었고, 빈곤과 자의적이거나 오만한 관습 때문에 사람과 사람 사이에 높이 세워졌던 적대적인 장벽들은 모두 허물어졌다. 이젠 보편적인 조화라는 복음을 통해서 사람들은 자신이 타인들과 연결되어 있고 조화를 이루고 있으며 이웃과 혼연일체가 되었다는 느낌을 받을 뿐만 아니라, 마치 "마이아(Maia: 그리스 신화에 아틀라스와 플레이오네의 딸로 나온다. 마이아라는 이름은 어머니 혹은 유모라는 뜻이다/옮긴이)의 면사포가 갈가리 찢어져 흩어지며 '시원(始原)의 통일'(Primordial Unity)이라는 신비 앞에 몇 점의 조각으로 날고 있듯이" ⟨Nietzsche, "The Birth of Tragedy"⟩, 그들은 실제로 자기 자신과 이웃을 동일시했다. 이 인용에 추가적으로 설명을 더 더하는 것은 쓸데없는 짓일 것이다.

나의 전공 분야가 아닌 다른 곳에서 끌어낸 일련의 예들을 마무리하면서, 나는 핑크(Franz Nikolaus Finck)가 제시한 언어학적 가설을 인용할 것이다⟨Finck, "Der deutsche Sprachbon als Aus Druck, deutscher Weltanschauung", Marburg, 1899⟩. 여기서도 우리가 논하고 있는 이중성이 보인다. 핑크에 따르면, 언어의 구조는 두 가지 주요 유형을 제시한다. 한 유형을 보면, 주체가 대체로 능동적인 것으로 여겨진다. "나는 그를 본다." "나는 그를 때려눕힌다." 이런 문장들이 그런 예이다. 다른 한 유형을 보면, 주체는 경험하고 느끼기만 하며, 행동하는 것은 대상이다. "그가 나에게 나타난다." "그가 나에게 굴복한다." 이런 문장들이 그런 예이다. 첫 번째 유형은 분명히 리비도가 주체에서 밖으로 향하고 있는 것을 보여주고 있는데, 이것은 원심성이다. 두 번째 유형은 리비도가 대상으로부터 오는 것을 보여주고 있는데, 이는 구심성이다. 우리는 특별히 에스키모의 원시 언어에서 내향적 유형을 만난다.

정신의학 분야에서도 두 가지 유형이 오토 그로스에 의해 묘사되었다. 그로스는 정신적 장애를 두 가지 유형으로 구분한다. 한 유형은 의식이 흩어져 있고 얕으며, 다른 한 유형은 의식이 집중되고 있고 깊다. 첫 번째 유형은 논리적 일관성이 약한 것이 특징이고, 두 번째 유형은 의식을 과도하게 강화하는 것이 특징이다. 그로스는 논리적 일관성이 감정 상태와 밀접한 관계가 있다는 점을 알아냈다. 여기서 우리는 그로스가 두 가지 심리적 유형을 다루고 있다고 추론할 수 있다. 그가 조울증과 의식이 얕은 정신적 질환 사이에서 찾아내고 있는 관계는 후자가 외향적 유형을 뜻한다는 점을 보여주고 있다. 또 편집증 환자의 심리와 억압된 심리상태 사이의 관계는 전자가 내향적 유형과 같다는 점을 암시한다.

지금까지 읽은 글들을 고려한다면, 정신분석의 영역에도 두 가지 심리 유형이 존재한다는 점을 인정해야 한다고 주장해도 별로 놀라운 일이 아닐 것이다.

한쪽엔 기본적으로 다원론적이고, 인과관계적이고, 감각적인 이론이 있다. 이것이 프로이트의 관점이다. 이 이론은 엄격히 경험적인 사실들로 제한하고, 콤플렉스들을 거꾸로 분석해 들어가면서 근본적인 요소들까지 파고든다. 이 이론은 정신적 삶을 하나의 효과로만, 말하자면 환경에 대한 반응으로만 여기며 감각에 가장 큰 역할과 최고의 지위를 부여한다. 다른 한쪽엔 이와 정반대편인, 전적으로 철학적인 아들러의 이론이 있다. 아들러의 이론에선 현상들은 그보다 앞서는 요소들로 환원되지 않으며 "계획"으로, 말하자면 대단히 복잡한 성격을 지닌 의도와 목적의 산물들로 인식된다. 아들러의 치료를 지배하고 있는 것은 더 이상 인과적인 관점이 아니며 목적론적인 관점이다. 말하자면 환자의 삶의 내력과 환경의 구체적 영향은 환자를 지배하고 있는 원칙들에 비하면 훨씬 덜 중요하다. 개인이 대상에 의존하는 것은, 그리고 개인이 대상을 통해서 주관적 기쁨을 충족시키는 것은 근본적으로 중요하지 않다. 그보다는 환자 본인의 개성을 보호하고 환경의 적대적 영향력에 맞서 개성을 보장하는 것이 훨씬 더 근본적이다.

프로이트의 심리학이 객관적인 세계에서 행복과 만족을 얻는 그런 원심성의 경향을 강하게 보이는 한편, 아들러의 심리학은 주체의 우위와 승리, 자유를 돌보는 구심성의 경향에 중요한 역할을 부여하고 있다. 프로이트가 묘사한 유형이 즐겨 이용하는 방편은 "유아적 전이"이며, 이 유형은 전이를 이용해 공상을 대상 속으로 투사하고 이 변형에서 삶의 곤경에 대한 어떤 보상을 발견한다. 이와 반대로, 아들러가 묘사한 유형의 경우엔 자신의 지배적인 관념을 확신하면서 "박력 넘치는 항의"와 개인적 저항을 보이며 자신을 효과적으로 보호한다.

두 가지 유형의 심리 상태에 똑같이 관심을 쏟는 심리학을 다듬어내는 힘든 과제는 미래 세대의 몫으로 남아 있다. 〈1913년〉

9장

꿈의 심리학

하나의 꿈은 첫눈에 의식적 사고와 두드러진 대조를 이루는 것처럼 보이는 어떤 정신적 구조이다. 그렇게 보이는 이유는 형식과 내용을 바탕으로 판단할 때 꿈이 의식의 내용물이 발달하는 과정과 같은 선상에 있지 않기 때문이다. 말하자면, 꿈이 의식의 내용물에 필수적이지 않고 단지 외적이고 우연적인 사건에 지나지 않는 것처럼 보인다는 뜻이다. 꿈이 생기는 과정만 봐도 꿈이 의식의 다른 내용물들과 동떨어져 보이는 것은 충분히 이해가 된다. 왜냐하면 꿈이 잠을 자는 동안에 일어나는 특이한 정신작용의 산물이고, 실제로 경험한 사건의 논리적 및 감정적 연장선 상에서 일어나는 것이 아니기 때문이다.

그러나 꿈을 면밀히 관찰하는 사람이라면 누구나 하나의 꿈은 의식의 연속성과 완전히 동떨어져 있는 것이 아니라는 사실을 그다지 어렵지 않게 알 수 있다. 왜냐하면 거의 모든 꿈들을 보면 일부 세부 사항이 그 전 어느 날에 있었던 마음의 상태나 인상 또는 생각에 기원을 두고 있다는 사실이 확인되기 때문이다. 과거로 거꾸로 흐르는 연속성일지라도, 꿈과 의식 사이에 어떤 연속성이 있는 것이다.

그러나 꿈 문제에 관심을 예리하게 쏟는 사람은 누구나 꿈이 전진적(前進的) 연속성을 갖는다는 것을 관찰하지 않을 수 없다. 전진적 연속성이라는 표현이 별다른 저항 없이 받아들여질지는 모르지만 말이다. 전진적 연속성이라고 하는 이유는 꿈들이 이따금 정상적인 사람의 의식적인 정신 생활에도 영향을 뚜렷이 미치기 때문이다. 이 같은 꿈의 효과는 대체로 꿈을 꾼 사람의 마음의 틀에 다소 분명하게 일어나는 변화에서 확인된다.

꿈을 꾼 다음에 다시 떠올리는 꿈의 내용이 대단히 불확실한 것은 아마 꿈이 다른 의식의 내용물과 이런 식으로 느슨하게 연결되어 있기 때문일 것이다. 많은 꿈들이 쉽게 기억나지 않는다. 잠에서 깨어난 직후에도 꿈을 떠올리기가 쉽지 않긴 마찬가지이다. 쉽게 떠올려지는 꿈도 정확성은 의심스럽다. 정말로 분명하고 선명하게 재현될 수 있는 꿈은 비교적 극소수에 지나지 않는다. 꿈을 회상하는 것이 이처럼 어려운 이유는 하나의 꿈으로 결합되는 다양한 요소들의 특징을 고려하면 쉽게 이해된다. 생각들이 꿈으로 결합되는 방식은 기본적으로 공상적이다. 이 생각들은 대체로 우리가 현실에서 하는 사고의 순서와 아주 다른 방식으로 서로 연결된다. 따라서 꿈에 반영되는 생각들은 의식의 정신작용의 특징으로 여겨지는 논리적인 연결과는 완전히 딴판이다.

꿈은 "무의미하다"라는 통념이 생겨나게 만든 것이 바로 이 같은 특징이다. 꿈은 무의미하다는 식으로 판결을 내리기 전에, 우리는 꿈들과 꿈들의 생각들의 사슬은 "우리"가 이해하지 않는 그 무엇이라는 것을 생각해야 한다. 따라서 그런 판결은 단지 우리의 이해력 부족을 그 대상으로 투사하는 것에 지나지 않는다. 그러나 우리가 그런 식으로 판결을 한다고 해서 꿈이 특별한 의미를 담지 않는 일은 절대로 일어나지 않을 것이다.

인류가 오랜 세월 동안 꿈에서 예언적인 의미를 끌어내려는 노력을 펴 왔음에도 불구하고, 꿈의 진짜 의미를 발견해 내려는 노력을 최초로 벌인 사람은 아마 프로이트일 것이다. 그의 연구는 "과학"이라는 이름으로 불릴 만하다. 왜냐하면 프로이트가 자신뿐만 아니라 다른 전문가들도 활용하면서 목적을 성취할 수 있는, 말하자면 꿈의 의미를 이해할 수 있는 그런 기술을 개발했기 때문이다. 여기서 말하는 꿈의 의미는 겉으로 나타나는 꿈 내용이 단편적으로 암시하는 그런 의미와는 다르다.

이 자리는 프로이트의 꿈의 심리학을 놓고 비판적으로 논하는 자리가 아니다. 그럼에도 불구하고, 나는 여기서 오늘날 꿈 심리학의 사실들로 다소 확고히 인정받고 있는 것들에 대해 간단히 요약하고 넘어갈 생각이다.

가장 먼저 던져야 할 질문은 이것이다. 명백히 나타난 꿈 내용의 불만스런 단편적인 의미 외에 별도로 꿈에 특별한 중요성을 부여하는 것이 과연 타당한가?

이 질문과 관련해 특별히 강하게 내세울 수 있는 것은 프로이트가 추론의 방법이 아니라 경험적인 방법을 이용해서 꿈들의 숨은 의미를 발견했다는 사실이다. 꿈에 명백히 나타나는 의미 외에 숨은 의미가 있을 수 있다는 점을 추가로 뒷받침할 증거는 똑같은 사람의 내면에서 일어나는 꿈 공상과 다른 공상(몽상 등)을 비교하면 얻어질 수 있다. 그런 낮의 공상이 단순히 피상적인 의미뿐만 아니라 보다 깊은 심리적 의미를 지닌다는 점을 이해하는 것은 그다지 어렵지 않다. 지금 이 자리에서는 강연 시간을 고려해 이를 입증할 자료들을 제시하지 않을 것이다. 그러나 나는 공상의 의미와 관련해서 해야 할 말을, 세상에 널리 알려진 상상력 풍부한 이야기를 통해 쉽게 전달할 수 있을 것이라고 믿는다.

이런 유형의 이야기라면 이솝 우화가 전형적인데, 그 중에 사자와 당나귀의 행동에 관한 공상이 있다. 당연히 현실에서 일어날 수 없는 공상이다. 이 우화의 겉에 드러나는 구체적인 의미는 객관적으로 일어날 수 없는 공상의 산물이지만, 거기에 숨어 있는 도덕적 의미는 쉽게 파악된다. 그런 이야기의 통속적인 의미에도 재미있어 하며 만족하는 것이 어린이들의 두드러진 특징이다. 그러나 꿈에 숨은 의미가 존재한다는 점을 뒷받침하는 최고의 증거는 겉으로 명백히 나타나는 꿈의 내용물을 풀기 위해 기술적인 절차를 세심하게 적용한다는 사실에서 나올 것이다.

이 같은 생각은 우리를 두 번째 중요한 문제, 즉 분석적 절차의 문제로 이끈다. 여기서 나는 프로이트의 견해와 발견을 옹호할 생각도 없고 비판할 생각도 없으며 오직 내가 볼 때 확고하다고 여겨지는 사실들에 대해서만 언급할 것이다.

꿈이 하나의 정신적 구조라는 사실은 꿈이 다른 정신적 구조에 적용되는 법칙이나 설계가 아닌 다른 법칙과 설계를 따른다고 단정할 근거를 전혀 제시하지 않는다. '논리의 수를 필요 이상으로 늘려서는 안 된다'는 원칙에 따라, 우리는 분석 대상이 된 꿈들을 다른 정신적 구조와 똑같은 것으로 다뤄야 한다. 경험이 그보다 더 나은 방법을 제시할 때까지는 그런 식으로 접근해야 한다.

인과적 관점에서 고려한다면, 모든 정신적 건축은 그 전의 정신적 내용물의 결과이다. 또한 목적론적 관점에서 본다면, 모든 정신적 구조는 실제의 정신작용에서 나름의 특이한 의미와 목표를 지닌다. 이 기준은 당연히 꿈에도 적용되어야 한다. 따라서 어떤 꿈을 놓고 심리적 설명을 꾀할 때, 우리는 먼저 그 꿈에 결합된 그 전의 경험들이 어떤 것인지를 알아야 한다. 우리는 꿈 그림에 나타나는 모든 것들을 놓고 그 앞에 있었던 것들을 추적해야 한다.

예를 들어 보자. 누군가 이런 꿈을 꾸었다. '그가 길을 걷고 있는데 어떤 아이가 앞에서 달리고 있다. 그러다가 갑자기 아이가 차에 치인다.' 우리는 꿈을 꾼 사람의 기억에 기대면서 이 꿈 그림보다 앞에 있었던 일들을 추적해 들어갈 것이다.

이 꿈을 꾼 사람은 그 길을 전날 자신이 걸었던 길이라고 생각한다. 아이는 그의 남동생의 아이이고, 이 아이를 그는 전날 밤에 동생의 집을 방문한 자리에서 보았다. 자동차 사고는 며칠 전에 실제로 일어난 사고를 상기시킨다. 그러나 그 사고는 그가 신문 기사로 읽은 것일 뿐이다. 평범한 사람은 이런 식의 설명에 만족할 것이다. "아, 그래서 내가 이런 꿈을 꾼 것이로구나!"

과학적인 관점에서 본다면, 이 설명은 전혀 만족스럽지 않다. 꿈을 꾼 사람은 전날에 수없이 많은 길을 걸었다. 그런데 왜 하필 그 길이 선택되었을까? 그는 여러 사건에 대한 기사를 읽었다. 그런데 왜 하필 그 사건이 선택되었을까? 단순히 그 전에 있었던 일을 찾아내는 것으로는 절대로 충분하지 않다. 왜냐하면 꿈이 굳이 그 그림을 보여주는데에 대한 그럴 듯한 설명을 찾기 위해서는 다양한 원인들을 살펴보는 과정이 반드시 필요하기 때문이다. 추가 자료를 수집하는 과정은 연상 방법이라 불리는 회상 원칙에 따라 이뤄진다. 쉽게 이해할 수 있듯이, 연상 방법을 동원하는 경우에 아주 다양하고 꽤 이질적인 자료가 모일 것이다. 겉으로 보기엔 서로 공통점이 전혀 없어 보이는 자료이지만 꿈 내용과 연결되는 자료인 것만은 분명하다. 그렇지 않다면 이 꿈과 관련해서 그런 자료가 연상되지 않았을 테니까 말이다.

그런 자료의 수집을 어느 범위까지 할 것인가 하는 문제는 기술적인 관점에서 아주 중요하다. 어느 한 삶의 정신적 내용 전체는 단 하나의 출발점에 의해서도 종국적으로 다 풀려나올 수 있기 때문에, 이론적으로 보면 어느 꿈에서나 이전의 삶의 전체 경험이 다 발견될 수 있다. 그러나 우리에겐 꿈의 의미를 이해하는 데 필요한 만큼의 자료만 있으면 된다. 이해하는 것을 "우리의 목적에 필요한 범위만큼만 지각하는 것"이라고 정의한 칸트의 원칙에 따르면, 자료에 한계를 긋는 것은 분명히 자의적인 조치이다. 예를 들어, 프랑스 혁명의 원인을 파악하는 과제를 맡았다고 가정해 보자. 그러면 우리는 자료를 모으면서 중세 프랑스의 역사뿐만 아니라 고대 로마와 그리스의 역사까지 거기에 포함시킬 수 있다. 그러나 고대 로마와 그리스의 역사는 "우리의 목적에 꼭 필요한 것"은 아닐 것이다. 이보다 훨씬 더 제한적인 자료로도 프랑스 혁명의 역사적 기원을 충분히 이해할 수 있기 때문이다.

앞에서 언급한 자의적인 제한을 제외한다면, 자료를 수집하는 행위는 분석가의 재량권 밖에 있다. 그런 식으로 축적한 자료는 역사적 자료나 실험을 통해 얻은 과학적 자료에 적용하는 원칙에 따라 체로 걸러내고 검토해야 한다. 그 방법은 기본적으로 자동적 적용이 불가능한 상대적인 방법이지만 분석가의 기술과 목표에 크게 좌우된다.

어떤 심리적 사실에 대해 설명할 때, 심리적 자료는 이중의 관점을, 즉 인과적 관점과 합목적적(finality) 관점을 필요로 한다는 점을 잊지 말아야 한다. 여기서 나는 "목적론"(teleology)과의 혼동을 피하기 위해 일부러 합목적적이라는 단어를 사용한다. 나는 합목적적이라는 단어를 심리에 내재하는 목적론이란 뜻으로 쓰고 있다. 꿈과 관련해 연상해낸 자료에 인과적 관점을 적용한다는 점에서 보면, 우리는 꿈에 나타난 이미지를 어떤 근본적인 경향이나 관념으로 바꿔놓는다고 할 수 있다. 누구나 예상할 수 있듯이, 이 경향들 혹은 관념들은 그 성격상 근본적이고 보편적이다.

예를 들어, 어떤 젊은 환자가 다음과 같은 꿈을 꾸었다. '나는 이상한 정원에 서서 나무에서 사과를 하나 딴다. 나는 혹시 지켜보고 있는 사람이 없는지 확인하기 위해 조심스럽게 주위를 살핀다.'

이 꿈과 관련해서 환자가 떠올린 연상은 어렸을 때 다른 사람의 정원에서 배를 2개 몰래 딴 기억이다.

이 꿈에 두드러지게 나타나는 양심의 가책은 그에게 그 전날 경험한 어떤 상황을 떠올리게 한다. 그는 길에서 평소에 알고 지내던 젊은 여자를 만나 말을 몇 마디 주고받았다. 바로 그때 어떤 신사가 그의 곁을 지나갔는데, 그가 아는 사람이었다. 순간적으로 환자는 이상하게 당혹감을 느꼈다. 마치 나쁜 짓을 하다가 들킨 사람처럼 말이다. 그는 사과를 에덴동산의 그 장면과 연결시킨다. 그러면서 금지된 과일을 먹은 것이 인류 최초의 부모에게 그런 무서운 결과를 안겨야 하는 이유를 진정으로 이해한 적이 한 번도 없었다는 사실을 떠올렸다. 이 이야기는 언제나 그를 화나게 만들었다. 그에겐 그것이 하느님의 부당한 행위처럼 보였다. 인간들을 그런 모습으로, 호기심과 탐욕이 가득한 모습으로 만든 존재가 바로 신이기 때문이다.

또 다른 연상은 간혹 그의 아버지가 어떤 일로 그를 터무니없을 만큼 거칠게 처벌했다는 사실이다. 그가 소녀들이 목욕하는 장면을 몰래 훔쳐본 뒤 아버지에게 받은 벌이 최악의 처벌이었다.

이 연상은 그가 최근에 어떤 여자와 연애를 시작했지만 아직 어떤 결론을 내릴 단계는 아니라는 고백으로 이어졌다. 꿈을 꾸기 하루 전날 밤에, 그는 그녀와 만남을 가졌다.

이 자료에 대한 검토를 시작하자마자, 전날의 사건을 매우 분명하게 암시하는 내용이 꿈에 담겨 있다는 것이 확인된다. 꿈과 관련해 떠올린 연상 자료는 사과 이야기가 에로틱한 장면을 나타내고 있음을 보여준다. 다른 여러 가지 이유로, 전날에 있었던 사랑의 경험도 이 꿈에서 여전히 작용하고 있을 것이다. 꿈에서 젊은이는 에덴동산의 사과를 따고 있지만 현실에서는 아직 사과를 따지 않았다. 나머지 연상 자료는 전날 있었던 또 다른 경험, 즉 평소 알고 지내던 젊은 여자와 몇 마디 말을 나눌 때 느낀 양심의 가책과 관계있다. 이는 다시 에덴동산에서 일어난 인간의 타락과 연결되었으며, 최종적으로 그의 어린 시절에 있었던 에로틱한 비행(非行)과 연결되었다. 이 비행으로 인해 그는 아버지로부터 엄한 벌을 받았다. 모든 연상은 죄책감과 연결되어 있다.

먼저, 이 자료를 프로이트의 인과적 관점에서 고려할 것이다. 프로이트의 표현을 그대로 빌린다면, 꿈을 "해석"할 것이라는 뜻이다. 꿈을 꾸기 전에 낮에 품었던 어떤 소망이 성취되지 않은 채 남아 있다. 꿈에서 이 소망이 상징성이 강한 사과 장면에서 실현된다. 그러나 이 실현이 명백히 성적인 생각으로 표현되지 않고 상징적인 이미지로 위장되어 표현되는 이유는 무엇인가? 프로이트라면 자료에 명백히 나타나는 죄책감에 대해 언급하면서, 젊은이의 내면에 어린 시절부터 주입된 도덕성이 그런 소망을 억누르고, 또 그 목적을 달성하기 위해 자연스런 충동에 비도덕적이라고 낙인을 찍는다는 식으로 설명할 것이다. 그래서 억눌린 비도덕적인 생각은 상징을 통해서만 꿈으로 표현될 수 있는 것이다. 비도덕적인 생각이 의식적 자아의 도덕성과 양립할 수 없기 때문에, 프로이트가 '검열관'이라고 부른 어떤 정신적 요소가 이 소망이 위장을 하지 않은 채 의식 속으로 넘어가는 것을 막고 있다.

한편, 합목적성의 관점에서 꿈을 검토하는 것은 꿈의 원인을 부정한다는 뜻이 아니라 꿈을 바탕으로 수집된 연상 자료를 다르게 해석한다는 뜻이다. 이는 프로이트의 이론과 정반대인데, 나는 이 점을 명확히 밝히고 싶다. 자료의 사실들은 똑같지만, 자료를 평가하는 기준이 다른 것이다. 여기서 질문은 간단히 이것이다. 이 꿈의 목적은 무엇인가? 꿈이 이루고자 하는 것은 무엇인가? 이 질문들은 절대로 자의적이지 않다. 모든 정신작용에 적용될 수 있는 물음이라는 점에서 보면 그렇다. "왜?"라는 물음과 "무엇을 위하여?"라는 물음은 어디서나 던질 수 있다.

꿈에 의해서 전날의 에로틱한 경험에 더해진 자료는 주로 에로틱한 행위에서 느끼는 죄책감을 강조하고 있는 것이 분명하다. 전날 있었던 또 다른 경험, 즉 평소에 알고 지내던 여자와 만나서 몇 마디 주고받은 일에도 똑같은 연상이 이미 작동하고 있는 것으로 드러났다. 그 순간에 젊은이의 마음에는 마치 나쁜 짓을 하다가 걸린 것처럼 죄책감이 저절로 일어났다. 이 경험은 꿈에서도 어떤 역할을 하고 있는데, 이 역할은 적절한 추가 자료의 연상에 의해 더 강화되고 있다. 꿈을 꾼 전날에 있었던 에로틱한 경험은 에덴동산에서 있었던 인간의 타락 이야기에 의해 설명되고 있으며, 이 타락 이야기 다음에는 가혹한 처벌이 따르고 있다.

나는 꿈을 꾼 사람의 내면에 에로틱한 경험을 죄책감으로 인식하는 무의식적 성향이 있다고 생각한다. 젊은이가 처벌이 그렇게 가혹해야 하는 이유를 진정으로 이해한 적이 한 번도 없다는 사실을 고려한다면, 인간의 타락에 관한 연상이 따랐다는 점이 아주 특별하다. 이 연상은 꿈을 꾼 사람이 간단히 "나는 옳지 않은 일을 하고 있어."라고 생각하지 않는 이유를 밝혀준다. 분명히, 그는 자신의 행동에 대해 도덕적으로 옳지 않은 일이라고 스스로를 비난할 수 있다는 점을 모르고 있다. 이것은 사실이다. 그의 친구들도 모두 똑같이 행동하고 있기 때문에, 그의 의식적인 믿음은 자신의 행동은 도덕적으로 전혀 문제가 되지 않는다는 것이다. 이외에 다른 이유로도 그는 그런 문제를 둘러싸고 논란이 벌어져야 하는 이유를 이해하지 못한다.

이 꿈을 의미가 가득한 것으로 여길 것인지 아니면 의미가 없는 것으로 여길 것인지는 매우 중요한 물음에 좌우된다. 말하자면, 수많은 조상들을 통해서 우리에게 물려진 도덕적 관점이 큰 의미를 지니는지 여부에 달려 있다는 뜻이다. 나는 여기서 이 문제를 놓고 철학적 논쟁을 벌일 생각이 없으며 단지 인간은 이런 도덕성을 고안할 훌륭한 이유를 갖고 있어야 한다는 점만을 밝히고 싶다. 그런 도덕성이 필요하지 않았다면, 인간의 가장 강력한 욕망 중 하나에 상당한 압박을 가하는 것이 진정으로 이해되지 않을 것이다. 만약에 그 같은 사실에 적절한 가치를 부여한다면, 우리는 이 꿈이 의미를 가득 지니고 있다고 말하지 않을 수 없다. 이유는 이 꿈이 젊은이에게 자신의 에로틱한 행위를 도덕적 관점에서 과감하게 직시할 필요성이 있다는 점을 보여주고 있기 때문이다. 심지어 꽤 원시적인 부족들도 어떤 점에서 성욕과 관련해 매우 엄격한 규칙을 정해놓고 있다. 이 같은 사실은 특히 성적 도덕성은 영혼의 보다 고차원적인 기능의 측면에서 무시해야 할 요소가 아니라 충분히 고려해야 할 요소라는 점을 뒷받침하고 있다. 이 경우에, 친구들의 예를 보며 어느 정도 영향을 받은 젊은이는 다소 생각 없이 성적 욕망에 자신을 내맡긴다는 점도 강조되어야 한다. 이 젊은이는 그렇게 하면서 인간이란 존재는 도덕적으로 책임을 져야 하는 존재이며, 따라서 자신이 창조한 도덕성을 반드시 지켜야 한다는 사실에 대해 신경을 쓰지 않는다.

이 꿈에서 우리는 무의식의 보상적 기능을 확인할 수 있다. 인간의 인격이 지닌 생각과 취향과 경향들 중에서 의식적인 삶에서 좀처럼 인식되지 않는 것들은 잠을 자는 동안에, 그러니까 의식작용이 거의 끊어져 있는 동안에 저절로 활동에 들어간다는 사실에 그런 보상적 기능이 있다.

여기서 틀림없이 이런 의문이 제기될 것이다. 만약에 꿈을 꾼 사람이 꿈을 이해하지 못한다면, 꿈이 그 사람에게 무슨 소용이 있는가?

이 질문에 나는 이해한다는 것은 전적으로 지적인 과정이 아니라는 점을 강조해야 한다. 왜냐하면 경험이 보여주듯이 인간은 자신이 지적으로 전혀 이해하지 못하는 것들로부터도 영향을 받을 수 있기 때문이다. 여기서 나는 나의 독자들에게 단지 종교적 상징들의 유효성에 대해서만 상기시킬 것이다.

앞에 제시한 예는 꿈들의 기능은 분명히 "도덕적인" 기능으로 이해되어야 한다는 점을 암시할 것이다. 적어도 이 예의 경우에는 그런 것 같다. 그러나 꿈이 정해진 어느 순간의 잠재의식적 자료를 포함한다는 공식을 떠올린다면, 우리는 단순히 "도덕적인" 기능에 대해서만 말하지 못한다. 왜냐하면 도덕적으로 나무랄 데 없는 행동을 하는 사람들의 꿈도 "비도덕적인" 것으로 분류될 수 있는 자료를 내놓기 때문이다. 따라서 성 아우구스투스가 자신의 꿈에 대해 책임을 지지 않아도 되게 해준 데 대해 하느님에게 감사하는 마음을 품었다는 말은 큰 의미를 지닌다. 무의식은 정해진 어느 순간에 알려지지 않은 것들이다. 따라서 정해진 어느 시점의 의식적인 심리적 상황에, 완전히 다른 관점에 근본적으로 중요한 모든 측면들이 꿈에 의해 더해진다고 해도 전혀 놀라운 일이 아니다. 꿈들의 이 같은 기능은 심리적 조정을, 말하자면 적절히 균형 잡힌 행동에 근본적으로 필요한 어떤 보상을 의미하는 것이 분명하다. 어떤 문제에 대한 정확한 해결책을 발견하기 위해선,

우리는 의식적인 회상 과정을 통해서 그 문제의 모든 측면과 그 결과까지 최대한 파악해야 한다. 이 과정은 다소 무의식적인 수면 상태에서 자동적으로 이어진다. 이전의 경험이 보여주듯이, 낮 시간에 과소평가되었거나 완전히 무시되었던 다른 온갖 관점들이, 달리 말하면 비교적 무의식적이었던 것들이 꿈에 나타난다.

많이 논의되었던 꿈의 상징에 대해 말하자면, 꿈의 상징에 부여하는 가치는 인과적 관점을 갖느냐 합목적적 관점을 갖느냐에 따라 달라진다. 프로이트의 인과적 관점에 따르면, 꿈의 상징은 욕망, 즉 억압된 소망에서 비롯된다. 이 욕망은 언제나 다소 단순하고 원시적이며 다양한 형태로 위장할 수 있다. 예를 들어, 앞에서 논한 젊은이는 열쇠로 문을 열어야 하거나 비행기 여행을 해야 하거나 자기 어머니와 입을 맞추는 꿈을 꿀 수 있다. 그런 경우에 인과적 관점에서 본다면, 그 모든 꿈은 똑같은 의미를 지닐 수 있다. 이런 식으로, 프로이트 학파의 전문가들은 꿈에 긴 물체가 등장하면 그것을 남근의 상징으로 해석하기에 이르렀다.

합목적적 관점에서 보면, 다양한 꿈 그림들은 저마다 특별한 가치를 지닌다. 예를 들어, 앞에 소개한 젊은이가 사과를 따는 장면 대신에 열쇠로 문을 열어야 하는 꿈을 꾼다면, 바뀐 꿈 그림은 연상에서 근본적으로 다른 성격의 자료를 떠올리게 할 것이고, 따라서 그의 의식적 상황은 앞의 사과 따는 장면과 완전히 다른 종류의 연상으로 보완될 것이다. 이 관점에서 보면, 의미를 가득 담고 있는 것은 꿈의 다양한 표현 양식이다. 표현의 의미에 나타나는 통일성은 전혀 중요하지 않은 것이다. 인과적 관점은 그 성격상 의미의 통일을, 상징의 고정된 의미를 추구하게 되어 있다. 그런 한편, 합목적적 관점은 변화된 꿈 그림에서 완전히 다른 심리적 상황이 표현되고 있다는 것을 지각한다. 합목적적 관점은 상징이 고정된 의미를 갖는다는 점을 인정하지 않는다. 이 관점에서 보면, 모든 꿈 그림은 그 자체로 중요하며, 각각의 그림은 나름의 특별한 의미를 지닌다. 여기서 앞의 꿈으로 돌아가 보자. 합목적적 관점에서 본다면, 이 꿈의 상징은 어떤 우화와 아주 비슷하다. 이 꿈의 상징이 숨기지 않고 노골적으로 가르치기 때문이다. 사과 따는 장면은 죄책감을 생생하게 떠올리게 함과 동시에 인류 최초의 부모가 진짜로 한 행동을 숨기고 있다.

이 관점에 따르면 꿈의 의미에 대한 해석이 크게 달라질 게 틀림없다. 여기서 질문이 생긴다. 어느 것이 더 진실한 해석인가? 환자를 치료하면서, 우리는 실용적인 이유로 환자들을 효율적으로 치료할 수 있는 수단이면 무엇이든 활용하려고 노력해야 한다. 앞에 소개한 예의 경우에 꿈과 관련해 떠올린 연상 자료가 지금까지 그가 무시했던 많은 문제들을 분명히 보여줄 어떤 물음을 품도록 만들었을 것임에 틀림없다. 그러나 그는 이런 것들을 무시함으로써 그의 내면에 있는 무엇인가를 간과하고 있었다. 왜냐하면 그도 다른 사람들과 마찬가지로 도덕적 기준과 도덕적 욕구를 갖고 있기 때문이다. 이 같은 사실을 고려하지 않고 살아가려고 함에 따라, 그의 삶은 편파적이고 불완전하다. 말하자면, 그가 조정되지 않은 삶을 살고 있다는 뜻이다. 편파적이고 불완전한 식단이 육체적 삶에 나쁜 영향을 미치듯, 편파적이고 조정되지 않은 삶은 심리적 삶에 나쁜 영향을 미친다. 개성과 독립을 활짝 꽃피우기 위해선, 지금까지 습득해 놓고도 의식적으로 거의 발달시키지 않았거나 전혀 발달시키지 않은 기능들이 결실을 맺을 수 있도록 해야 한다. 이 목표를 성취하려면, 꿈 자료가 제시하는 것들의 무의식적인 측면들을 치료적인 이유로 깊이 파고들어야 한다. 이는 합목적적 관점이 개인의 발달을 돕는 방편으로 아주 중요하다는 점을 분명히 보여주고 있다.

인과적 관점이 틀림없이 우리 시대의 과학적 정신이나 과학의 엄격한 추론과 더 잘 어울린다. 프로이트의 견해를 두고 꿈 심리학의 과학적 설명이라고 평가하는 소리가 자주 들린다. 그러나 나는 프로이트의 꿈 심리학의 완전성에 이의를 제기해야 한다. 왜냐하면 정신은 단순히 인과적 측면에서만 파악될 수 없으며 동시에 합목적적 관점을 필요로 하기 때문이다. 오직 두 관점의 결합만이 꿈의 본질에 대한 개념을 보다 완벽하게 제시할 수 있을 것이다.

여기서 꿈 심리학의 보다 일반적인 문제들에 대해 간략히 언급하고 싶다. 먼저 꿈의 분류에 대해 말하면, 나는 이 문제의 실용적 혹은 이론적 중요성을 과도하게 평가하고 싶지 않다. 나는 해마다 1,500건 내지 2,000건 정도의 꿈을 분석한다. 이런 풍부한 경험을 바탕으로 나는 전형적인 꿈들이 실제로 존재한다고 말할 수 있다. 그러나 전형적인 꿈은 자주 일어나지 않으며, 합목적적 관점에서 보면 인과적 관점에서 상징의 고정된 의미에 부여한 중요성의 상당 부분이 사라지고 만다.

내가 볼 때, 꿈들의 전형적인 주제가 훨씬 더 중요한 것 같다. 왜냐하면 꿈들의 전형적인 주제가 신화의 주제와 비교를 가능하게 하기 때문이다. 프로베니우스(Leo Frobenius)의 연구에 힘입은 바가 큰 이 신화적 주제들 중 많은 것은 종종 꿈에서도 똑같은 의미로 발견된다. 불행하게도, 시간이 제한된 탓에 여기서 그 자료들을 상세히 전하지는 못한다. 그러나 나는 꿈의 전형적인 주제들과 신화의 주제들을 비교해 보면 계통발생적(系統發生的) 관점에서 꿈의 사고가 더 오래된 사고의 형태로 여겨져야 하는 것이 확실하다는 점을 강조하고 싶다. 나의 말의 의미를 설명하기 위해 예들을 많이 제시하는 대신에, 나는 간단히 앞에서 제시한 젊은이의 꿈에 대해 언급할 것이다. 잘 알고 있듯이,

그 꿈은 에로틱한 행위에 대한 죄의식의 전형적인 표현으로 사과 따는 장면을 삽입했다. 그 장면의 취지는 "나는 이런 식으로 행동하면서 나쁜 짓을 하고 있다."라는 것이다. 그러나 이런 식으로 논리적이고 추상적인 방식으로는 절대로 표현하지 않는 것이 꿈의 특징이다.

꿈은 언제나 우화나 직유의 언어로 표현한다. 이 같은 특성은 미사여구의 경구들이 깊은 인상을 남기는 원시적인 언어의 특징이기도 하다. 고대 문헌의 글들을, 예를 들어 성경 속에 나오는 직유의 언어를 떠올린다면, 오늘날 추상적인 표현을 통해 성취하는 것이 당시에는 직유로 가능했다는 사실이 확인될 것이다. 플라톤과 같은 철학자까지도 직유를 빌려서 근본적인 사실들을 표현하는 것을 싫어하지 않았다.

육체가 그간의 발달의 흔적을 고스란히 담고 있는 것과 똑같이, 인간의 정신도 지금까지의 발달의 흔적을 그대로 간직하고 있다. 그러므로 우리의 꿈도 아주 오래 전부터 지금까지 전해오는 것일 가능성이 있다고 해도 전혀 놀랄 일이 아니다.

앞에서 예로 든 꿈에서 사과를 훔치는 것은 꿈의 한 전형적인 주제이다. 이 주제는 종종 다양하게 변화된 모습으로 거듭 나타나고 있다. 사과를 훔치는 것은 신화학에서도 잘 알려진 주제로 에덴동산 이야기에만 있는 것이 아니라 시대와 장소를 막론하고 온갖 신화와 우화에 두루 나타난다. 사과를 훔치는 이야기는 인간 사회에 널리 퍼진 직유의 하나이며, 이 직유는 언제든 다시 나타날 수 있다. 따라서 꿈 심리학은 일반적인 비교 심리학이 발달할 길을 열어준다. 이 비교 심리학을 통해서 우리는 인간 영혼의 발달과 구조에 대한 이해를 끌어낼 수 있을 것이라고 기대한다. 비교 해부학이 인간의 육체와 관련해 똑같은 이해를 가능하게 한 것처럼 말이다. 〈1914년〉

10장

소위 신비주의 현상의
심리학과 병리학에 대하여

과학이 간질과 히스테리, 신경쇠약 같은 병을 구분하는, 병적 결함이라는 넓은 영역에서, 직접 관찰한 저자들도 그 의미에 대해 아직 의견의 일치를 보지 못하고 있는 희귀한 의식 상태들이 드물게 관찰되고 있다. 이 관찰들은 수면 발작(통제할 수 없을 만큼 갑자기 잠에 빠지는 현상/옮긴이)과 기면증(嗜眠症: 일상생활을 하는 중에 갑자기 졸음에 빠져드는 현상/옮긴이), 무의식적 이동, 주기적 기억 상실증, 이중 의식, 몽유병, 병적인 몽롱 상태, 병적 허언증(虛言症)(자신의 거짓말을 진실이라고 믿는 습관을 일컫는다. 자신이 아는 것만을 진실로 여기는 것도 여기에 해당된다/옮긴이) 등에 관한 저술에 이따금 나온다.

　이런 상태들은 가끔은 간질로, 가끔은 히스테리로, 또 가끔은 신경계의 고갈, 즉 신경쇠약의 특성으로 여겨지고 있으며, 간혹 그 자체로 하나의 질병으로 불리기도 한다. 환자들은 가끔 간질에서부터 히스테리를 거쳐 꾀병까지 단계별로 진단을 받는다.

한편으로, 실제 의료 현장에서 보면 이런 상태들과 소위 신경증을 구별하기가 대단히 어렵다. 신경증과 구분되지 않을 때도 가끔 있다. 다른 한편으로는, 병적 결함의 영역에서 확인되는 일부 특성들은 정상적인 사람들뿐만 아니라 비범한 사람들, 다시 말해 천재들의 심리적 현상들을 바탕으로 유추할 수 없는 그런 무엇인가를 보여준다. 이 영역에서 일어나는 개인적인 현상이 아무리 다양할지라도, 다른 병을 앓는 전형적인 환자들과 일부 특징에서 연결되지 않는 환자는 한 사람도 없다.

히스테리와 간질에 관한 생생한 묘사를 보면, 두 가지 병의 관계가 아주 가깝다. 간질과 히스테리 사이에 분명한 경계선 같은 것은 전혀 없으며, 둘 사이의 차이는 극단적인 경우에만 드러난다는 주장이 최근에 설득력을 얻고 있다. 예를 들어, 스테픈스(Steffens)는 이렇게 말한다. "히스테리와 간질은 근본적으로 다르지 않다고 결론을 내려야 한다. 병의 원인은 똑같은데 단지 병이 서로 다른 형식으로 나타나면서 서로 다른 강도와 지속성을 보인다고 말할 수밖에 없다."

간질의 경계선 상에 서 있는 일부 환자들과 히스테리 환자들을, 선천성 및 후천성의 병적인 정신적 결함을 가진 환자들과 구분하는 것도 마찬가지로 대단히 어렵다. 이 병 또는 저 병의 증후들은 인접한 영역을 침범한다. 그렇기 때문에 이 증후들을 둘로 갈라 놓으며 이것은 이쪽 영역에 속하고 저것은 저쪽 영역에 속한다는 식으로 고려할 때, 현실 속의 사실들이 크게 왜곡되지 않을 수 없다. 정신병에 해당하는 정신적 결함과 정상을 구분하는 것은 절대로 불가능하다. 그 차이는 어디까지나 "정도"의 차이일 뿐이다. 정신적 결함의 영역 안에서 분류하는 것도 똑같은 어려움에 직면한다. 기껏해야, 특별히 전형적인 특성을 뚜렷이 보이는 일부 환자들만 분류할 수 있을 뿐이다. 지적 결함과 정서적 결함이라는 두 가지 큰 집단을 제외한다면, 히스테리나 간질, 신경쇠약의 성격이 특별히 두드러진 환자들만 남는다. 그런데 이 환자들에겐 지적 장애나 감정 장애가 특별히 나타나지 않는다. 앞에서 언급한 상태들, 수면 발작과 기면증, 무의식적 이동, 주기적인 기억 상실증, 이중 의식 등이 나타나는 것이 바로 이 영역이며, 이 영역 안에서도 마찬가지로 절대적인 분류는 절대로 허용되지 않는다.

잘 알려진 바와 같이, 이 상태들은 전형적인 간질이나 히스테리의 증후의 일부로 나타나거나 아니면 병적인 정신적 결함의 영역에서 독립적으로 나타날 수 있으며, 이 영역에서는 비본질적인 특성 때문에 간질이나 히스테리로 불리는 경우가 종종 있다. 따라서 몽유병을 히스테리성 질병으로 분류하는 것이 원칙으로 통한다. 왜냐하면 몽유병이 이따금 심각한 히스테리 현상으로 나타나거나 소위 가벼운 히스테리 증후들을 수반하기 때문이다.

비네(Alfred Binet)는 이렇게 말한다. "언제나 똑같은 증상을 보이는 단 한 가지의 몽유병은 없다. 여러 종류의 몽유병이 있을 뿐이다." 심각한 히스테리 증후의 하나로서 몽유는 미지의 현상이 아니라, 독일 문헌에서 이 주제를 다루는 횟수가 많지 않다는 점을 근거로 판단하건대, 하나의 독특한 질병으로 다소 드물게 나타나고 있음에 틀림없다. 히스테리의 성격이 강한 병적 결함 때문에 일어나는, 소위 자동성 몽유는 아주 흔한 병은 아니며 그런 환자들을 유심히 살피며 연구하는 것은 충분히 가치 있는 일이다. 거기서 간혹 대단히 유익하고 흥미로운 관찰들이 많이 나오기 때문이다.

미스 엘리스 K라는 환자는 40세이며 미혼이다. 큰 회사에서 회계를 담당하고 있으며, 남동생이 가족의 불행과 병을 겪은 뒤로 신경이 약간 과민하게 된 것을 제외한다면, 유전적인 문제도 전혀 없다. 교육도 잘 받았으며, 명랑하고 유쾌한 천성이며, 절약하는 성격이 아니고, 언제나 뭔가 큰 뜻을 품고 있다. 그녀는 매우 친절하고 점잖으며, 아주 소박한 환경에서 사는 부모와 남들을 위해 좋은 일을 많이 했다. 그런데도 그녀는 행복하지 않았다. 이유는 그녀가 정작 자기 자신을 제대로 이해하지 못하고 있다는 생각 때문이었다. 그녀는 언제나 건강을 누렸다. 몇 년 전에 위 확장증과 촌충 때문에 치료를 받기 전까지만 해도 그랬다. 그러나 이 병을 앓는 동안에, 그녀의 머리카락은 급속도로 희어졌다. 이어 그녀는 장티푸스에 걸렸고, 결혼 생활은 약혼자의 죽음으로 인해 시작도 하기 전에 끝나 버렸다. 그녀는 1년 반 동안 엄청난 신경과민에 시달렸다.

1897년 여름에 그녀는 기분전환과 수치료(水治療)를 위해 외지로 갔다. 그 후 1년 동안 그녀는 일을 하다가도 생각이 정지하는 것 같은 순간들을 경험했으며 잠도 깊이 자지 못했다. 그처럼 힘든 상황에서도 그녀가 회계에 실수를 한 적은 한 번도 없었다. 그녀는 길을 걷다가 자신이 엉뚱한 길을 걷고 있다는 사실을 깨닫는 경우가 종종 있었다. 그래도 그녀에겐 현기증 같은 증상은 전혀 없었다. 예전에는 월경도 4주마다 통증 없이 넘어갔지만 신경과민 증상이 생기고 일에 시달리게 된 후로는 14일마다 하게 되었다. 그녀는 오랫동안 만성적으로 두통을 앓고 있었다. 큰 회사에서 회계를 담당하고 있는 이 환자는 힘든 일에 시달리면서도 일은 양심적으로 아주 잘 처리했다.

지난해에는 스트레스를 많이 안겨주는 직장일 외에 새로운 걱정거리가 그녀를 괴롭혔다. 남동생이 갑자기 이혼을 한 것이다. 그녀는 자

신의 일 외에도 남동생의 집안일을 돕고 병에 걸린 조카까지 간호해야
했다. 그녀는 기분도 전환할 겸 9월 13일에 남부 독일에 사는 친구를
만나기 위해 여행을 떠났다. 오랫동안 만나지 못한 친구를 보는 즐거
움과 축제에 참가한 것이 오히려 그녀로부터 휴식을 빼앗아버리는 결
과를 낳고 말았다.

이틀 뒤 그녀와 친구는 포도주를 반 명 마셨다. 이것은 그녀의 평소
모습과 완전히 딴판이었다. 그런 다음에 두 사람은 공동묘지로 산책을
나갔고, 거기서 그녀는 무덤에 핀 꽃을 뽑고 무덤을 손으로 쓰다듬기
시작했다. 그 후 그녀는 이 일에 대해 아무것도 기억하지 못했다. 16일
에 그녀는 친구와 함께 머물렀지만 그때는 중요한 일이 전혀 일어나
지 않았다. 17일에 친구가 그녀를 취리히로 데려다 주었다. 그녀가 정
신병원에 올 때 어느 지인이 동행했다. 그 길에 그녀는 말을 꽤 분별
있게 했으나 많이 지친 상태였다. 정신병원 밖에서 그들은 소년 3명을
보았는데, 이때 그녀는 이 소년들에 대해 "그녀가 파낸 3명의 사자(死
者)"라고 설명했다. 이어서 그녀는 가까운 공동묘지로 가길 원했으나
친구의 설득에 그냥 정신병원으로 왔다.

그녀는 체구가 자그마하고 섬세하며 약간 무기력한 편이다. 가슴은
왼쪽이 약간 큰 것 같으며, 투덜거리거나 불만을 토로하는 예가 전혀
없지만 목소리가 많이 울리는 편이다. 심장의 승모판(僧帽瓣)이 압박
을 강하게 받고 있다. 무감각증도 없고, 통각 상실도 없으며, 마비도 전
혀 없다. 환자의 머리카락은 연노랑이며, 대체적인 모습은 그녀의 나
이로 보인다. 그녀는 자신의 내력에 대해 이야기하고 최근의 사건들에
대해 꽤 분명하게 말하지만 C의 공동묘지에서 일어난 일이나 정신병
원 밖에서 일어난 일에 대해서는 아무것도 기억하지 못한다.

17일과 18일 사이의 밤 동안에, 그녀는 간호사에게 해골처럼 보이는 사람들이 가득 들어 있는 방을 보았다고 말했다. 그녀는 해골 같은 것을 많이 보았다고 말할 때는 전혀 놀라는 모습을 보이지 않았으나 간호사가 그 해골들을 보지 못했다는 사실에는 크게 놀랐다. 그녀가 창가로 달려간 적은 있었으나, 그 일 외에는 차분하게 지냈다. 다음날 아침에 그녀는 침대에 누운 상태에서 해골들을 보았으나 오후에는 보지 못했다. 그날 밤 새벽 4시에 그녀는 잠에서 깨어나서 근처의 공동묘지에 묻힌 아이들이 생매장되어 있다고 울부짖으며 외치는 소리를 들었다. 그녀는 밖으로 나가서 이 아이들을 파내 주고 싶었지만 참기로 했다. 이튿날 아침 7시에, 그녀는 여전히 의식이 혼미한 상태였으나 C의 공동묘지에서 있었던 일과 정신병원으로 오던 중에 있었던 일들을 정확히 회상해냈다. 그녀는 C의 공동묘지에서 자신을 애타게 부르던 죽은 아이들을 파내 주고 싶었다고 말했다. 그래서 무덤을 파헤치고 죽은 아이들을 끄집어내기 위해 꽃을 뽑았다는 것이다.

　이런 상태인 그녀에게, 블로일러(Paul Eugen Bleuler) 교수는 정상 상태로 돌아오면 모든 것을 기억하게 될 것이라고 설명했다. 환자는 오전에 잠을 잤으며, 이후로 기억이 꽤 좋았고 기분도 비교적 좋았다. 그녀는 정말로 그 발작을 기억해냈지만 거기에 무관심한 태도를 보였다. 그 다음 며칠 밤 동안에는, 9월 22일과 25일 밤을 제외하곤 그녀는 가벼운 섬망(譫妄: 다양한 원인으로 갑자기 의식의 장애, 주의력 저하, 언어 능력 저하 등을 일으키는 신경 정신질환/옮긴이) 증세를 겪었으며, 그래서 죽은 자들을 한 번 더 만나야 했다. 그러나 발작의 세부 사항은 전과 달랐다. 그녀는 침대에 누운 상태에서 사자(死者)들을 두 번 보았지만 그들을 무서워하는 것 같지는 않았다. 그런 가운데 그녀는 "죽은 사람들을 불편하게 만들고 싶지 않아서" 자주 침대에서 빠져나왔다. 방을 나가길 원한 경우도 몇 차례 있었다.

발작 없이 며칠 밤을 보낸 뒤인 9월 30일에 가벼운 발작이 있었다. 그녀는 창가로 가서 사자들을 불렀다. 낮 동안에 그녀의 정신은 맑았다. 10월 3일에 그녀는 해골들이 응접실을 가득 채우고 있는 것을 보았다. 후에 그녀는 의식이 완전한 상태에서 이 일에 대해 설명했다. 그녀는 해골이 실제로 나타나지는 않았을 것이라고 생각하면서도 그것이 환각이라고 믿지는 않았다. 이튿날 밤 자정부터 새벽 1시 사이에 그녀는 10분가량 죽은 사람들에 대한 생각에 빠져 있었다. 그 전의 발작도 대략 이 시간에 일어났다. 그녀는 침대에 앉아서 구석을 응시하며 "들어와! 모두 다 온 건 아니구나! 어서 와! 왜 안 들어와? 방은 충분히 넓어. 모두 들어와도 돼. 다 들어 오면 나도 갈 거야." 그런 다음에 그녀는 "이제 다 왔구나."라고 말하면서 침대에 누워 다시 깊이 잠들었다. 아침에 그녀는 이 발작에 대해 아무것도 기억하지 못했다.

10월 4일과 6일, 9일, 13일, 15일 밤에도 자정부터 1시 사이에 매우 짧은 발작이 있었다. 마지막 세 차례는 월경 기간에 일어났다. 간호사가 그녀에게 몇 차례 말을 걸고, 또 불 켜진 가로등과 가로수를 보여주었다. 그러나 그녀는 이런 대화에 반응을 보이지 않았다. 이후로 발작이 완전히 멈추었다. 환자는 그 사이에 쭉 겪었던 몇 가지 통증에 대해 불만을 터뜨렸다. 발작이 있었던 날 아침이면 심한 두통에 시달렸다. 참을 수 없을 정도라고 했다. 알약 다섯 알이면 통증은 즉시 완화되었다. 이어 그녀는 양쪽 팔뚝 근육에 염증이 있는 듯 아프다고 하소연했다. 관절 부분의 근육이 붓는 것에 신경을 쓰며 마사지를 해달라고 했다. 그러다가 그녀가 거기에 신경을 쓰지 않으면, 통증이 사라졌다. 그녀는 발톱 하나가 뭉그러진 것을 놓고 오랫동안 심하다 싶을 만큼 불평을 늘어놓았다. 그 부분을 깎아낸 뒤에도 불평은 끝나지 않았다. 잠을 방해받는 경우가 종종 있었다. 그녀는 야간 발작에 대비해 최면 요법을 활용하자는 제안에 좀처럼 동의하지 않았다. 그러다 최종적으로 두통과 수면 방해 때문에 마지못해 최면 요법에 동의했다. 그녀는 쉽게 최면에 걸렸으며, 첫 번째 시도에서 통각과 기억을 상실하고 깊은 잠에 빠졌다.

11월에 그녀에게 충분히 기억할 것 같은 9월 19일의 발작을 떠올릴 수 있는지 물었다. 그 일을 기억해내는 것이 대단히 힘들었다. 결국 그녀는 세부적인 사항은 모두 잊고 중요한 사실들에 대해서만 언급할 수 있는 것으로 확인되었다.

환자는 미신을 믿는 사람이 아니었으며 건강하던 시절에 초자연적인 것에 관심을 전혀 갖지 않았다. 11월 14일 끝난 치료 기간 내내, 환자는 병과 치료 둘 다에 무관심한 모습을 보였다. 이듬해 봄에 그녀는 몇 달 동안 과로한 탓에 다시 나타난 두통을 치료하기 위해 외래 환자로 진료실을 찾았다. 이 징후 외엔, 흠잡을 것이 없었다. 그녀는 전 해 가을의 발작에 대해, 심지어 9월 19일의 사건과 그 전에 있었던 사건에 대해서도 아무것도 기억하지 못하는 것으로 확인되었다. 한편, 그녀는 최면 상태에서 공동묘지에서 있었던 일과 밤의 소란 동안에 벌어진 일들에 대해서는 말할 수 있었다.

이 환자가 경험한 특이한 환각은 크라프트 에빙(Kraft-Ebing)이 "질질 끄는 히스테리성 섬망 상태"이라고 묘사한 그런 상태를 상기시킨다. 에빙은 이렇게 말한다. "그런 섬망 상태는 가벼운 히스테리 환자에게 나타난다. 질질 끄는 히스테리성 섬망은 기본적으로 일시적 심신 고갈의 바탕 위에서 일어난다. 흥분이 발작을 일으키는 도화선 역할을 하는 것처럼 보이는데, 흥분은 언제든 쉽게 다시 일어난다. 매우 격한 불안과 피해망상을 동반하는 섬망이 자주 일어나지만, 종교적 혹은 에로틱한 성격의 섬망도 가끔 일어난다. 온갖 종류의 환각이 드물지 않게 일어나지만, 시각과 후각과 감정의 착각이 가장 흔하고 가장 중요하다. 시각적 환각은 주로 동물이나 시체들의 모습이며, 죽은 사람과 악마, 귀신들이 연이어 나타나는 경우도 있다. 청각의 착각은 단순한 소리(비명, 으르렁거림, 천둥)이거나 섹스 행위를 떠올리게 하는 소리이다."

이 환자가 발작을 일으킬 때면 거의 틀림없이 나타나는 시체들의 환영은 히스테리성 간질에 이따금 나타나는 상태들을 떠올리게 한다. 히스테리성 간질에는 질질 끄는 섬망에서와 달리 단발성 발작과 관계있는 특별한 환영이 나타난다. 구체적인 예를 보자.

(1) 심각한 히스테리를 앓고 있는 30세 여자는 몽롱한 상태에 빠지면 대체로 무시무시한 환각에 시달린다. 그럴 때면 누가 자기 자식을 빼앗아 가거나 야생 짐승들이 자식을 잡아먹는 환영이 보인다. 그녀는 발작의 내용에 대해 기억 상실증을 보인다.

(2) 17세 소녀는 약한 히스테리를 앓고 있다. 이 소녀는 발작이 일어날 때 죽은 엄마의 시체가 자기를 끌고 가려고 다가오는 환영에 시달린다. 이 환자는 발작에 대해 기억 상실증을 보인다.

이 히스테리 환자들은 발작을 일으킬 때 의식이 꿈을 꾸는 상태에 빠지는 것이 특징이다. 발작의 본질, 그리고 환각의 내용이 비교적 일정하다는 점이 우리 환자와 비슷하다. 이 점에서 보면, 우리 환자는 히스테리 상태와 비슷한 점이 많다. 예를 들면, 어떤 정신적 충격(강간

등)이 히스테리 발작의 원인이 된 뒤로 원래의 사건이 간혹 환각으로 살아나는 환자들이 우리 환자의 상태와 비슷하다. 그러나 우리 환자는 다양한 발작이 일어날 때에도 의식이 동일한 모습을 보인다는 점이 특별하다. 그 의식의 상태는 "제2의 상태"로서, 자체 기억력을 갖고 있으며 또 깨어 있는 상태의 의식과는 완전한 기억 상실증에 의해서 분리되어 있다. 이 점에서, 우리 환자가 발작 상태에서 갖는 의식은 앞에서 언급한 몽롱 상태와 다르며, 소위 몽유병의 상태와 연결된다.

샤르코(Jean Martin Charcot)는 몽유 상태를 두 부류로 분류한다.

1. 행동과 표현의 부조화가 두드러진 섬망.

2. 행동과 표현이 조화를 이루는 상태에서 일어나는 섬망. 이는 깨어 있는 상태와 가깝다.

우리 환자는 후자의 부류에 속한다.

몽유가 반쯤 깬 상태로 이해된다면, 이 병에 대한 비판적 검토는 기억 상실증이 거듭 나타나는 예외적인 환자들을 반드시 고려해야 한다. 이런 환자들은 야간 몽유병 환자들을 제외하곤 '반쯤 깬 상태'의 환자들 중에서 가장 단순한 예이다.

나에프(Naef)가 제시한 예가 관련 문헌에 나오는 예들 중에서 가장 두드러진다. 나에프는 32세 남자 환자를 치료하고 있다. 가족 내력이 아주 나쁜 환자이다. 가족력이 퇴화의 조짐을 많이 보이고 있다. 조짐은 부분적으로 기능적인 면에서도 보이고 또 부분적으로 장기(臟器)의 면에서도 보인다. 이 환자는 일을 지나치게 많이 한 결과 17세에 망상이 수반되는 몽롱 상태를 겪었다. 몽롱 상태는 며칠 동안 이어지다가 기억을 갑자기 회복하며 나아졌다. 훗날 그는 현기증과 가슴 떨림, 구토를 자주 겪었다. 그러나 이런 발작에 의식 상실이 따랐던 경우는 한 번도 없었다.

열병을 한 차례 앓은 뒤, 그는 돌연 호주에서 취리히로 여행을 했다. 취리히에서 그는 들뜬 기분에 취한 상태에서 몇 주일 동안 무분별하게 살다가 신문에서 자신이 갑자기 호주에서 종적을 감췄다는 내용의 기사를 보고서야 정신을 차렸다. 그 전 몇 개월 동안 역행성 기억 상실 (기억 상실이 일어나기 전에 있었던 일들을 기억하지 못하는 현상/옮긴이)에 빠져 있었던 것이다. 호주로 간 여행도, 거기서 머문 것도, 또 취리히로 돌아온 여행도 그의 기억엔 없었다.

아잠(Etienne Azam)은 주기적 기억 상실의 예를 발표했다. 열두 살 반인 알베르트 X는 히스테리 기질을 갖고 있으며, 몇 년 동안 기억 상실 발작을 일으켰다. 기억 상실증이 일어나면, 그는 읽기와 쓰기, 산수를 망각하고 가끔은 몇 주일 동안 말까지 망각하기도 한다. 이 정도의 시간적 간격은 보통이었다.

프루스트(Adrien Proust)는 발작 횟수에서 나에프의 환자와 다른 히스테리를 보이는 무의식적 이동 환자의 예를 공개했다. 30세로 교육 수준이 높은 이 남자는 심각한 히스테리 증후들을 두루 보이고 있다. 암시를 아주 잘 받아들이고, 수시로 흥분하고, 기억 상실증이 일어났다 하면 이틀에서 몇 주일까지 이어진다. 그는 이런 상태에서도 온 곳을 돌아다니고, 친척을 방문하고, 물건들을 부수고, 빚을 얻고, 또 "남의 주머니를 털었다"가 유죄 선고를 받기도 했다.

보일로(Boileau)는 이와 비슷하게 방랑 충동을 겪는 환자를 묘사하고 있다. 22세 과부인 이 여자 환자는 히스테리 증세가 심하며, 난관염 수술을 받아야 한다는 사실에 공포를 느꼈다. 그녀는 병원을 빠져나오면서 몽유 상태에 들어갔다. 그랬다가 사흘 뒤 몽유 상태에서 깨어났을 때에는 그간의 일에 대해 아무것도 기억하지 못했다. 3일 동안에 그녀가 아이를 데려다주고 데려오느라 돌아다닌 거리가 자그마치 60km나 되었는데도 말이다.

윌리엄 제임스는 "방랑 유형"의 어떤 환자에 대해 설명했다.

순회 설교사인 안셀 부른은 30세로 정신병을 앓고 있으며, 간혹 의식 상실 발작을 일으키면 한 시간 동안 이어지기도 한다. 어느 날 (1887년 1월 17일) 그는 은행에서 551달러를 인출한 다음에 돌연 그린이라는 도시에서 종적을 감추었다. 그 후로 그는 2개월 동안 숨어 지냈다. 이 기간에 펜실베이니아 주 노리스톤에서 H. J. 브라운이라는 이름으로 자그마한 가게를 인수해서 그때까지 그런 경험을 한 번도 해보지 않았으면서도 온갖 구매 활동을 신중하게 수행했다. 그러다가 그는 1887년 3월 14일 갑자기 정신을 차리고는 집으로 돌아갔다. 그 사이의 기간은 완전한 기억 상실이었다.

메스네(Ernest Mesnet)는 다음과 같은 예를 발표했다.

아프리카 연대에서 중사로 근무 중인 F는 27세이며, 프랑스 바제이유에서 두정골에 부상을 입었다. 1년 동안 반신 마비로 힘들어 했지만, 상처가 낫자 반신 마비도 사라졌다. 이 환자는 병을 앓는 동안에 몽유 발작을 일으켰으며, 이때 의식의 한계가 분명히 나타났다. 미각과 약간의 시각을 제외하곤 모든 감각이 마비되었다. 동작은 조화를 이뤘으나, 그런 동작을 하기까지 장애를 힘들게 극복해야 했다. 몽유 발작이 일어나는 동안에, 그는 황당한 수집광이 되었다. 다양한 조작 방법을 동원하면, 그의 의식에 환각적인 요소들이 있다는 사실을 드러내 보여줄 수 있다. 예를 들어, 막대기를 손에 쥐어주면 그는 자신이 전쟁 장면으로 이동하는 것처럼 느끼면서 적이 공격해 들어 오는 가운데 방어하는 자세를 취할 것이다.

기농(Guinon)과 소피 발트케(Sophie Waltke)는 히스테리 환자를 치료하면서 다음과 같은 경험을 했다.

히스테리 발작을 일으키고 있는 여자 환자의 눈에 청색 안경을 끼웠다. 그랬더니 그녀는 파란 하늘에서 어머니의 사진을 보았다. 빨간색 안경은 그녀에게 피 흘리는 상처를, 노란색 안경은 오렌지 파는 사람이나 노란색 드레스를 입은 여자를 보여주었다.

메스네의 환자는 이따금 기억 감퇴를 일으키는 환자를 떠올리게 한다. 맥니쉬(Robert MacNish)도 이와 비슷한 예를 제시하고 있다.

겉으로 보기에 건강한 젊은 여자는 갑자기 비정상적으로 길고 깊은 잠에 빠졌다. 그럼에도, 이런 상태에 앞서 이렇다 할 징후가 나타나지 않았다고 한다. 깨어나자마자, 그녀는 아주 간단한 것에 대한 지식은 물론이고 그것을 부르는 단어까지 망각했다. 그녀는 읽고 쓰고 셈하는 것을 다시 배워야 했다. 이런 것을 다시 학습하는 속도는 아주 빨랐다. 두 번째 발작이 있은 뒤, 그녀는 정상적인 상태로 깨어났지만 자신이 세상을 망각했던 그 시기에 있었던 일에 대해서는 아무것도 회상하지 못했다. 이 상태들이 4년 이상 동안 번갈아 나타났다. 이 기간에 두 가지 상태 안에서는 의식이 연속성을 보였으며, 두 가지 상태는 기억 상실증에 의해서 정상적인 상태의 의식과 뚜렷이 분리되었다.

의식의 변화가 다양한 형태로 이뤄진다는 점을 보여주는 이 예들은 모두 우리 환자의 일부 측면을 어느 정도 밝혀준다. 나에프의 환자는 두 가지 히스테리성 기억 소멸을 보여주고 있다. 그 중 하나는 망상이 나타나는 것이 특징이고, 다른 하나는 기억 소멸의 시간적 길이가 길고, 의식의 범위가 축소되고, 방랑 욕구가 생기는 것이 특징이다. 프루스트와 메스네의 환자들을 보면, 기이한 충동이 분명히 나타나고 있다. 우리 환자의 경우엔 꽃을 뽑고 무덤을 파려는 충동이 그런 충동에 해당한다. 발작이 일어나는 동안에 나타나는 의식의 지속성은 맥니쉬의 환자가 보인 의식의 행동을 상기시킨다. 따라서 우리 환자는 의식이 번갈아 나타나는 현상의 과도적인 형태로 여겨질 수 있다. 그러나 우리 환자의 경우에 의식이 제한적일 때 꿈 같은 환각이 나타나기 때문에 무조건적으로 이중 의식으로 분류하는 것은 합당하지 않다. 두 번째 상태의 환각은 어떤 창의력을 보이는데, 이 창의력은 이 상태의 자기 암시성 때문에 생기는 것 같다.

메스네의 환자를 통해서, 우리는 간단히 미각을 자극하는 것만으로도 환각을 일으킬 수 있다는 사실을 확인했다. 이 환자의 잠재의식은 단순한 지각을 바탕으로 복잡한 장면들을 엮어내고, 그러면 이 장면들이 제한적인 의식을 전부 차지하게 된다. 우리 환자의 환각도 이와 다소 비슷한 관점에서 보아야 한다. 적어도 환각이 나타나게 하는 외부 조건들은 우리의 짐작을 뒷받침하는 것 같다.

공동묘지에서 한 산책이 해골의 환상을 불러일으켰다. 또 소년 3명과의 만남은 산 채로 매장되었다며 울부짖는 아이들의 환각을 불러일으켰는데, 환자는 밤에 이 아이들의 목소리를 듣는다. 그녀는 몽유 상태에서 공동묘지에 갔으며, 이번엔 술을 마셨기 때문에 몽유 상태가 특별히 더 심했을 것이다. 그녀는 행동을 거의 본능적으로 했으며, 그럼에도 불구하고 그녀의 잠재의식은 어떤 인상을 받았다. (여기서 알코올의 역할을 과소평가해서는 안 된다. 우리는 알코올이 이런 조건에 부정적으로 작용할 뿐만 아니라 다른 마약처럼 피암시성을 높인다는 것을 경험을 통해 알고 있다.) 몽유 상태에서 잠재의식적으로 받은 인상들은 각자 개별적으로 커가다가 마침내 환각이 되어 지각에 닿는다. 그렇다면 우리의 환자는 최근에 영국과 프랑스에서 활발히 연구되고 있는 몽유의 꿈 상태에 해당한다.

처음에 내용물이 없는 것처럼 보이는 이런 기억 상실들은 우발적인 자기 암시에 의해 어떤 내용물을 얻으며, 이 내용물은 어느 선까지 자동적으로 커진다. 이 내용물은 그 선 이상으로는 절대로 발달하지 않는데, 그것은 아마 그때 시작되고 있는 기억의 향상 때문일 것이다. 그러다가 기억이 제대로 회복되면, 이 내용물은 모두 사라질 것이다. 비네와 페레(Féré)는 부분적인 수면 상태에서 암시를 주입하는 문제를 놓고 실험을 자주 실시했다.

예를 들어, 그들은 히스테리 환자의 마비된 손에 연필을 쥐어주면 상당히 긴 글이 자동적으로 쓰일 수 있고, 이때 글의 내용은 환자의 의식에 알려지지 않는다는 점을 보여주었다. 마비된 부위의 피부 자극은 가끔 시각적 이미지로 지각된다. 이처럼 자극이 다른 자극으로 간단히 변형되는 것은 몽유 상태에 나타나는 꿈 그림들의 형성에 중요한 현상으로 여겨져야 한다. 이와 유사한 이미지의 출현은 깨어 있는 의식 안에서도 예외적으로 일어나기도 한다. 예를 들어, 괴테(Johann Wolfgang Goethe)는 자리에 앉아서 머리를 낮춘 채 어떤 꽃의 이미지를 생생하게 떠올릴 때면 그 꽃이 마치 새로운 결합을 이루는 것처럼 저절로 변화하는 모습이 보인다고 말한다.

이런 표상들은 반쯤 깬 상태에서 소위 입면(入眠) 환각으로 비교적 자주 나타난다. 괴테의 예가 보여주는 자동성은 진짜 몽유와는 다르다. 괴테의 경우에 일차적인 표상이 의식적인 표상이라는 점에서 보면 그렇다. 또 괴테의 예에서 자동성의 추가적 발달은 원래 표상의 명확한 한계 안에서, 말하자면 시각적 영역 안에서 이뤄진다.

만약에 처음의 표상이 사라지거나, 그 표상이 절대로 의식되지 않거나, 자동성이 발달하면서 인접 영역을 침범하게 되면, 우리는 의식이 깨어 있는 상태의 자동증과 몽유 상태의 자동증을 구분할 수 있는 가능성을 완전히 잃어버린다. 예를 들어, 꽃을 꺾고 있는 손의 표상이 꽃에 대한 지각이나 꽃의 향기의 표상과 결합할 때, 이런 일이 일어날 것이다. 그러면 우리는 그 자동증을 정도의 차이를 통해서만 구분할 수 있게 된다. 한 예에서 우리는 "정상인이 의식을 차리고 있는 가운데 느끼는 환각"이라고 말하고, 다른 예에서 우리는 몽유병 환자의 꿈 환상이라고 말할 것이다. 환각의 기원이 심인성이라는 점을 보여줄 수 있다면, 우리 환자의 발작을 히스테리로 해석하는 것이 더욱 설득력을 얻게 될 것이다. 우리 환자의 환각이 심인성이라는 점은 그녀의 문제와 두통, 건초염이 암시 치료에 쉽게 반응한다는 사실에 의해 확인되고 있다.

병의 원인을 보여주는 요소만으로는 히스테리의 진단에 충분하지 않다. 왜냐하면 휴식으로도 심신 피로 상태를 치료할 때만큼 적절히 치료할 수 있는 어떤 병의 진행 과정에, 심신 피로의 징후로 해석될 수 있는 특성들이 여기저기서 관찰될 것이라는 점은 충분히 예상할 수 있기 때문이다. 기억 상실이 먼저 일어나고 나중에 몽유 발작이 일어나는 경우에 그것을 심신 고갈의 상태로, 소위 "신경쇠약의 위기"로 볼 수 없는가, 하는 의문이 생긴다. 병적인 정신적 결함의 영역에는 간질병 비슷한 발작들 중에서 딱히 간질병이나 히스테리로 분류하기 곤란한 예들이 있다. 베스트팔(Carl Friedrich Otto Westphal)의 말을 들어보자. "수많은 관찰을 근거로, 나는 정신병과 신경장애로 불릴 수 있는 질병 집단 중에서 소위 간질성 발작이 가장 흔한 증후라고 믿는다. 한 두 차례의 간질 혹은 간질성 발작은 병의 진행과 예후에 결정적으로 중요하지는 않다. 언급한 바와 같이, 나는 간질성이라는 개념을 아주 폭넓은 의미로 쓴다."

우리 환자가 간질 비슷한 상태를 보이는 순간을 포착하는 것은 그리 어렵지 않지만, 전체 그림의 분위기가 극도로 히스테릭하다는 식의 이의가 제기될 수 있다. 그러나 이에 맞서 모든 몽유병이 그 자체로 히스테릭한 것은 아니라는 점을 언급해야 한다. 전형적인 간질의 경우에 전문가들의 눈에도 몽유 상태와 아주 비슷하게 비치는 상태가 간혹 일어난다.

아우구스트 딜(August Diehl)이 보여주듯이, 신경쇠약에 따른 정신적 결함에도 진단을 헷갈리게 만드는 정신적 쇼크 같은 것이 일어난다. 최근에 뫼르센(Mörchen)은 간질성 신경쇠약으로 인해 몽롱 상태를 겪은 환자의 예를 발표했다.

나는 블로일러 교수 덕분에 다음과 같은 환자의 예를 소개할 수 있다. 교육 수준이 높은 중년의 한 신사는 간질 경험이 전혀 없다. 그런데 이 신사는 오랜 세월 동안 지적 작업을 과하게 하면서 심신을 피폐하게 만들었다. 다른 예비 증상(우울증 등)이 없는 가운데, 그는 어느 공휴일에 자살을 시도했다. 많은 사람들이 보는 앞에서 몽롱 상태에서 강물로 뛰어든 것이다. 즉시 구조되었지만, 그는 그 사건에 대해서는 흐릿하게만 기억했다.

이런 관찰들을 염두에 둔다면, 우리 환자 미스 엘리스의 발작들 중 상당수의 원인으로 신경쇠약을 제시하는 것도 허용되어야 한다. 두통과 건초염은 비교적 경미한 히스테리가 존재한다는 점을 암시하고 있다. 이 히스테리는 대체로 잠재하고 있다가 신경이 쇠약해지면 겉으로 분명하게 드러난다. 이 특이한 질병의 기원은 간질과 히스테리와 신경쇠약 사이의 관계를 설명해준다.

지금까지 말한 내용을 요약하면 이렇다. 미스 엘리스 K는 히스테리성 정신적 결함을 안고 있다. 신경이 쇠약해지면 간질성 현기증 발작을 일으키지만, 얼핏 보아서는 이 발작에 대한 해석을 명확하게 하기가 어렵다. 평소보다 알코올을 특별히 많이 섭취한 상태에서, 그녀의 발작은 환각을 동반하는 몽유병으로 발전한다. 이때 환각은 꿈과 똑같이 우연적인 외적 지각으로만 한정된다. 신경쇠약이 치료되면, 히스테리 징후도 사라진다.

히스테리성 정신 질환의 영역에서, 우리는 미스 엘리스 K의 경우처럼 다양한 병의 증후들을 보이는 환자들을 많이 경험하고 있다. 이 증후들은 딱히 어느 한 병의 증후로 돌려질 수 없다. 이런 현상들은 부분적으로 개별적인 병적 허언증, 병적 몽상 등으로 받아들여진다. 그러나 그런 상태들 중 많은 것들은 지금도 여전히 과학적 조사를 기다리고 있다. 현재 많은 상태들이 다소 과학적인 논쟁의 대상이 되고 있다. 만성적 환각을 겪는 사람들과 영감을 받은 사람들이 그런 상태들을 보인다. 그들은 어떤 때는 시인이나 화가로, 또 어떤 때는 구원자나 예언가, 새로운 종파의 창설자로 대중의 관심을 끌기도 한다.

이런 사람들이 갖고 있는 특이한 마음의 틀의 기원은 아직 알려지지 않고 있다. 이런 주목할 만한 인격들을 정확히 관찰할 수 있는 기회가 좀처럼 없기 때문이다. 이런 사람들이 종종 역사적으로 중요하다는 사실에 비춰본다면, 그들의 기이한 특성들이 심리학적으로 어떤 식으로 발달하는지를 들여다볼 과학적 자료를 확보하는 것이 아주 바람직하다. 지금은 사실상 쓸모없게 된 19세기 초 성령론 학파의 산물을 제외한다면, 독일의 과학적 문헌은 이 방면에서 매우 빈약하다. 정말이지, 이 분야의 연구를 혐오하는 분위기가 있는 것 같다. 왜냐하면 지금까지 수집된 사실들은 거의 전부 프랑스인들과 영국인들의 노력에서 나온 것이기 때문이다. 독일의 과학적 문헌도 이 분야에서 더욱 풍성해져야 할 것 같다. 내가 히스테리성 몽롱 상태들의 상호 관계에 대한 지식을 확대하고 정상적인 심리의 문제들을 상세하게 설명하는 데 도움을 줄 몇 가지 관찰을 발표하게 된 배경에는 이런 여러 가지 고려사항이 작용했다.

신경병적 유전이 있는 사람(영매)의 몽유

다음 사례는 1899년과 1900년에 내가 관찰한 환자이다. 하지만 내가 미스 S. W.를 의료적으로 직접 돌보지는 않았기 때문에, 애석하게도 히스테리 증상에 대한 육체적 검사는 이뤄지지 않았다. 나는 관찰할 때마다 교령회(交靈會: 죽은 사람들의 영혼과 소통하기 위한 모임을 일컫는다/옮긴이) 일지 같은 것을 적었다. 다음 보고는 이 기록을 바탕으로 그녀의 정신적 상황을 압축해 설명하는 내용이다. 미스 S. W.와 그녀의 가족에 대한 배려로, 중요하지 않은 날짜 몇 개와 약간의 세부 사항을 제외시켰다. 그것만 빼고 다른 이야기는 매우 세밀하게 기록되어 있다.

미스 S. W.는 나이가 15세 반이며 개신교 신자이다. 친가 쪽 할아버지는 매우 지적이었으며, 깨어 있는 상태에서 환각(대체로 환상이며,

대화까지 오가는 아주 극적인 장면으로 이뤄져 있다)을 자주 경험하는 목사였다. 할아버지의 남동생은 저능하고 괴짜였으며 똑같이 환상을 보았다. 할아버지의 여동생은 기이한 성격의 소유자였다.

친가 쪽 할머니는 20세에 어떤 열병을 앓은 끝에 3일 동안 비몽사몽 인사불성 상태에 빠졌으며, 벌겋게 단 인두로 머리의 정수리를 지지고 나서야 깨어났다. 그 후로 할머니는 흥분한 상태에서 약하게 발작을 일으켰으며, 그러고 나면 거의 언제나 짧은 몽유 상태가 이어졌으며 그 사이에 할머니는 예언의 말을 쏟아냈다. 미스 S. W.의 아버지도 마찬가지로 이상한 생각을 많이 하는 독특한 성격의 소유자였다. 이들은 모두 깨어 있는 가운데 환각을 경험했다(미지의 것을 보거나 예언하는 일이 일어났다).

미스 S. W.의 셋째 오빠는 이상한 성격의 소유자이며 재능이 뛰어났지만 한쪽으로 치우쳐 있었다. 어머니는 정신병 수준의 정신적 결함을 타고났다. 언니는 히스테리가 있고 환상을 보기도 하며, 둘째 언니는 "신경성 심장 발작"으로 힘들어 하고 있다.

미스 S. W.는 몸이 호리호리하고, 뇌수종을 앓은 적이 없는데도 두개골이 물렁해 보이고, 얼굴은 창백하고, 검은 두 눈은 뚫어보는 듯하다. 그녀는 심각한 질병을 한 번도 앓지 않았다. 학교에서 평균적인 학생으로 통했으며, 학교 일에 특별히 관심을 쏟거나 마음을 쏟는 예가 없었다. 대체로 행동은 망설이듯 소극적인 편이었으나 가끔은 맘껏 즐기고 의기양양해지기도 했다. 지능도 평균이고, 특별한 재능도 없었으며, 음악도 좋아하지 않았고 책도 좋아하지 않았다. 그녀가 즐기는 것은 수공예와 공상뿐이었다.

그녀는 종종 얼빠진 모습을 보이고, 큰 소리로 글을 읽을 때에는 특이하게 글을 잘못 읽는다. 'Ziege'(염소)를 'Gais'로 읽고, 'Treppe'(계단)를 'Stege'로 읽었다. 이런 일이 너무나 자주 일어났기 때문에 형제자매들이 그녀를 놀리곤 했다. 그 외에 다른 문제는 전혀 없었다. 심각한 히스테리 증후도 전혀 없었다. 그녀의 가족들은 기능공이거나 소규모 사업가였다. 신비한 내용의 책들은 가족에게 절대로 허용되지 않았다. 그녀의 교육은 불완전했으며, 형제자매가 많았던 탓에 교육이 무계획적으로 이뤄졌다. 게다가, 아이들은 어머니의 거친 손길에, 말하자면 일관성 없고 천박한 손길에 많은 고통을 겪어야 했다. 아버지는 매우 바쁜 사업가였기에 자식들에게 관심을 많이 쏟지 못했으며, S. W.가 성장하기 전에 세상을 떠나고 말았다.

이런 불우한 환경에서 S. W.가 불행하고 갇혀 있다는 느낌을 받는 것은 전혀 이상하지 않다. 그녀는 종종 집에 들어가기 싫어하며 집이 아닌 다른 곳을 더 좋아했다. 그녀는 친구들과 어울려 지내는 시간이 아주 많았으며, 품격이라곤 전혀 느껴지지 않는 환경에서 자랐다. 교육 수준은 비교적 낮으며, 따라서 그녀의 관심도 제한적이었다. 문학 지식도 마찬가지로 아주 얕았다. 그녀는 학교에서 배운 노래를 외우고 있었다. 실러와 괴테를 비롯한 몇몇 시인들의 노래를 알고 있었다. 그리고 찬송가도 몇 곡 알고 있었다. 그녀에겐 신문 기사가 최고 수준의 문장이었다. 그녀는 몽유병 증세를 보일 때까지 진지한 성격의 책은 절대로 읽지 않았다. 집에서, 그리고 친구들에게서 '테이블 터닝'(심령의 힘으로 테이블을 움직이게 하는 현상을 일컫는다/옮긴이)에 관한 이야기를 듣고 거기에 관심을 갖기 시작했다. 그녀는 그런 실험에 참가할 수 있도록 해 달라고 부탁했으며, 곧 그 요구가 받아들여졌다.

1899년 7월에 그녀는 친구와 형제자매들과 함께 테이블 터닝에 몇 차례 참석했으나, 그건 어디까지나 장난이었다. 그런데 그 자리에서 그녀가 탁월한 "영매"라는 것이 확인되었다. 진지한 성격의 영교(靈交)가 이뤄졌고, 이것이 사람들을 놀라게 만들었다. 영교를 하는 존재의 목사 같은 목소리가 놀라웠다. 신령은 자신이 영매의 할아버지라고 말했다. 나도 이 가족과 잘 알고 지냈기 때문에 이 실험에 참가할 수 있었다.

1899년 8월 초, 내가 보는 앞에서 첫 번째 몽유 발작이 일어났다. 발작은 이런 식으로 진행되었다. S. W.는 매우 창백해졌고, 그러면서 서서히 땅바닥이나 의자 위로 가라앉았다. 두 눈을 감고, 강직증(强直症)을 보였다. 그러다가 숨을 몇 차례 깊이 쉰 다음에 말을 하기 시작했다. 이 단계에서 그녀는 대체로 꽤 편안한 자세를 취했으며, 눈꺼풀의 반사작용은 그대로 살아 있었다. 촉각도 마찬가지였다. 그녀는 예상치 않은 소음에 예민했으며 공포를 강하게 느꼈다. 공포는 초기 단계에 특히 더 컸다.

그녀는 이름을 불러도 아무런 반응을 보이지 않았다. 몽유 상태에서 이뤄진 대화에서, 그녀는 죽은 친척이나 지인을 그 특징까지 살려가며 놀랄 만큼 재치 있게 모방했다. 그러다 보니 많은 사람들이 그녀의 행동에 강한 인상을 받았다. 그녀는 말로만 들어서 알고 있는 사람들도 놀랄 만큼 정확히 모방했다. 어느 누구도 그녀가 배우로서의 재주를 타고났다는 점을 부정하지 못할 정도였다. 말에 몸짓이 더해지면서 열정적인 태도가 나타나고 극적인 장면이 연출되었다. 그녀는 기도 자세를 취하고 한곳을 응시하는 눈길로 무아경의 상태를 보이며 열정적이고 격한 수사(修辭)를 써가며 말했다. 그런 다음에 그녀는 자신 있는 모습으로 문학적인 독일어를 아주 유창하게 구사했다. 깨어 있을 때

보이던 자신 없고 당황스러워하던 모습과는 영 딴판이었다. 변화하는 자신의 감정을 아름답게 묘사하는 그녀의 몸짓은 자유로웠고 눈에 띄게 우아해 보였다. 이 단계에서 그녀의 태도는 발작이 일어날 때마다 언제나 새롭게 변화하는 모습을 보였다.

그런 다음에 그녀는 눈을 감은 채 짧게는 10분, 길게는 2시간 정도 소파나 땅바닥에 누워 있었다. 이어 그녀는 반쯤 앉은 자세에서 그 전과 다른 목소리로 다른 내용의 말을 했다. 자리에서 일어설 때에는 팬터마임을 하듯 온갖 몸짓을 다 해보였다. 그녀의 말은 언제나 어수선하고 규칙이 없었다. 이 단계에서 그녀는 일인칭으로 말을 했지만, 말은 길지 않고 대체로 자신의 다음 발작을 예언하는 내용이었다. 이어 그녀는 자신에 대해 3인칭으로 말했다(이런 경우가 대부분이다). 그럴 때면 죽은 지인이나 다른 모르는 사람의 역할을 맡았으며, 그때도 그 사람의 특징을 일관되게 드러내 보였다. 무아경이 끝날 때쯤엔 대체로 납굴증(蠟屈症)(flexibilitas cerea: 마치 밀납 인형 같다고 해서 붙여진 이름으로, 외부의 힘에 의해 움직여진 상태 그대로 부동자세를 취하는 것을 일컫는다/옮긴이)을 수반하는 강직증 상태가 따랐다. 이 상태를 거치면서 그녀는 차츰 의식 상태로 돌아갔다.

발작을 일으킬 때면 거의 어김없이 나타나는 특징인 백지장 같은 얼굴색은 정말로 사람들을 불안하게 만들었다. 그런 현상은 가끔 발작 초기에 나타났지만 종종 후반기에만 나타났다. 맥박은 여리지만 규칙적이었으며 정상적인 횟수를 보였다. 호흡은 부드럽고 얕거나 거의 느껴지지 않을 정도였다. 이미 언급한 바와 같이, S. W.는 종종 자신의 발작을 미리 예언했다. 발작이 일어나기 직전에, 그녀는 이상한 감각을 느끼고, 흥분하고, 불안해하고, 이따금 죽음에 대해 생각했다. "그녀는 아마 이런 발작을 일으키는 중에 죽을지도 모른다. 발작 동안에 그녀의 영혼은 실 같은 것으로 육체와 연결되어 있을 뿐이다. 그러다 보니 육체가 계속 살지 못할 수도 있다."

강직증 발작이 있은 뒤에, 급속 호흡이 2분 정도 관찰되었다. 이때 호흡 횟수는 분당 100회 정도였다. 처음에 발작은 자동적으로 일어났다. 그러다가 뒷날에는 S. W.가 컴컴한 구석에 앉아 얼굴을 두 손으로 가림으로써 발작을 직접 일으킬 수도 있었다. 이 실험이 성공하지 못하는 경우가 자주 있었다. 그녀에게도 소위 "좋은" 날도 있고 "나쁜" 날도 있었던 것이다. 발작 후 기억 상실의 문제는 안타깝게도 매우 모호하다. 발작이 일어난 뒤에 그녀가 "무아경을 느끼는 동안"에 했던 행동에 대해 꽤 정확히 짐작하는 것은 분명하다. 그러나 그녀가 영매로 나섰던 대화에서 자신이 한 말에 대해, 그리고 발작 동안에 주변 상황에 일어난 변화에 대해 어느 정도 기억할 수 있는지는 불확실하다.

그녀가 깨어난 직후에 "여기 누가 왔죠? X나 Y가 오지 않았어요? 무슨 말을 했죠?"라고 묻는 것으로 미뤄 짐작하건대, 그녀는 자신이 한 행동을 어렴풋이 기억하는 것 같았다. 또 대화 내용도 피상적으로 알고 있는 것 같았다. 그녀가 깨어나기 전에 신령들이 그녀에게 한 말을 그대로 말하는 경우가 종종 있었으니 말이다. 그러나 이런 예가 자주 있었던 것은 아니다. 그녀의 요구에 따라 주변 사람들이 그녀가 신들린 상태에서 한 말의 내용을 들려주면, 그녀는 그 내용에 대해 종종 짜증을 냈다. 그럴 때면 그녀는 간혹 몇 시간 동안 슬퍼하고 우울해했다. 경솔한 행동이 있었다는 소리를 들을 때면 특히 더 그런 모습을 보였다. 그녀는 신령들을 욕하기도 하고, 다음에는 자신을 안내하는 신령에게 그런 신령들을 멀리 떼어놓도록 부탁할 것이라고 말했다.

그녀의 분노는 꾸민 것이 아니었다. 왜냐하면 깨어 있는 상태에서 그녀가 감정을 제대로 통제하지 못하는 탓에 자신의 기분을 순간순간 얼굴에 그대로 드러내기 때문이다. 가끔 그녀는 발작 동안에 외부에서 일어나는 일에 대해서 거의 또는 전혀 알지 못하는 것 같았다. 사람이 방을 나가거나 들어와도, 그녀는 좀처럼 눈치를 채지 못했다. 한번은 그녀가 나에게 방에 들어오지 말라고 했다. 나로부터 비밀로 지키고 싶은 특별한 영교를 기다리고 있을 때였다. 그럼에도 나는 방 안으로 들어가서 그곳에 있던 다른 세 사람과 나란히 앉아 모든 것을 다 들을 수 있었다. 눈이 크게 떠져 있었지만, 그녀는 나를 알아보지 못한 채 그곳에 있는 사람들에게 말을 했다. 그녀는 내가 말을 할 때에야 비로소 나를 알아보고는 분노를 표현했다. 그녀는 기억을 잘 했지만 어디까지나 불명확한 윤곽만을, 말하자면 실험에 참석한 사람들이 그녀가 신들린 상태에서 한 말에 대해 언급한 말이나 그들이 그녀에게 직접적으로 한 말만을 기억했다. 나는 이 맥락에서 어떤 명확한 관계를 전혀 발견하지 못했다.

전개 과정을 지켜보고 있으면 마치 어떤 법칙을 따르고 있는 것처럼 느껴지는 이런 심각한 발작 외에, S. W.는 다른 자동증도 다수 보였다. 징후와 전조, 불가해한 분위기, 수시로 변하는 공상들은 모두 낮에 일어났다. 그녀가 그냥 잠만 자는 상태는 단 한 차례도 관찰되지 않았다. 한편, 나는 곧 S. W.가 활기차게 대화를 하는 도중에도 정신 착란을 일으키면서 기묘한 분위기를 자아낼 만큼 단조로운 목소리로 의미 없는 말을 하며 반쯤 감은 눈으로 꿈을 꾸듯 자기 앞을 바라본다는 사실을 알아차렸다.

이 같은 몽롱 상태는 보통 몇 분 동안 이어졌다. 그럴 때면 그녀는 돌연 이런 식으로 말을 끌고 나갔다. "좋아요, 뭐라고 했지요?" 처음에 그녀는 착란 상태에 대해 구체적인 사항을 제시하지 않고 현기증이 일어났다거나 두통이 있었다는 식으로 대답했다. 그러다 나중에는 이런 식으로 말했다. "그들이 다시 나타났어." 그녀의 신령들을 뜻하는 말이었다. 그녀는 자신의 의지와 반대로 순간적으로 착란 상태에 빠졌다. 그럴 때면 그녀는 종종 자신을 방어하려는 모습을 보였다. "지금은 만나고 싶지 않아요. 나중에 와요. 당신은 마치 내가 당신을 위해 존재하는 것처럼 생각하는 것 같군요." 그녀는 이런 순간적인 착란을 길을 가다가도 경험하고 일을 하다가도 경험했다. 거의 모든 곳에서 경험했다는 말이 정확할 것 같다. 순간적인 착란이 길을 걷는 중에 일어나면, 그녀는 아무 집 담에나 기대서서 발작이 끝날 때까지 기다렸다. 강도가 다 다른 이런 발작이 일어나는 동안에, 그녀는 환상을 보았다.

발작이 일어나는 동안에 극도로 창백해질 때, 그녀는 "떠돌아다녔다". 그녀의 표현을 빌리면, 자신의 육체를 잃고 신령들이 이끄는 곳까지 멀리 갔다. 정신이 혼미한 상태에서 한 먼 여행이 그녀에게 긴장을 지나치게 많이 안겨주었다. 그러다 보니 발작이 끝나고 나면 그녀는 몇 시간 동안 탈진한 모습을 보였다. 그럴 때면 그녀는 신령들이 자신에게서 또 다시 많은 힘을 빼앗아 갔다고 불만을 터뜨렸다. 그런 긴장이 지금 그녀에겐 너무 벅차기 때문에 신령들이 다른 영매를 구하는 게 낫겠다는 식의 넋두리였다. 한번은 이런 혼미한 상태를 겪은 뒤 반시간 동안 흥분한 상태에서 앞을 보지 못하게 되었다. 길을 더듬느라 걸음걸이까지 서툴러졌다. 그녀는 테이블 위의 촛불도 보지 못했다. 그러다가 동공이 반응했다. "착란"(이 단어는 여기서 심할 정도의 주의 분산을 의미한다)이 일어나지 않은 가운데서도 환상들이 무더기로 나타났다. 처음에는 잠들 때에만 환상이 나타났는데 말이다.

언젠가 S. W.가 잠자리에 든 뒤에 방에 촛불을 켠 적이 있었는데, 안개처럼 흐릿한 불빛에서 하얗게 반짝이는 형상들이 나타났다. 이 형상들은 흰색 베일 같은 옷을 걸치고 있었으며, 여자들은 터번 같은 것을 머리에 쓰고 띠를 두르고 있었다. 후에 S. W.의 설명에 따르면, 그녀가 자러 갔을 때 "신령들이 이미 거기 와 있었다"고 한다. 결국, 그녀는 밝은 대낮에도 형상들을 보게 되었지만, 그 형상들은 그때도 여전히 다소 흐릿했으며 기억 상실이 전혀 일어나지 않을 경우에만 짧은 시간 동안 알아볼 수 있을 만큼 뚜렷했다. 그러나 S. W.는 언제나 어둠을 좋아했다. 그녀의 설명에 따르면, 환상의 내용은 대개 유쾌한 쪽이었다. 아름다운 형상들을 응시하면서, 그녀는 자신이 축복을 받고 있다는 느낌을 받았다. 아주 드물게 악마 같은 무서운 환상도 나타났다.

이런 악마 같은 환상은 언제나 밤이나 어두운 방에서만 나타났다. 이따금 S. W.는 근처의 거리나 자기 방에서 검은 형상들을 보았다. 한번은 어두운 안뜰에서 무섭게 생긴 적갈색 얼굴을 보았는데, 그때 이 얼굴은 갑자기 응시하면서 그녀를 놀라게 만들었다. 나는 이 환상에 대한 설명을 제대로 듣지 못했다.

그녀는 다섯 살인가 여섯 살이던 어느 날 밤에 그녀를 안내하는 신령(안내령), 즉 할아버지(그녀는 할아버지에 대해 아는 것이 하나도 없다)의 신령을 보았다고 말한다. 그럼에도, 나는 그녀의 친척들로부터 그녀가 어릴 때 환상을 보았다는 사실을 뒷받침할 만한 객관적인 증언을 확보하지 못했다. 그녀의 첫 번째 교령회가 있기 전까지 그런 일은 전혀 일어나지 않은 것으로 전해진다. 잠들기 전의 밝은 빛과 섬광 같은 것을 제외하곤, 초보적인 환각의 흔적조차도 없었다. 그러나 잠들기 전의 밝은 빛과 섬광은 처음부터 모든 감각 기관을 두루 건드리면서 체계적인 성격을 보였다.

이 같은 현상들에 대한 그녀의 지적 반응에 대해 말하자면, 그녀가 자신의 꿈을 호기심을 갖고 정말 소중하게 다뤘다는 사실이 주목할 만하다. 몽유 상태의 전개와 수많은 기이한 사건들은 정작 그녀에겐 아주 자연스러워 보였다. 그녀는 자신의 과거 전체를 그런 맥락에서 보았다. 초기에 있었던 모든 놀라운 사건은 필연적인 것으로, 또 지금 그녀의 상황과 어떤 분명한 관계가 있는 것으로 다가왔다.

그녀는 자신이 진정한 삶의 임무를 발견했다고 생각하며 행복해했다. 또 그녀는 자신에게 나타나는 환상의 실체를 굳게 믿는 것을 너무나 당연한 것으로 받아들이고 있었다. 나는 종종 그녀에게 회의적인 의견을 제시했지만, 그럴 때면 그녀는 언제나 나의 의견을 무시했다. 그녀는 평소에 자신의 환상에 대해 합리적인 설명을 명쾌하게 제시하지 못하면서도 눈앞에 빤히 보이는 사실을 놓고 합리적으로 설명하는 것은 터무니없는 짓이라는 식으로 변명했다. 그녀가 한번은 이런 말을 했다. "신령들이 나에게 하는 말과 나에게 가르치는 말이 진실인지 나는 모른다. 또 신령들이 자신들이 밝히는 그 이름의 신령인지도 나는 모른다. 그러나 나의 신령들이 존재하는 것은 틀림없는 사실이다. 나는 신령들이 내 앞에 있는 것을 본다. 신령들을 건드릴 수도 있고, 지금 이렇게 말하듯이 신령들과도 무슨 말이든 큰 소리로 자연스럽게 할 수 있다. 신령들은 진짜로 존재한다." 그녀는 환상이 나타나는 것은 일종의 병이라는 말을 절대로 귀담아 듣지 않을 것이다. 그녀의 건강을 염려하거나 그녀의 꿈의 현실성에 대해 의심하는 눈치를 보이면, 그녀는 크게 실망했다.

나의 말에 얼마나 큰 상처를 받았는지, 그녀는 내가 보는 앞에서는 말을 망설였으며 한동안 내가 있으면 실험을 거부했다. 그래서 나는 나의 생각이나 의심을 큰소리로 표현하는 것을 삼갔다. 그녀는 가까운 친척들이나 지인들로부터 믿음과 존경을 받았다. 그 사람들은 온갖 일로 그녀의 조언을 청했다. 시간이 어느 정도 지나자 그녀는 추종자들에게 막강한 영향력을 행사하기에 이르렀다.

그 영향이 얼마나 컸던지, 그녀의 형제자매 3명도 마찬가지로 그녀와 비슷한 환각을 보기 시작했다. 이들의 환각은 처음엔 대체로 매우 생생하고 극적인 밤의 꿈으로 시작했다. 그러다가 점차 낮 시간에도 몽롱한 상태에서 꿈을 꾸기 시작했다. 결혼한 언니가 매일 밤 특별히 생생한 꿈을 꾸었다. 이 꿈들은 의식이 깨어 있는 상태에서도, 처음에는 희미한 환영으로, 다음에는 진짜 환각으로 나타났다. 그러나 S. W.의 환각만큼 분명하게 나타난 적은 결코 없었다. 예를 들어, 그녀의 언니는 언젠가 꿈에서 악마 같은 시커먼 존재가 자기 침대 옆에 서서 아름다운 흰색의 형상과 한창 열을 올리며 대화하는 것을 보았다. 이때 흰색의 형상은 시커먼 형상을 제지하려 하고 있었다. 그럼에도 검정색 형상은 그녀를 잡고 목을 조르려 들었으며, 바로 그때 그녀가 잠에서 깨어났다. 이어서 그녀는 인간의 윤곽을 가진 검은 그림자가 자신을 내려다보고 있는 것을 보았으며, 그 옆에 구름 같은 흰색 형상이 있었다. 그 형상은 그녀가 촛불을 밝히고 나서야 사라졌다.

이와 비슷한 환상이 자주 나타났다. 다른 두 자매의 환상도 이와 비슷했지만 덜 분명했다. 완벽한 환상과 생각을 수반하는 이런 특별한 발작은 1개월 조금 못 미치는 동안에 일어났으며, 그 후에도 이 시간적 한계를 절대로 벗어나지 않았다. 훗날 여기에 새로 보태진 것이 있다면 생각과 환상의 범위가 더 넓어졌다는 것뿐이다.

"심각한" 발작과 덜 심각한 발작 외에, "정신 착란" 상태와 비교할 만한 세 번째 종류의 상태가 있다는 점에 주목해야 한다. '반(半) 몽유 상태'라고 부를 만하다. 이 상태들은 "심각한" 발작의 처음이나 마지막에 나타났으나, 이런 발작과 상관없이 나타나기도 했다. 이 상태들은 첫 달에 점진적으로 생겨났다. 이 상태가 나타난 시기를 정확히 제시하는 것은 불가능하다. 이 상태에 놓이면, 그녀의 시선이 고정되고 눈빛이 형형해지고, 동작에 위엄과 당당함이 느껴졌다. 이 단계에서 S. W.는 자신의 몽유 상태 자아가 된다.

그녀는 철저히 외부 세계를 지향하면서도 마치 한쪽 발을 꿈의 세계에 걸치고 있는 것처럼 보인다. 그녀는 자신의 신령을 보고, 신령의 말을 듣고, 신령이 방 안에서 걸어 다니는 모습을 본다. 또 자신의 환상을, 주변을 돌아다니는 방랑을, 또 자신이 신령들로부터 받고 있는 가르침을 잘 알고 있다. 그녀는 말을 조용하고 단호하게 하며 언제나 진지하고 종교적인 마음의 틀을 지키고 있다. 그녀의 품행은 경건한 척구는 구석이 전혀 없는 그런 종교적인 분위기를 강하게 풍기고 있으며, 그녀의 말은 그녀를 안내하는 신령이 성경과 찬송가의 내용을 적당히 버무려 하는 허튼소리에 별다른 영향을 받지 않는다. 그녀의 경건한 행동에는 고통 받는 것처럼 불쌍하게 보이는 측면이 있다. 그녀는 밤에 누리는 자신의 이상적인 세계와 낮의 거친 현실 사이의 큰 격차를 자각하고 있다. 이 상태는 깨어 있을 때 그녀의 존재와 큰 대조를 이룬다. 이 상태에 있을 때, 불안정하고 조화를 이루지 못하는 인간의 흔적은 조금도 보이지 않으며 또 그녀의 나머지 모든 관계들에 특징적으로 나타나는, 대단히 불안해하는 기질도 전혀 보이지 않는다. 그녀와 대화를 해 본 사람은 나이가 아주 많은 사람을, 말하자면 인생사를 두루 다 경험한 끝에 평화로운 경지에 도달한 사람을 마주하고 있는 듯한 인상을 받는다.

이 상태에서 그녀는 최대의 결과물을 내놓았지만, 그녀가 풀어놓는 이야기는 그녀가 깨어 있을 때 갖는 관심사들과 밀접히 연결되어 있다. 반(半) 몽유 상태는 대체로 저절로, 대개 테이블 터닝 실험을 하는 동안에 나타난다. 이 상태는 간혹 S. W.가 테이블에서 나올 모든 영교를 미리 알기 시작하고 있다는 것을 알려주는 신호로 여겨졌다. 그러면 그녀는 대체로 테이블 터닝을 멈추었으며 그러고 나서 조금 있다가 다소 갑자기 무아경에 빠졌다. S. W.는 자신이 매우 민감한 사람이라는 점을 보여주었다. 그녀는 자기 앞에 앉은 무리 중에서 "영매"가 아닌 사람이 손을 테이블이나 그녀의 손에 얹기만 해도 그 사람이 생각하고 있던 간단한 질문을 쉽게 예측하고 대답할 수 있었다. 그러나 직접적이거나 간접적인 접촉 없이 일어나는, 그야말로 순수한 정신 감응은 절대로 없었다. 그녀의 전반적인 인격이 명백히 발달하고 있었다는 사실을 감안한다면, 그녀가 그 전에 일상적으로 가졌던 성격이 지속적으로 존재하고 있다는 사실은 더욱 놀라웠다.

그녀는 자기 부모와 동시대 사람들의 유치한 경험과 연애, 온갖 상스러운 짓과 교육 부족에 대한 이야기를 스스럼없이 늘어놓았다. 그녀의 비밀을 모르는 사람들에게 그녀는 15년 6개월 된 소녀일 뿐이며, 어떤 점에서도 다른 소녀들과 다르지 않은 소녀였다. 그런 사람들은 그녀의 또 다른 측면을 알고는 놀라움을 감추지 못했다. 그녀의 가까운 친척들은 처음에 이 같은 변화를 제대로 이해하지 못했다. 그들이 아무리 노력해도 끝내 이해하지 못할 부분은 있기 마련이기 때문에, 가족 사이에 심각한 갈등이 빚어지는 경우도 있었다. 어떤 사람은 S. W.를 옹호하고, 또 어떤 사람은 S. W.에 반대했다. 한쪽은 S. W.를 지나치게 과대평가했고, 다른 쪽은 그녀의 행위를 "미신"이라고 경멸했다. 그때는 내가 S. W.를 유심히 관찰하고 있던 때인데, 그녀는 호기심을 자아낼 만큼 모순적인 삶을 살고 있었다. 두 개의 인격이 서로 나란히 존재하거나 서로 경쟁하며 연이어 나타나는, 그런 "이중적인" 삶을 살고 있었던 것이다. 앞으로 나는 가장 흥미로웠던 교령회들을 세세하게 날짜 순서대로 소개할 것이다.

1899년에 있었던 첫 번째와 두 번째 회합에 대한 이야기이다. S. W.는 당장 "영교"(靈交)를 이끄는 임무를 맡았다. 큰 유리컵을 엎어서 "사이코그래프"(psychograph), 즉 신령과 소통하는 도구로 사용했다. 이 유리컵 위에 오른손 손가락 2개를 올려놓았다. 사이코그래프는 글자들 사이를 빨리 움직였다. (글자와 숫자가 표시된 종이 조각들이 유리컵 주위에 원으로 배열되어 있었다.) "영매"의 할아버지가 나타나서 우리에게 말을 할 것이라는 뜻이 전해졌다. 이어서 종교적이고 교화적인 성격의 영교가 여러 차례 신속히 이뤄졌다. 적절한 단어로 영교가 이뤄진 때도 있었지만, 글자의 순서가 서로 바뀐 단어나 글자 순서가 거꾸로 된 단어들로 이뤄지는 때도 있었다. 마지막 단어들과 문장들은 너무나 빨리 나왔기 때문에, 글자들을 정확히 따라잡기가 불가능했다. 신령과의 소통이 갑자기 나의 할아버지의 등장을 알리는 영교에 의해 방해를 받았다. 이때 농담 섞인 관찰이 나왔다. "두 '신령'은 사이가 아주 나쁜 것 같아."

이런 시도가 이뤄지는 가운데, 어둠이 내렸다. 그러자 갑자기 S. W.가 몹시 불안해하며 공포 속에서 벌떡 일어나더니 무릎을 꿇고 "저기, 저 빛이, 저 별이 보이지 않아요?"라고 외치면서 방의 어두운 구석을 가리켰다. 그녀는 더욱 불안해하며 무서움에 떨면서 촛불을 켜달라고 요구했다. 그녀는 창백한 얼굴로 울었다. "모든 게 너무 낯설었던 나머지 그녀는 자신에게 벌어지고 있는 일에 대해 전혀 몰랐다." 촛불이 켜지자, 그녀는 다시 평온을 찾았다. 여기서 실험은 중단되었다.

이틀 뒤 저녁에 열린 그 다음 교령회에서도, S. W.의 할아버지와의 영교가 비슷하게 이뤄졌다. 어둠이 내리자, S. W.는 갑자기 소파에 등을 기대고 앉아 창백한 얼굴로 눈을 거의 감다시피 한 채 움직이지 않고 있었다. 눈동자는 위로 향하고 있었으며, 촉각만 아니라 눈꺼풀의 반사작용도 살아 있었다. 숨결은 너무나 부드러워서 거의 느껴지지 않을 정도였다. 맥박도 약했다. 이 발작이 반시간 가량 이어졌을 때, 갑자기 S. W.가 한숨을 내쉬더니 일어났다. 발작이 이어지는 동안엔 안색이 극도로 창백했지만, 이젠 S. W.의 얼굴은 평소의 연분홍 빛을 되찾았다. 그녀는 다소 혼란스러워하고 주의력이 산만한 모습을 보였으며, 온갖 것을 다 보았다고 암시하면서도 구체적인 내용에 대해서는 한마디도 언급하지 않으려 했다. 사람들이 몇 차례 질문을 던지면서 대답을 종용하자, 그녀는 정신이 아주 말짱한 상태에서 그녀의 할아버지와 나의 할아버지가 팔짱을 끼고 있는 것을 보았다고 말했다. 두 할아버지는 지붕 없는 마차에 나란히 앉아 서둘러 떠났다고 했다.

며칠 뒤에 있었던 세 번째 교령회에서도 비슷한 발작이 일어나 반시간 이상 지속되었다. 뒤에 S. W.는 외관이 많이 뒤틀린 흰색 형상들을 보았는데 이 형상들이 그녀에게 특별히 상징적인 의미를 지니는 꽃을 주었다는 이야기를 들려주었다. 이 형상들 대부분은 그녀의 죽은 친척들이었다. 그들과 나눈 대화에 대해서 그녀는 입을 꾹 다물었다.

네 번째 교령회에서 S. W.는 몽유 상태에 빠진 다음에 입술을 이상하게 움직이기 시작하며 목으로 꾸르륵 꾸르륵 하는 소리를 삼켰다. 이어 그녀는 알아들을 수 없는 말을 매우 부드럽게 속삭였다. 이런 상태로 몇 분 지난 뒤에, 그녀는 갑자기 자기 목소리가 아닌 깊은 목소리로 말을 하기 시작했다. 그녀는 자기 자신에 대해 3인칭으로 말했다. "그녀는 여기 없어. 그녀는 어딘가로 사라졌어." 이어서 종교적인 성격의 소통이 몇 차례 이뤄졌다. 그 내용이나 말하는 방식을 근거로, 그녀가 목사였던 자기 할아버지를 흉내 내고 있다고 결론을 쉽게 내릴 수 있었다. 말의 내용은 "영교"의 일반적인 수준을 넘어서지 않았다. 목소리의 톤도 다소 부자연스러웠으며, 말을 하는 중에 목소리가 영매 본인의 목소리에 가까워질 때에야 자연스러워졌다.

(그 이후의 교령회에서, 목소리는 새로운 신령이 나타나는 몇몇 순간에만 바뀌었다.)

그 후에 신들린 상태에서 했던 대화를 망각하는 기억 상실증이 따랐다. 그녀는 다른 세계에 머물렀다는 점을 암시하고, 자신이 느꼈던 예기치 않은 행복감에 대해 말했다. 발작 동안에 있었던 그녀의 대화는 꽤 무의식적으로 이뤄졌으며, 암시에 대한 반응이 아니라는 것이 관찰되었다.

이 교령회 직후에, S. W.는 유스티누스 케르너(Justinus Kerner)가 쓴 『프레포르스트의 예언녀』(Die Seherin von Prevorst)라는 책을 알게 되었다. 그 후로 그녀는 발작이 끝날 때쯤 되면, 부분적으로 두 손으로 최면을 거는 방식을 이용해, 또 부분적으로 양손으로 이상한 원이나 숫자 8을 똑같이 그리는 방식을 이용해 스스로를 황홀하게 만들기 시작했다. 이에 대해 그녀는 발작 뒤에 찾아오는 심각한 두통을 약화시키기 위한 노력이라고 설명했다. 여기서 상세하게 묘사하지 않을, 8월에 있었던 교령회에서는 할아버지 외에 다수의 다른 친척들의 신령이 나타났으나 이들은 별다른 것을 내놓지 않았다.

새로운 신령이 등장할 때마다, 유리컵의 움직임이 눈에 띌 정도로 바뀌었다. 유리컵은 일반적으로 글자들을 따라 움직이면서 이 글자 혹은 저 글자를 건드렸지만 그것에 대한 설명은 전혀 없었다. 철자법이 매우 불확실하고 자의적이었으며, 첫 문장은 종종 이해되지 않거나 의미 없는 글자들의 연속인 것으로 나타났다. 대체로 이 시점에서 돌연 자동 기술(自動記述)이 시작되었다. 간혹 완전히 깜깜한 상태에서 자동 기술이 시도되었다. 이때 동작은 팔 전체를 뒤로 한 번 격하게 움직이는 것으로 시작되었는데, 그러면 연필에 종이가 뚫렸다. 글을 쓰려는 첫 번째 시도는 약 8cm 높이의 공중에 무수히 많은 점을 찍고 선을 지그재그로 그리는 것으로 이뤄졌다. 그 다음의 시도에서 해독 불가능한 첫 단어들이 나왔으며, 글자는 처음에는 크지만 갈수록 작아지고 선명해졌다. 필체는 기본적으로 영매 본인의 필체와 다르지 않았다. 영매를 지배하는 신령은 다시 자기 할아버지였다.

1899년 9월에 몽유 발작들이 있었다. S. W.는 소파에 앉아서 뒤로 기댄 채 두 눈을 감고 호흡을 가볍게 규칙적으로 했다. 그러다가 점진적으로 강직증을 보였으며, 이 강직증은 2분 정도 지나서 사라졌다. 그러면 S. W.는 몸의 근육을 완전히 푼 상태로 누워서 잠을 잤다. 그러다 갑자기 잠겨드는 목소리로 말을 하기 시작했다. "안 돼! 당신이 빨간색을 잡아. 내가 흰색을 잡을 거야. 당신은 초록과 청색도 잡을 수 있어. 준비됐어? 지금 갈 거야." (몇 분 동안 말을 멈춘 동안에, 그녀의 얼굴은 시체처럼 창백해졌다. 손도 얼음장처럼 차갑고 핏기 하나 없었다.)

그녀는 갑자기 경건한 목소리로 크게 외쳤다. "알베르트, 알베르트, 알베르트." 그러다가 "이제 당신이 말하는구나."라고 속삭인 뒤 더 긴 시간 동안 침묵을 지켰다. 이때 얼굴의 창백함이 최고조에 달했다. 다시 경건하고 큰 목소리가 이어졌다. "알베르트, 알베르트, 당신은 당신 아버지를 믿지 않는가? 내가 당신에게 N의 가르침에는 틀린 부분이 많다고 했잖아. 그 문제에 대해 생각해 봐." 또 멈춤이 있었다. 창백한 얼굴빛이 차츰 가시고 있었다. "그가 놀라서 더 이상 말을 않는군." (이때는 그녀의 목소리가 평소 상태로 돌아왔다.)

S. W.는 이제 평상시와 똑같은 목소리로 프랑스어 같기도 하고 이탈리아어 같기도 한 언어로 말을 하고 있었다. 어떤 때는 프랑스어를 떠올리게 하고 어떤 때는 이탈리아어를 떠올리게 한다. 말이 유창하고 빨랐다. 몇 개의 단어는 해독이 되지만, 전체 문장을 기억하는 것은 불가능하다. 언어가 너무 이상하기 때문이다. 때때로 '웨나'나 '웬스' '웨나이' '웨네' 같은 이상한 단어들이 거듭해서 나왔다. 그런데도 그 과정이 아주 자연스럽다는 사실이 당혹스럽게 느껴졌다. 그녀는 이따금 누군가가 자신의 말에 대답하기를 기다리는 듯이 말을 멈추었다. 그러다 갑자기 그녀가 독일어로 말했다. "벌써 시간이 다 됐어?" (고민스런 목소리로.) "내가 벌써 가야 한단 말인가? 안녕, 안녕." 이 마지막 말과 함께 그녀의 얼굴에 형언할 수 없는 무아경의 표정이 스쳤다. 그녀는 두 팔을 올리고 그때까지 감겨 있던 두 눈을 뜨고 황홀한 듯 위를 올려다보았다. 그런 자세로 한동안 있다가 두 팔을 서서히 내리고 눈을 감았다. 얼굴 표정은 지쳤고 기진맥진해 있었다. 그녀는 잠시 강직증을 보인 다음에 한숨을 내쉬며 깨어났다.

그녀는 주위를 둘러보며 놀라는 표정을 지었다. "다시 잠을 잤구나.

그렇지?" 주변 사람들이 그녀에게 잠을 자는 동안에 말을 했다는 이야기를 들려주었다. 이 말에 그녀는 상당히 불쾌해 했으며, 외국어로 말했다는 소리엔 더 불쾌해 했다. "신령들에게 내가 그걸 원하지 않는다고 말하지 않았어? 그런 일이 일어나서는 안 되는데. 그게 나를 아주 피곤하게 만들었어." 그러고는 그녀가 울기 시작했다. "오, 하느님! 하느님! 그렇다면 모든 것이 전처럼 돌아가야 한단 말씀인가요?"

그 다음날 같은 시간에 또 다시 발작이 일어났다. S. W.가 잠들자, 이번에는 게르벤슈타인이 갑자기 나타났다. 그는 유쾌한 수다쟁이이며, 독일 북부 지방 악센트로 고지 독일어를 아주 유창하게 했다. 지금 S. W.가 뭘 하고 있는가 하는 질문에, 그는 여러 차례 핑계를 둘러댄 끝에 그녀가 지금 먼 곳에 가 있으며 그 사이에 그녀의 육체와 혈액 순환, 호흡 등을 돌보기 위해 여기 와 있다는 식으로 설명했다. 그래도 거기 모인 사람들이 만족하지 못하고 질문을 집요하게 던지자, 그는 S. W.가 먼 친척을 만나서 어리석은 결혼을 말리기 위해 다른 사람들과 함께 일본에 갔다고 말했다. 그런 다음에 그녀가 다시 나타날 정확한 시간을 나직이 속삭였다. 몇 분 동안 대화가 금지된 가운데, 그가 갑자기 창백해지는 S. W.의 얼굴을 가리키면서 그렇게 먼 곳까지 가서 친척 앞에 나타나려면 엄청난 힘이 든다는 식으로 말했다. 그런 다음에 그는 곧 나타날 심각한 두통을 완화하기 위해 머리에 맬 차가운 붕대를 준비하라고 지시했다.

S. W.의 얼굴색이 점점 자연색으로 돌아오자, 대화는 점점 더 활기를 띠어갔다. 온갖 유치한 농담과 시시한 말들이 다 나왔다. 그러다 갑자기 게르벤슈타인이 말했다. "그들이 오는 게 보이네. 하지만 아직 아득히 먼 곳에 있어. 별처럼 보이는데." S. W.가 북쪽을 가리켰다. 우리

는 당연히 놀라면서 그들이 동쪽에서 오지 않는 이유를 물었다. 이 질문에 게르벤슈타인은 웃음을 지으며 이런 식으로 대꾸했다. "북극을 넘어서 지름길로 오고 있어. 이제 나는 가야 해. 안녕." 그 직후 S. W.가 한숨을 쉬며 깨어나서는 기분이 언짢아져서 극심한 두통을 호소했다. 그녀는 게르벤슈타인이 그녀의 육체 옆에 서 있는 것을 보았다. 그가 우리에게 무슨 소리를 했던가? 그녀는 그가 "시시껄렁한 잡담"을 자제하지 못한다는 사실에 화를 냈다.

여섯 번째 교령회도 보통 때와 똑같이 시작했다. 그녀는 얼굴빛이 백지장처럼 하얘져서 사지를 쭉 뻗고 누워 호흡을 약하게 했다. 그러다가 그녀는 갑자기 경건하고 큰 목소리로 말했다. "그래, 놀랐구나, 나야. 내가 당신한테 N의 가르침에 대해 경고하고 있어. 보라, 신앙에 관한 모든 것은 희망이야. 당신은 내가 누군지 궁금하지? 하느님은 무엇이든 기대하지 않은 곳에서 주시게 되어 있어. 당신은 나를 알아?" 이어서 그녀는 알아들을 수 없는 말을 속삭였다. 몇 분 후에 그녀는 깨어났다.

일곱 번째 교령회에서 S. W.는 금방 잠에 빠져 소파에 쭉 뻗었다. 얼굴이 아주 창백했다. 아무 말을 하지 않고 이따금 깊은 한숨만 내쉴 뿐이었다. 눈길을 위로 향한 채 그녀는 일어나서 소파에 앉아 앞으로 몸을 숙이며 부드럽게 말했다. "당신은 큰 죄를 지어서 아주 깊은 곳으로 떨어졌어." 그녀 앞에 무릎을 꿇고 앉은 누군가에게 말을 하듯 여전히 몸을 앞으로 굽힌 상태 그대로였다. 그녀는 일어서서 오른쪽으로 몸을 돌리며 두 손을 뻗어 자신이 몸을 숙이고 있는 쪽을 가리켰다. 그러면서 "당신은 그녀를 용서할 것인가?"라고 큰 소리로 물었다. "인간은 용서하지 않더라도 그들의 영혼은 용서하라. 그녀가 아니라 그녀의 인간적인 육체가 죄를 지었으니 말이네." 그런 다음에 그녀는 무릎을 꿇고 기도하는 자세로 한 10분 동안 가만히 앉아 있었다. 그러다 갑자기 일어나 황홀경에 빠진 표정을 지으며 하늘을 올려다보다가 다시 무릎을 꿇고 앉아 알아들을 수 없는 말을 속삭였다. 얼굴은 두 손 위로 숙이고 있었다. 그녀는 몇 분 동안 이 자세로 굳어 있었다. 그런 다음에 일어나서 다시 환한 표정을 지으며 위를 올려다보고 이어 소파에 누웠다가 금방 깨어났다.

몽유 상태의 인격들의 발달

교령회가 시작될 때, 유리컵은 쉽게 움직일 수 있는 상태에 두었다. 믿음이 강한 심령주의자들이 교령회에 참석했기 때문에, 강신술에 관한 온갖 궁금한 것들, 특히 "수호 신령"에 관한 질문이 많이 제기되었다. 이에 대한 대답을 보면, 어떤 때에는 죽은 사람들 중에서 유명한 사람들의 이름이 제시되고, 또 어떤 때는 알려지지 않은 이름들, 예를 들면 베르트 드 발루어나 엘리자베트 폰 티어펠젠부르크, 울리히 폰 게르벤슈타인 같은 이름이 제시되었다. 그래도 지배적인 신령은 거의 예외 없이 영매의 할아버지였다. 이 할아버지에 대해 언젠가 이런 설명이 있었다. "그는 그녀를 이 세상의 어느 누구보다 더 사랑했다. 그가 그녀를 어린 시절부터 쭉 지켜왔고 그녀의 생각을 잘 알았기 때문이다." 이 인격은 성경 속의 격언과 교화하는 내용의 조언, 찬송가를 홍수처럼 쏟아냈다. 다음은 그 한 예이다.

진정한 믿음 속에서,

하느님에 대한 신앙을 늘 가까이하고

천상의 위안을 결코 잊지 않는

사람은 절대로 죽지 않으리.

하느님 안에서 찾는 안식처는 영원히 평화이니라.

세속의 근심이 마음을 짓누를 때

가슴으로 기도할 수 있는 자는

아무리 가혹한 운명 앞에서도 절대로 뜻을 굽히지 않으리.

이와 비슷한 수많은 말들은 진부하고 매끈한 내용 때문에 경전에서 따온 것이라는 사실이 금방 드러났다. S. W.가 무아경에서 말해야 할 때, 모임의 구성원들과 몽유 상태의 인격 사이에 생생한 대화가 오갔다. 몽유 상태에서 나타난 인격으로부터 받은 대답의 내용은 사이코그래프를 통한 소통에서 나오는 것과 기본적으로 똑같았다.

이 인격의 특징은 무미건조하고, 지루할 정도로 엄숙하고, 인습을 중요하게 여기고, 경건한 척 꾸민다는 점이다. 이 할아버지는 영매를 안내하는 신령이자 영매를 보호하는 신령이다. 그녀가 무아경에 빠진 상태에서, 그는 온갖 종류의 조언을 다하고, 미래의 발작을 예언하고, 그녀가 깨어 있을 때 보게 될 환상 등을 예상했다. 그는 차가운 붕대를 준비하라고 지시하고, 영매가 누울 방향을 알려주고, 교령회를 열 날짜를 알려주었다.

그와 영매의 관계는 대단히 부드러웠다. 진중한 이 꿈속 인물과 정반대의 위치에 또 다른 인격이 서 있는데, 이 인격은 첫 교령회에서 사이코그래프를 이용한 소통에 처음 나타났다. 이 인격은 곧 교령회에 참가하고 있던 미스터 R의 죽은 형으로 드러났다. 미스터 R의 죽은 형인 미스터 P. R은 살아 있는 동생을 향한 형제애가 뜨거웠다. 그는 구체적인 질문에 대한 대답을 요리조리 피했다. 그러나 그는 그 집단의 부인들을 향해 놀랄 정도의 화술을 보였으며 특히 그가 살아생전에 한 번도 본 적이 없는 어떤 여자에게 헌신하겠다는 제안까지 했다. 그는 자신이 생전에 이미 그녀에게 신경을 많이 썼으며, 그녀가 어떤 사람인지 모르는 가운데서도 거리에서 그녀를 자주 만났으며, 이처럼 특별한 곳에서 다시 만나게 되어 무한히 기쁘다고 말했다.

그는 이런 식의 재미없는 찬사와 남자들을 비웃는 발언, 악의 없는 유치한 농담 등으로 교령회의 많은 부분을 차지했다. 집단의 구성원들 중 몇몇은 이 "신령"의 경솔함과 진부함에 불만을 터뜨렸다. 그러자 그는 한두 차례 교령회에 나타나지 않다가 곧 다시 나타났다. 처음에는 기독교 가르침을 종종 언급하면서 처신을 제대로 하다가 곧 예전의 어투로 돌아갔다. 극적 대조를 이루는 두 인격 외에, 할아버지의 유형과 다르긴 하지만 그리 많이 다르지 않은 다른 인격들도 등장했다. 그들은 대부분 영매의 죽은 친척들이었다. 따라서 첫 두 달 동안에 벌어진 교령회의 전반적인 분위기는 경건하게 교화하는 쪽이었으며, 미스터 P. R의 시시한 농담이 있을 때에만 이따금 방해를 받았다.

교령회가 시작되고 몇 주일 지난 뒤, 미스터 R이 우리 집단을 떠났다. 그 후로 미스터 P. R의 대화에 뚜렷한 변화가 나타났다. 말이 매우 간결해졌고, 나타나는 횟수도 줄어들다가 몇 차례 교령회가 더 있은 뒤에는 완전히 사라졌다. 그랬다가 아주 드물게 나타났으며, 그것도 영매가 앞에 언급한 그 여자와 단 둘이 있을 때에만 나타났다. 그러다가 새로운 인격이 전면으로 나타났다. 미스터 P. R과 대조적으로 언제나 스위스 방언을 쓰는 신사였다. 이 사람은 허세를 부리듯 독일 북부 지방 말씨를 썼다. 그것을 제외하고는 미스터 P. R.의 복사판이었다. 그의 유창한 말투는 다소 놀라웠다. 왜냐하면 S. W.가 고지 독일어에 대해 거의 아는 것이 없기 때문이다. 자신을 게르벤슈타인이라고 부른 이 새로운 인격은 거의 완벽한 독일어를 구사했으며, 멋진 표현과 정중한 표현에 아주 능했다.

게르벤슈타인은 재치 있는 대답을 많이 갖고 있는 수다쟁이이며, 게으름뱅이이고, 여자들 꽁무니를 뒤쫓고, 천박하고, 아주 피상적이다.

1899년 말과 1900년 초의 겨울 동안에, 그는 교령회의 상황을 점점 더 많이 지배하게 되었으며, 급기야는 앞에 언급한 할아버지의 역할을 모두 넘겨받게 되었다. 그 결과, 그의 영향력 아래에서 교령회의 진지한 성격이 사라지고 말았다. 암시들은 모두 효과가 없는 것으로 드러났고, 그러자 마침내 다음 교령회가 열리기까지의 기간이 점점 더 길어지게 되었다.

몽유 상태에서 나타나는 이 모든 인격들에 주목해야 할 특별한 공통점이 한 가지 있다. 이 인격들은 영매의 기억에, 심지어 무의식적 기억에 접근할 수 있으며 그녀가 무아경의 상태에서 경험하는 환상에 대해서는 잘 알지만 무아경에서 하는 공상에 대해서는 오직 피상적으로만 알고 있었다는 점이다. 이 인격들은 몽유 상태의 꿈에 대해서는 집단의 구성원들로부터 간혹 주워듣는 그 이상은 몰랐다. 의문스런 점에 대해 그들은 어떤 정보도 제시하지 못했으며, 혹시 내놓는다 하더라도 영매의 설명과 모순되는 정보를 내놓았을 뿐이다. 내용을 궁금해 하는 질문에 대한 전형적인 대답은 "이베네스(이 이름은 몽유 상태에 빠진 영매의 자기를 나타내는 신비스런 이름이다)에게 물어봐라."거나 "이베네스가 알고 있어."라는 식이었다.

몽유 상태에 있는 S. W.의 자기를 재구성하기 위해선, 우리는 전적으로 그녀의 몇 마디 말에 의존해야 한다. 이유는 무엇보다 먼저 그녀가 깨어 있을 때의 자기와 연결시킬 수 있는 말을 몽유 상태에서 자발적으로 하는 예가 극히 드물고, 가끔 하는 말도 아무런 관계가 없는 말이기 때문이다. 또 다른 이유는 이런 무아경의 상태들 중 많은 것들이 몸짓이나 말을 전혀 하지 않는 가운데 지나갔기 때문이다. 이런 상황에서 그녀의 내면에서 일어나는 일들에 대한 결론은 그 일들이 외적으로 표현되는 것을 바탕으로 추론하는 수밖에 없었다. S. W.는 무아경 상태에서 일어나는 자동적인 현상에 대해서는 거의 완전히 기억 상실증을 보였다. 자동적인 현상들이 그녀의 자아의 새로운 인격들의 영역 안에서 일어나는 한, 그렇게 말하는 것이 타당하다. 그녀의 자아와 직접적으로 연결된, 큰 소리로 하는 말이나 허튼소리 같은 모든 현상에 대해서는 그녀는 언제나 명확한 기억력을 발휘했다. 그러나 모든 경우에, 완전한 기억 상실은 오직 무아경 후 몇 분 동안에만 일어났다. 무아경이 끝나고 나서 반시간 동안에 대체로 꿈과 비슷한 환각이 일어나는 일종의 반(半) 몽유 상태가 되는데, 이때 기억 상실이 차츰 사라졌다. 한편, 일어난 일들에 대한 기억들이 단편적으로 떠오르긴 하지만 매우 불규칙적이고 자의적인 방식으로 떠오른다.

그 후의 교령회들은 대체로 우리의 손을 서로 모아서 탁자 위에 올려놓는 것으로 시작되었다. 그러면 당장 탁자가 움직이기 시작했다. 그 사이에 S. W.는 점점 몽유 상태가 되고 손을 탁자에서 떼고 소파에 누워 무아경의 잠에 빠졌다. 그녀는 가끔 그때의 경험을 뒤에 우리에게 들려주었지만 이방인이 있는 경우에는 대단히 망설이는 모습을 보였다. 최초의 무아경이 있은 뒤에 그녀는 자신이 신령들 사이에서 두드러진 어떤 역할을 맡았다는 점을 암시했다. 신령들이 다 특별한 이름을 갖고 있듯이, 그녀에게도 특별한 이름이 있었다. 그녀의 이름은 이베네스였다. 그녀의 할아버지는 그녀를 특별히 보살펴 주었다. 꽃의 환상이 나타나는 무아경에 빠져 있을 때, 우리는 그녀의 특별한 비밀을 알게 되었다. 그때까지 깊은 침묵 속에 숨겨져 있던 비밀이었다.

그녀의 신령이 말을 하는 교령회 동안에, 그녀는 대부분 친척들을 찾는 긴 여행을 했다. 그녀의 말에 따르면 그녀가 그런 친척들에게 나타나거나 아니면 '저승'에, 말하자면 "텅 빈 것으로 여겨지지만 실제로 보면 매우 많은 신령들로 가득한 세계인 별들 사이의 공간"에 갔다고 한다. 발작이 일어날 때면 자주 따르게 되던 반 몽유 상태에서 언젠가 그녀는 특별히 시적인 분위기를 풍기면서 '저승'의 풍경에 대해 "아직 태어나지 않은 종족들을 위해 남겨놓은, 경이롭고, 달빛 넘실대는 계곡 같은 곳"이라고 묘사했다. 그녀는 몽유 상태인 자신의 자아를 육체에서 거의 완전히 놓여난 상태로 표현했다.

몽유 상태에 있을 때의 그녀의 자아는 완전히 성숙했지만 자그마하고, 검은 머리에 터번을 두르고 흰 옷을 걸친 유대인 여자였다. 그녀는 신령들의 언어를 이해하고 또 말도 할 수 있었다. "신령들은 서로의 생각을 잘 이해하고 있어서 굳이 말을 할 필요가 없는데도 아직 예전의 인간의 관습을 지키고 있는 까닭에 서로 말을 하기 때문이다." 그녀는 "신령들과 언제나 말을 하는 것은 아니며 그들을 바라보는 것만으로도 그들의 생각을 이해한다". 그녀는 네댓 신령들, 즉 죽은 친척들의 신령과 무리를 지어 여행하며 살아 있는 친척들과 지인들의 삶과 사고방식을 검사하기 위해 그들을 방문한다. 더 나아가 이 유령 거주자들이 있는 곳이면 어디든 방문한다. 케르너의 책을 알게 되면서, 그녀는 어떤 특정한 곳에 매료되어 있거나 부분적으로 땅 표면 아래에 존재하는 그런 검은 신령이라는 개념을 발견하고 발달시켰다. 이런 활동이 그녀에게 많은 고통과 문제를 안겨주었다. 그래서 무아경의 상태에 있거나 그 상태가 끝난 뒤에 그녀는 질식할 것 같은 느낌과 맹렬한 두통을 호소했다.

그러나 2주에 한 번씩 수요일이면 그녀는 신성한 신령들과 함께 '저승'에 있는 정원에서 밤을 꼬박 보낼 수 있었다. 거기서 그녀는 우주의 힘들과 인간들의 끝없이 복잡한 관계와 친밀성, 윤회의 법칙, 별의 거주자 등에 관한 것을 배웠다. 그런데 불행하게도, 우주의 힘들과 윤회의 체계만 제대로 표현될 수 있었다. 다른 문제들에 대해서 그녀는 일관성 없는 관찰만 무심코 말할 뿐이었다.

예를 들어, 언젠가 그녀는 기차여행을 한 뒤에 극도로 산만한 상태를 보였다. 처음에는 뭔가 불쾌한 일이 일어난 것으로 여겨졌다. 그러나 그녀는 마음의 평정을 찾더니 "별의 거주자가 기차 안에서 내 맞은편에 앉아 있었어."라고 말했다. 그녀가 이 존재에 대해 묘사한 것을 바탕으로, 나는 나 자신이 어쩌다 알게 된 어느 유명한 늙은 상인의 다소 냉담한 얼굴을 떠올렸다.

이 경험과의 연결 속에서, 그녀는 별의 거주자들에 관한 온갖 기이한 이야기를 다 풀어놓았다. 별의 거주자들은 신 같은 영혼을 전혀 갖고 있지 않으며 과학도 추구하지 않고 철학도 추구하지 않지만, 기술에서는 인간들보다 월등히 더 앞서 있다. 그래서 화성에는 하늘을 나는 기계가 오래 전부터 존재했으며, 화성 전체가 운하로 덮여 있고, 이 운하들은 기술적으로 판 호수로 관개에 활용되고 있다. 운하는 아주 얄다. 운하를 뚫는 일은 화성의 거주자들에게 전혀 문제가 되지 않는다. 그곳의 흙이 지구의 흙보다 가볍기 때문이다. 운하 어디에도 다리가 없지만, 그래도 커뮤니케이션에 전혀 문제가 없다. 모두가 나는 기계를 타고 다니기 때문이다. 별들에서는 전쟁도 일어나지 않는다. 의견 차이가 전혀 존재하지 않기 때문이다.

별의 거주자들은 인간의 육체를 갖고 있지 않고 아마 상상을 초월할 정도로 우스운 육체를 갖고 있을 것이다. '저승'을 여행하도록 허용된 인간의 신령들은 별들에 발을 들여놓지 못할 것이다. 마찬가지로, 방랑하고 있는 별의 거주자들도 지구에 오지 못하고 지구 표면에서 25미터 거리 위에 머물러야 할 것이다. 그 거리를 넘어서는 경우에 별의 거주자는 지구의 힘 안으로 들어오게 되어 인간의 육체를 가져야 하고, 그러면 자연사(自然死)를 하고 나서야 다시 자유로워질 수 있을 것이다. 별의 거주자들도 인간들처럼 냉담하고, 무정하고, 잔인하다. S. W.는 간단히 "영적인 것"이 부족하다는 말로 그들을 규정했다. 또 머리카락이 없고 눈썹도 없으며 얼굴에 각이 져 있다는 점을 별 거주자들의 특징으로 꼽았다. 나폴레옹은 별의 거주자였다.

여행을 하는 동안에 그녀는 자신이 찾는 곳을 두루 둘러보지 않고 서두른다. 그녀는 둥둥 떠다니는 느낌을 받으며, 신령들이 그녀에게 가야 할 곳과 가야 할 시기를 일러준다. 그러면 대체로 그녀는 자신이 찾게 되어 있는 사람이나 보고 싶은 사람의 얼굴과 상체만 본다. 그 사람이 처한 환경에 대해서 그녀는 거의 아무런 말을 하지 못한다. 이따금 그녀는 나를 보았지만 주변 환경을 배제하고 오직 나의 머리만 보았다. 그녀는 신령들의 마음을 사로잡는 일에만 매진했으며, 이 목적을 위해 그녀는 종이쪽지에 낯선 언어로 예언적인 글을 적어 온갖 기발한 곳에 숨겨놓았다. 나의 집에 살고 있는 것으로 짐작되는 어느 이탈리아인 살인자를 그녀는 코벤티라고 불렀는데, 이 사람이 특별히 그녀를 불쾌하게 만들고 있었다. 그녀는 몇 차례 그에게 마법을 걸려고 했으며, 나 몰래 몇 장의 종이에 붉은 글씨로 주문(呪文)을 적어서 곳곳에 숨겨놓았는데, 이 종이들은 나중에 우연히 발견되었다.

불행하게도, 나는 이 주문에 대한 해석을 들을 기회를 갖지 못했다. S. W.는 이런 문제에서만은 이상하게 말을 극도로 아꼈다. 이따금 몽유 상태의 그녀인 이베네스가 청중에게 직접 말을 했다. 그런 식으로 말을 할 때, 그녀의 모습은 위엄을 풍겼다. 아니, 어른티를 낸다는 표현이 더 정확하겠다. 그러나 그녀는 말솜씨가 썩 뛰어나지는 않았으며, 그렇다고 그녀를 안내하는 두 신령과 달리 허튼소리를 늘어놓지도 않았다. 그녀는 진지하고 성숙한 사람이며, 독실하고 경건하며, 여자답게 부드럽고, 겸손하고, 언제나 다른 사람의 판단을 받아들였다. 슬픔을 자아내는 듯한 감상적인 표정은 그녀의 특별한 점이었다. 그녀는 이 세상 너머를 보다가 마지못해 하며 현실로 돌아온다. 그러다 보니 자신의 힘든 운명과 냉혹한 가족 환경이 한탄스럽다. 이런 상황에서도 그녀에겐 고상한 면이 있었다. 그녀는 자신의 신령들을 지휘하고, 허튼소리를 늘어놓는 수다쟁이 게르벤슈타인을 경멸하고, 다른 사람들을 위로하고, 절망에 빠진 사람들을 이끌고, 그들을 육체와 영혼의 위험으로부터 보호한다. S. W.의 반 몽유 상태를 전적으로 통제하고 있는 것은 이베네스이다.

S. W.가 반 몽유 상태에 있을 때, 교령회에 참석하고 있던 사람들 중 일부는 그녀와 "프레포르스트의 예언녀"를 비교할 기회를 가졌다. 이 같은 암시가 아무런 결과를 낳지 않은 것은 아니었다. S. W.가 자

신의 전생에 대한 힌트를 내놓았던 것이다. 그리고 몇 주일 뒤에는 돌연 자신의 윤회 과정을 털어놓았다. 그때까지 그녀가 이런 유의 이야기를 한 적은 한 번도 없었다. 그녀의 이야기는 이렇다. 이베네스는 다른 인간 존재들의 신령 그 이상인 어떤 영적인 존재이다. 모든 인간의 영혼은 오랜 세기를 거치는 동안에 두 번의 삶을 살아야 한다. 그러나 이베네스는 200년마다 적어도 한 번씩은 다시 태어나야 한다. 그녀 외에 그녀와 같은 운명을 타고난 존재는 단 둘 뿐이다. 스베덴보리(Emanuel Swedenborg: 18세기 스웨덴의 신학자이자 천문학자/옮긴이)와 미스 플로렌스 쿡(Miss Florence Cook: 19세기 영국의 여자 영매/옮긴이)이다. S. W.는 이 두 사람을 오빠와 언니라고 부른다. 그러면서도 이들의 전생에 대한 정보는 전혀 주지 않았다.

19세기 초에 이베네스는 프레포르스트의 예언녀 하우프(Hauffe) 부인이었으며, 18세기 말에는 중부 독일(정확한 위치는 모른다)의 목사의 아내였다. 목사의 아내로서 그녀는 괴테의 유혹에 넘어가 그의 아이를 낳았다. 15세기에 그녀는 작센의 백작부인이었으며 티어펠젠부르크라는 아름다운 이름을 가졌다. 게르벤슈타인은 이쪽 가계의 친척이다. 300년의 시간적 간격과 괴테와의 연애는 프레포르스트의 예언녀의 슬픔에 의해 상쇄되었음에 틀림없다. 13세기에 그녀는 남부 프랑스의 귀족 부인으로 드 발루르라고 불렸으며 마녀로 여겨져 화형에 처해졌다. 13세기부터 거꾸로 거슬러 올라가 네루 황제 치하에서 기독교 박해가 이뤄지던 시기까지, 그때에도 윤회가 많이 있었겠지만, S. W.는 이 부분에 대해선 상세한 설명을 전혀 하지 못했다. 네로 황제 치하의 기독교 박해 동안에 그녀는 순교자 역할을 했다. 그때부터 거꾸로 다윗의 시대까지 또 다시 불분명하다. 다윗의 시대에 이베네스는 평범한 유대인 여자였다. 이 평범한 유대인 여자는 죽은 뒤 천국에서 내려온 천사 아스타프로부터 미래에 멋진 경력을 갖도록 하라는 명령을 받았다.

전생을 여러 차례 사는 동안에, 그녀는 언제나 이쪽과 저쪽을 잇는 중개자나 영매 역할을 했다. 그녀의 형제자매도 똑같이 전생을 살았고 비슷한 소명을 가졌다. 그녀는 어떤 전생을 살 때에는 결혼을 했으며, 이 결혼을 매개로 그녀는 무아경에 빠질 때 등장하는 존재들과의 관계를 체계적으로 세웠다. 예를 들어, 8세기경에 그녀는 자기 아버지의 어머니였으며, 더 나아가 그녀의 할아버지와 나의 할아버지의 어머니이기도 했다. 그래서 그 인연만 아니었더라면 남남이었을 두 할아버지는 아주 돈독한 우정을 나누는 사이가 되었다. 마담 드 발루르로서 그녀는 나의 어머니였다. 그녀가 마녀로 화형에 처해질 때, 나는 그 장면을 보고 삶에 회의를 느껴 루앙의 수도원으로 들어가 회색 수사복을 입고 수도원장이 되었으며 식물학에 대한 저서를 쓰다가 80세가 넘어 세상을 떠났다. 수도원의 휴게실에 마담 드 발루르의 그림이 걸려 있었으며, 발루르는 반쯤 뒤로 젖힌 모습으로 그려져 있다. (S. W.는 반 몽유 상태에 빠질 때 종종 소파에서 이런 자세를 취했다. 이 자세는 다비드(Jacques Louis David)의 유명한 그림에 나오는 마담 레카미에의 자세와 정확히 일치한다.) 교령회에 종종 참석한 사람들 중에 나를 약간 닮은 어느 신사도 그 시대 그녀의 아들 중 하나였다. 이런 관계를 중심으로 다소 친밀하게 연결된 가운데, 그들은 집단을 형성했다. 모두가 어떤 식으로든 그녀와 연결되어 있었다. 한 사람은 15세기부터 연결되고, 다른 한 사람은 18세기부터 연결되는 식이었다.

그녀의 이야기는 더 이어졌다. 현재 유럽 민족들 중 상당 부분이 3개의 큰 혈통에서 시작되었다. 그녀와 그녀의 형제자매들은 여호와에 의해 흙으로 빚어진 아담의 후손이고, 그 당시에 존재하던 다른 가문들은 영장류의 후손이었는데 카인의 아내는 이 가문의 여자였다. S. W.는 이 같은 관계를 중심으로 가문에 얽힌 에피소드나 로맨틱한 이야기, 자극적인 모험담을 엄청나게 많이 엮어냈다. 가끔 그녀가 지어내는 가짜 로맨스의 표적은 나도 아는 부인이었는데, 이 여자는 알 수 없는 이유로 S. W.에게 반감을 품고 있었다. S. W.는 이 부인의 전생이 18세기에 악명을 떨친 파리의 어느 독살자라고 주장했다. 이 부인이 그때보다 훨씬 더 교묘한 방법으로 위험한 짓을 계속하고 있다는 것이 S. W.의 주장이었다. 이 부인이 자신과 동행하고 있는 사악한 신령들의 부추김에, 공기에 노출되기만 해도 결핵균을 끌어당겨 널리 퍼뜨릴 수 있는 액체를 발견했다는 것이다. 이 액체를 음식과 섞는 방법으로, 이 부인은 남편(정말로 결핵으로 죽었다)과 자신의 연인들 중 한 사람을 죽였을 뿐만 아니라 상속을 노려 자기 오빠까지 죽였다. 부인의 장남은 연인과의 혼외 관계에서 낳은 아이였다. 과부의 몸으로 그녀는 또 다른 연인과의 사이에 아이를 하나 더 낳았으며, 최종적으로 자기 오빠(훗날 독살 당했다)와도 부적절한 관계를 가졌다.

S. W.는 이런 식으로 무수히 많은 이야기들을 지어내면서 그걸 절대적으로 믿었다. 이런 이야기에 등장하는 사람들은 그녀의 환상에도 등장했다. 앞에 언급한 독살자 부인이 등장할 때에는 죄를 고백하고 죄의 사함을 받는 과정이 팬터마임으로 실감나게 그려졌다. S. W.의 주변에서 일어나는 흥미로운 모든 것이 허구에 녹여졌으며, 이 때문에 전생과 전생에 영향을 미치고 있는 신령들에 대한 그녀의 말이 다소 정확하다는 인상을 주기도 했다. S. W.가 알고 있는 모든 사람은 그런

식으로 다뤄졌다. 그들은 대체로 친척으로 묘사되었다.

무아경의 상태에 빠지고 난 다음이면 어김없이 새로운 이야기가 하나 나왔다. 그럴 때면 이야기에 등장하는 인물들의 관계는 전생이나 불륜을 통해 설명되었다. S. W.에게 호의적인 사람들은 언제나 매우 가까운 친척들이었다. 이런 가족 로맨스는 서로 모순되는 구석이 없도록 세심하게 구성되었다. 이 로맨스에는 대개 무시무시한 인물이 등장했으며, 독살이나 적의, 유혹과 이혼, 유서 위조 같은 사건이 중요한 역할을 했다.

신비주의 과학: S. W.는 과학적인 질문과 관련해서 많은 암시를 내놓았다. 대체로 보면 교령회가 끝날 무렵에 과학적인 문제나 강신술에 관한 문제를 놓고 다양한 의견이 오갔다. 그래도 S. W.가 그런 논의에 적극적으로 참여한 적은 한 번도 없었다. 그녀는 반 몽유 상태에서 구석에서 꿈을 꾸듯 앉아 있었다. 그런 상태에서도 그녀는 이 사람 저 사람이 하는 말을 들으면서 그 의미를 파악했지만 절대로 자신의 의견을 제시하고 나서지는 않았다. 그녀에게 그런 문제에 관한 질문을 하면, 부분적인 설명만 나왔다.

겨울에 있었던 몇 차례의 교령회에서 몇 가지 암시가 나왔다. "신령들이 그녀에게 우주의 힘들과 '저승'에서 벌어지고 있는 놀라운 일들에 대해 알려주었지만, 그녀는 아직 아무것도 말할 수 없었다." 한번은 그녀가 어떤 설명을 제시하려다가 이렇게만 말하고 말았다. "한쪽엔 빛이 있었고, 다른 쪽엔 인력(引力)이 있었다." 교령회에서도 이런 문제에 대한 논의가 더 이상 들리지 않게 된 1900년 3월에, 그녀가 돌연 밝은 얼굴로 신령으로부터 모든 것을 받았다고 선언했다. 그녀는 다양한 이름이 적힌, 기다란 종이를 끄집어냈다. 내가 보여 달라고 간청했

246

지만, 그녀는 절대로 손에서 그것을 놓지 않았다. 그러면서 다음과 같은 체계에 대해 나에게 말로 설명했다.

1895년 겨울에 우리가 S. W. 앞에서 칸트의 『천체의 자연사』(Natural History of the Heavens)와 관련해서 인력과 척력에 대해 몇 차례 논의한 사실을 나는 뚜렷이 기억하고 있다. 당시에 우리는 '에너지 보존 법칙'과 다양한 에너지의 힘에 대해 논하고 중력이 운동의 한 형태가 아닐까 하는 의문에 대해서도 의견을 나눴다. 이 대화를 바탕으로 S. W.는 자신의 신비주의 체계의 바탕을 다듬어냈다.

자연의 힘들은 7개의 원으로 배열되어 있다. 이 원들 밖에도 원이 3개 더 있다. 이 3개의 원 안에서 에너지와 물질의 중간인 미지의 힘들이 발견된다. 물질은 이 10개의 핵심 원들을 둘러싸고 있는 7개의 원에서 발견된다. 한가운데에 제1의 힘이 자리 잡고 있으며, 이 제1의 힘은 창조의 근본 원인이자 하나의 영적인 힘이다. 제1의 힘을 둘러싸고 있는 첫 번째 원은 엄밀히 말하면 힘이 아니며, 제1의 힘에서 생기는 것이 아니라 제1의 힘과의 결합에서 생기는 영적 힘들이다. 한편엔 선한 힘, 즉 빛의 힘이 있고, 다른 한편엔 검은 힘들이 있다. 파워 마그네소르(Power Magnesor)는 대부분 제1의 힘으로 이뤄져 있고, 물질의 검은 힘이 가장 크게 작용하는 파워 코네소르(Power Connesor)는 제1의 힘을 거의 갖고 있지 않다. 제1의 힘은 바깥쪽으로 멀리 나갈수록 약해지며 물질의 힘도 마찬가지로 약해진다. 왜냐하면 물질의 힘은 제1의 힘과 충돌을 일으키는 곳에서, 예를 들어 파워 코네소르에서 가장 강하기 때문이다. 원들 안에는 크기가 서로 비슷하지만 서로 반대 방향으로 작용하는 비슷한 힘들이 있다. 이 체계는 제1의 힘에서 시작하여 왼쪽에서 오른쪽으로 마그네소르와 카포르(Cafor), 투사(Tusa), 엔

도스(Endos)로 이어지다가 코네소르로 끝나는 일련의 연속적인 체계로 묘사될 수 있다. 바깥 원의 모든 힘은 그 안쪽 원의 가장 가까운 힘들과 결합한다.

결론: 정말로 흥미롭고 소중했던 교령회들은 힘들의 체계를 제시하는 것으로 끝났다. 교령회가 끝나기 전부터 이미 무아경의 생생함이 갈수록 떨어지는 모습이 두드러졌다. 게르벤슈타인이 전면으로 나서는 일이 더욱 잦아졌으며, 그 탓에 교령회는 그의 유치한 수다로 채워졌다. 그 사이에 S. W.에게 떠오른 환상도 마찬가지로 그 생생함과 구체성을 잃는 것 같았다. S. W. 본인도 선한 신령들 앞에 있으면 유쾌한 기분을 느끼고, 나쁜 신령들 앞에 있으면 불쾌감을 느끼는 것이 전부였다. 새로운 것은 전혀 생겨나지 않았다. 신들린 상태에서 하는 말에도 불확실한 구석이 있었다. 내용도 점점 진부해졌을 뿐만 아니라, 그녀가 마치 그곳 사람들에게 인상을 남길 만한 것을 찾고 있는 것처럼 보였다. S. W.의 행동에도 수줍음과 불확실성이 두드러졌다. 그러다 보니 의도적으로 기만하고 있다는 인상이 더 강해졌다.

그래서 나는 곧 교령회에서 빠져나왔다. S. W.는 훗날 다른 집단 앞에서도 실험을 했으며, 내가 떠나고 6개월 뒤에는 사람들을 속이다가 걸리기도 했다. 당시에 그녀는 강신술 실험을 통해 자신의 초자연적인 능력에 대한 믿음을 되살리기를 원했다. 그래서 그녀는 작은 물건들을 드레스 안에 숨긴 다음에 어둠 속에서 공중으로 던져 올렸다. 이 일로 그녀의 연기는 다 끝났다. 이 일이 있고 18개월이 지났지만, 나는 그 사이에 S. W.를 보지 않았다. 그녀를 오래 전부터 알고 지내던 한 관찰자로부터, 그녀가 이따금 짧은 시간 동안에 이상한 상태를 경험한다는 이야기를 들었을 뿐이다. 그럴 때면 그녀는 매우 창백해지고 말을 잃고 시선이 고정된다고 했다. 환상에 관한 이야기는 들리지 않았다. 그녀가 교령회를 더 이상 열지 않는다는 소문이 돌고 있다.

S. W.는 지금 큰 회사에서 일하고 있으며, 들리는 소문을 종합하면 근면하고 책임감 있는 사람이다. 믿을 만한 사람들의 설명에 따르면, 그녀의 성격은 많이 나아졌다. 차분하고, 평범하고, 동정적인 사람으로 변했다. 그녀에게 비정상적인 것은 전혀 나타나지 않았다. 이 환자는 심리적으로 아주 심각하지는 않지만 그래도 문제가 될 요소들을 많이 안고 있다. 이 문제들을 일일이 설명하는 작업은 짧은 논문의 범위를 넘어선다. 따라서 우리는 다양하게 나타나는 징후들을 단순히 스케치하는 것으로 만족해야 한다. 보다 명료한 설명을 위해, S. W.가 경험한 다양한 상태들을 별도로 검토하는 것이 바람직할 것 같다.

1. 깨어 있는 상태: 깨어 있을 때에도 환자는 특이한 점을 다양하게 보인다. 앞에서 본 바와 같이, 그녀는 학교에서 주의가 자주 산만해지며 특이한 방향으로 몰입하고 시무룩한 표정을 잘 지었다. 그녀의 행동은 수시로 변한다. 조용하고 수줍음을 타며 말을 삼가다가도 금방 발랄해지고 시끄럽게 굴며 수다를 떨곤 한다. 그녀를 두고 우둔하다고 말할 수는 없지만, 그녀는 편협한 마음을 보여 주위 사람들을 놀라게 하는 경우가 있는가 하면, 지적으로 몰입하는 모습을 보여 놀라게 하기도 한다. 기억력은 전반적으로 좋다. 그러나 주의 산만 때문에 기억력이 많이 훼손되고 있다. 따라서 케르너의 『프레포르스트의 예언녀』를 놓고 몇 주일 동안 토론을 벌였음에도 불구하고, 그녀는 저자의 이름이 쾨르너인지 케르너인지조차 몰랐으며, 대놓고 물었다면 아마 예언녀의 이름도 몰랐을 것이다. 그러나 영교가 이뤄지는 동안에 무의식적으로 글을 쓰게 되는 상황에서는 케르너라는 이름을 제대로 적는다.

대체로 말하면, 그녀의 성격에 대단히 충동적이고, 불가해하고, 변화무쌍한 무엇인가가 있다고 할 수 있다. 사춘기라서 균형 감각이 떨어질 것이라는 점을 감안하더라도, 어떠한 원칙도 따르지 않는 반응과 설명되지 않는 기이한 성격에 병적인 요소가 있다. 이 같은 성격을 놓고 불안정하다고 말할 수 있을 것이다. 이 성격은 틀림없이 히스테리로 여겨질 수 있는 특징들을 내포하고 있다. 주의 산만의 상태가 결정적으로 히스테리로 여겨질 만하다.

피에르 자네가 주장하는 바와 같이, 히스테리성 감각 상실이 일어나는 바탕은 주의력의 상실이다. 자네는 젊은 히스테리 환자들의 내면에서 "감정 생활 전반에 걸쳐서 주의 산만과 놀랄 정도의 무관심이 보인다"는 사실을 입증할 수 있었다. 글을 잘못 읽는 것은 히스테리성 주의 산만을 아주 멋지게 보여주는 예이다. 이 과정은 심리학적으로 이런 식으로 설명될 것이다. 큰 소리로 글을 읽는 동안에, 주의력이 읽기 행위에 의해 마비되면서 다른 대상으로 향할 것이다. 읽기가 기계적으로 계속되는 동안에, 감각 인상은 전처럼 그 사람에게 지속적으로 들어올 것이지만 지각 중추의 감수성은 주의 산만 때문에 떨어질 것이다. 그러면 감각 인상의 힘은 더 이상 주의를 잡아끌 만큼 강하지 않게 될 것이고, 따라서 한때 새로운 감각 인상과 즉시 결합되었을 연상들이 억제될 것이다.

추가적인 심리 작용에 대한 설명은 두 가지만 가능하다. (1)감각 인상이 의식의 문턱 바로 아래에 있는 지각 중추에서 무의식적으로 받아들여진다(반응에 필요한 자극의 최소한의 크기가 더 커지기 때문이다). 따라서 감각 인상은 주의 안으로 받아들여지지 못하고 또 언어 경로로 들어가지도 못한다. 그렇게 되면 감각 인상은 가장 가까운 연상들의 개입을 통해서만 언어로 표현될 수 있는데, 이 경우에 이 대상을 나타내는 방언이 튀어 나오게 된다. (2)감각 인상이 의식적으로 지각되지만, 이 감각 인상은 언어 경로로 들어서는 순간 주의력 산만 때문에 감수성이 크게 떨어져 있는 영역에 닿는다. 이곳에서 운동 언어 이미지가 연상에 의해 방언으로 대체되면서 방언이 말로 나오게 된다. 이 케이스에서 두 가지 설명 중 어느 것이 맞는지 명쾌하게 밝힐 수 없지만, 아마 두 가지 설명이 똑같이 진실에 접근하고 있을 것이다. 왜냐하면 주의력의 분산이 일반적인 것처럼 보이고, 각각의 설명에 큰 소리로 읽는 행위에 한 개 이상의 감각기관이 관여하기 때문이다.

우리 환자의 경우에 이 현상이 특별한 가치를 지닌다. 이유는 우리가 여기서 상당히 기본적인 어떤 자동적 현상을 보고 있기 때문이다. 이 현상은 히스테리라 불릴 수 있다. 건강한 사람이 주의력 산만에 따른 실수를 바로잡지 못할 만큼 대상에 빠져드는 경우는 극히 예외적이다. 우리 환자에게 이런 일이 자주 일어나고 있다는 사실은 의식의 영역이 상당히 제한적이라는 점을 암시한다. 그녀가 동시에 들어오고 있는 중요한 감각들 중에서 비교적 적은 양만을 다룰 수 있다는 점에서 본다면, 그녀의 의식의 영역은 아주 좁다. "정신의 희미한 면"의 심리적 상태를 더 정확히 표현하길 원한다면, 우리는 그것을 잠자는 상태 또는 꿈꾸는 상태라고 불러야 할 것이다. 어쨌든, 범위와 강도가 매우 초보적인 그런 병적인 꿈 상태도 있다. 그런 꿈 상태의 기원은 자연 발생적이며, 자동증과 함께 저절로 생겨나는 꿈 상태들은 대체로 히스테리로 여겨진다. 우리 환자에게 글을 잘못 읽는 예가 자주 일어났고, 또 히스테리컬이라는 용어는 이런 의미로 쓰인다는 점이 강조되어야 한다. 우리가 아는 한, 부분적 수면 상태나 부분적 꿈 상태가 자주 나타나는 것은 오직 히스테리컬한 성향이라는 바탕 위에서만 가능하다.

비네는 자신의 히스테리 환자들을 대상으로 인접 연상들로 자동적으로 대체되는 것을 실험적으로 연구했다. 비네가 환자에게 미리 알려주지 않은 상태에서 환자의 마비된 손을 찌르면, 환자는 "뾰족한 것들"을 떠올렸다. 만약에 마비된 손가락을 움직이면, 환자는 "막대기"나 "기둥"을 떠올렸다. 가리개로 환자가 보지 못하게 가린 가운데 마비된 손이 "Salpêtrière"라고 쓰면, 환자는 "Salpêtrière"라는 단어가 자기 앞에 검정색 바탕에 흰색으로 쓰여 있는 것을 본다.

따라서 우리는 환자의 내면에서 나중에 일어날 현상에 대한 암시가 전혀 없는 상태에서도 초보적인 자동증을, 그리고 꿈 표현들의 조각들을 발견한다. 그런데 이 조각들은 그 자체에 언젠가 산만한 주의의 지각과 의식 사이로 한 개 이상의 연상을 끌어낼 가능성을 안고 있다. 글을 잘못 읽는 행위는 더욱이 정신적 요소들이 어떤 자동적 독립을 누리고 있다는 점을 보여준다. 이 같은 독립성 때문에 이따금 주의력 산만이 일어난다. 그 효과가 아주 미약해서 사람들의 눈길을 끌거나 의심을 살 정도는 아니라 하더라도, 주의력 산만이 일어나고 있는 것은 사실인 것 같다. 이 주의력 산만은 생리적인 꿈의 산만함과 비슷하다. 따라서 글을 잘못 읽는 행위는 앞으로 일어날 사건들을 미리 짐작케 하는 징후로 여겨질 수 있다. 특히 오독(誤讀)의 심리학이 몽유 상태에서 꿈이 생겨나는 메커니즘과 똑같기 때문이다. 정말로, 몽유 상태의 꿈은 앞에서 검토한 기초적인 과정을 다방면으로 변형시키고 많이 증식시킨 것에 지나지 않는다.

나는 우리 환자를 관찰하는 동안에 이와 비슷한 기초적인 자동증을 찾아내는 데에는 아직까지 한 번도 성공하지 못했다. 시간이 흐름에 따라, 주의 분산의 상태가 의식의 표면 아래에서 처음에는 약하게 시작되었다가 나중에 두드러진 몽유 발작으로 악화되는 것 같다. 그렇기 때문에 깨어 있는 상태에서는 주의 분산도 사라지고 발작도 일어나지 않는다. 환자의 성격의 발달에 관해 말하자면, 거의 2년 동안 이어진 관찰 동안에 현저한 변화는 전혀 보이지 않았다. 더욱 놀라운 점은 몽유 발작이 멈춘 후 2년 동안 환자의 성격에 상당한 변화가 일어났다는 사실이다.

2. 반(半) 몽유: S. W.의 예에서 반 몽유라는 표현은 다음과 같은 상태를 가리킨다. 실제 몽유 발작을 일으키기 전이나 후에 얼마 동안, 환자는 자신이 "몰입"이 특징인 그런 상태에 있다는 사실을 깨닫는다. 그녀는 주변의 대화도 건성으로 듣고 대답도 적당히 하고 종종 온갖 종류의 환각에 빠진다. 그럴 때면 그녀의 얼굴은 엄숙하고, 시선은 황홀경에 빠진 듯하고 또 불타는 듯하다. 면밀히 관찰하면, 그녀의 전체 성격이 완전히 바뀐 것처럼 보인다. 그런 순간에 그녀는 진지하고 위엄을 풍긴다. 그녀가 말을 하면, 주제는 언제나 아주 진지하다. 이런 상황에서 그녀가 너무나 진지하게, 또 확신에 차서 말을 하기 때문에 사람들은 그런 그녀를 보면서 나이가 열다섯 살 반이 맞나 하고 궁금해 한다. 극적인 재능을 상당히 많이 가진 성숙한 여인이라는 인상을 받는 것이다. 그녀의 설명에 따르면, 행동이 이런 식으로 진지해지고 경건해지는 이유는 그녀가 이 세상과 저 세상의 경계에 선 상태에서 죽은 자의 영혼과도 산 자의 영혼을 만날 때만큼이나 진정한 마음으로 만나고 싶기 때문이라고 한다. 정말로, 그녀의 대화는 대체로 객관적인 물음에 대한 대답과 환각적인 물음에 대한 대답으로 나뉜다. 나는 이 상태를 반 몽유라고 부른다.

자동증

반 몽유의 특징은 의식이 깨어 있을 때의 의식과 연속성을 보이고 다양한 자동증이 나타난다는 점이다. 이 자동증들은 잠재의식의 자기가 의식의 자기와 별도로 작동하고 있다는 사실을 보여주는 증거이다.

우리 환자는 다음과 같은 자동적인 현상을 보이고 있다.

(1) 테이블의 자동적 움직임

(2) 자동 기술(記述)

(3) 환각

1. 테이블의 자동적 움직임

나의 관찰의 대상이 되기 전에, 환자는 처음에 하나의 놀이로 우연히 접하게 된 "테이블 터닝"에 강하게 끌리고 있었다. 그녀가 서클에 들어가자마자, 그녀의 가족의 구성원들로부터 영교가 나왔다. 이것이 그녀가 영매라는 점을 보여주었다. 나는 그녀가 손을 테이블 위에 올리자마자 테이블이 전형적인 움직임을 시작했다는 사실만 확인할 수 있었다. 뒤따른 영교들은 전혀 우리의 관심을 끌지 못했다. 그러나 테이블이 움직이는 행위의 자동적인 성격 자체는 논의의 대상이 될 만하다. 왜냐하면 환자가 의도적으로 밀거나 잡아당기는 것이 아닌가 하는 의심을 잠재울 기회가 될 수 있었기 때문이다.

슈브뢸(Michel Eugene Chevreul)과 글레이(Eugène Gley), 레흐만(Lehmann) 등의 연구를 통해 알고 있듯이, 무의식적 운동 현상은 히스테리 증상을 보이는 사람들이나 다른 정신병을 앓는 사람들 사이에서 자주 일어날 뿐만 아니라 다른 자발적 자동증을 전혀 보이지 않는 정상적인 사람들에게도 비교적 쉽게 일어날 수 있다. 나는 이 방면으로 실험을 많이 했기 때문에 이 같은 관찰에 자신 있게 동의할 수 있다. 실험을 원한다면, 절대 다수의 예에서 필요한 것은 침묵의 기다림을 한 시간 정도 견뎌내는 인내심뿐이다. 반(反)암시(암시하는 것과 정반대로 하려는 성향을 말한다/옮긴이)가 장애로 개입하지 않는다면, 대부분의 실험 대상자는 운동 자동증을 상당한 정도로 보일 것이다. 작은 수의 실험 대상자들에게서는 그 현상이 저절로 일어난다. 말하자면 언어적 암시나 자기 암시만으로도 운동 자동증이 나타난다는 뜻이다. 이런 경우엔 실험 대상자들이 암시의 영향을 아주 강하게 받는다. 일반적으로, 자동증에도 정상적인 최면에 통하는 법칙들이 그대로 통하게 되어 있다. 그럼에도, 환자의 개별적인 특성 때문에 생기는 특별한 상황은 반드시 고려되어야 한다.

지금 우리가 논하고자 하는 것은 완전한 최면이 아니고, 팔의 운동 영역에만 국한된 부분적 최면이다. 육체 중에서 특별히 아픈 부위만을 위해 "마그네틱 패스"(환자의 최면 상태를 더욱 깊게 하기 위해 최면술사가 두 손으로 환자의 눈 위를 몇 차례 훑듯이 지나가는 것을 일컫는다/옮긴이)로 끌어내는 뇌의 마취가 그런 예에 속한다. 우리는 원하는 부분 최면을 걸기 위해 암시의 말을 하거나 자기 암시를 이용하면서 문제의 부위를 건드린다. 이 절차를 따르면, 다루기가 다소 까다로운 사람이 자동증을 오히려 더 쉽게 보인다. 실험자는 의도적으로 테이블에 약간의 힘을 가한다. 아니면 리듬이 느껴지도록 매우 약하게 두드리는 것이 더 효과적이다. 시간이 조금 지나면 실험자는 이 진동이 더 강해져 있다는 것을 알게 되고 또 자신이 의도적인 움직임을 그

만두어도 그 진동이 계속된다는 사실을 깨닫게 된다. 그러면 실험은 성공한 것이나 마찬가지이다. 실험 대상자가 의심하지 않고 암시를 받아들인 것이다.

이런 절차를 밟으면, 단순히 말로만 할 때보다 암시가 훨씬 더 강하게 전달된다. 감수성이 매우 강한 사람이나 움직임이 저절로 일어날 수 있다고 믿는 사람에겐, 그들이 지각하지 못하는, 실험자가 고의로 일으킨 그 떨림 운동 자체가 '행위를 유발하는 사람'의 역할을 맡게 된다. 떨림이 충분히 강하고 또 영매가 그 떨림의 의미를 정확히 이해하고 있다면, 조금 천박해 보이는 능력인 자동적인 움직임을 한 번도 이루지 못했던 사람까지도 이런 식으로 테이블의 움직임을 이끄는 역할을 무의식적으로 맡을 수 있다. 이 경우에 영매는 약한 떨림을 통제하면서 그 떨림을 강하게 키워서 다시 보내지만, 즉시 전달하는 경우는 드물고 대체로 몇 초 뒤에 전달한다. 이런 식으로, 영매는 자신의 의식적 또는 무의식적 생각을 드러낸다. 이런 간단한 수법으로도, 얼핏 보면 아주 어려워 보이는 독심술도 가능해진다.

테이블의 떨림은 테이블 주변에 앉은 사람들에게 받아들여져 강화되고 다시 재생된다. 떨림은 비록 약할지라도 그래도 지각 가능하며, 따라서 그 떨림은 암시적으로 약한 자극의 역할을 하게 되고, 부분적인 최면이 더욱 깊어짐에 따라 자동적 움직임이 일어나게 된다. 이 실험은 자기 암시가 단계적으로 깊어지는 과정을 아주 명쾌하게 보여주고 있다.

이 자기 암시의 길을 따라서, 운동의 성격을 지닌 모든 자동적 현상이 발달한다. 여기까지 이야기하고 나면, 지적인 내용물이 순수하게 운동적인 것과 어떤 식으로 점진적으로 결합하게 되는지에 대해서는 군이 설명할 필요가 없을 것이다. 지적인 현상을 불러일으키는 데에는 특별한 암시가 필요하지도 않다. 애초부터 지적 현상을 불러일으키는 것은 적어도 실험자의 입장에서 보면 단어를 제시하는 문제에 지나지 않는다. 객관적으로, 지적인 어떤 내용물이 생겨나는 과정은 다음과 같이 이해되어야 한다.

자기 암시가 점차 깊어짐에 따라, 팔의 운동 영역이 의식으로부터 분리된다. 말하자면 약한 운동 충동을 지각하는 것이 의식으로부터 숨겨진다는 뜻이다.

의식으로부터 얻은 지식, 즉 어떤 지적 내용물이 가능하다는 지식에 의해, 이 지적 내용물을 통보하는 수단이 되어줄 언어 영역에 부차적인 자극이 일어난다. 단어를 표현하는 행위 중에서 운동 부분은 주로 이 통보에 관심을 기울인다. 언어 충동이 운동 영역으로 무의식적으로 흘러가고 또 거꾸로 부분적인 최면이 언어 영역으로 점진적으로 침투하는 것을 우리는 이런 식으로 이해한다.

초심자들을 대상으로 한 무수한 실험에서, 나는 대체로 지적 현상이 처음 시작되는 시점에 아무 의미가 없는 단어들이 나오는 것을 비교적 자주 관찰했다. 무의미한 글자들을 나열한 것에 지나지 않는 경우도 종종 있었다. 그 뒤에도 온갖 괴상한 것들이 다 나왔다. 예를 들면, 글자가 엉뚱한 곳에 놓이거나 순서가 완전히 거꾸로 된 단어나 문장도 있었다. 글자나 단어의 등장은 새로운 암시로 작용하게 된다. 그 글자나 단어에 자연히 어떤 종류의 연상이 결합되고, 그러면 그 연상은 현실로 실현되게 된다.

정말 신기하게도, 이 연상들은 보통 의식적인 연상이 아니고 꽤 뜻밖의 연상들이다. 이 같은 상황은 언어 영역의 상당 부분이 이미 최면에 의해 고립되어 있다는 점을 보여준다. 이 자동증을 인식하는 것 자체가 다시 효과적인 암시로 작용했다. 왜냐하면 그 순간에 반드시 기이하다는 느낌이 들 것이기 때문이다. "누가 이런 행위를 하고 있지?"라거나 "누가 말을 하고 있지?" 하는 물음은 무의식적인 인격의 통합을 낳게 하는 암시이다. 무의식적 인격은 대체로 지나치게 오래 기다리는 것을 좋아하지 않는다. 어떤 이름이든 소개될 것인데, 그 이름은 일반적으로 감정이 실린 이름일 것이다. 그러면 인격의 자동적 분열이 이뤄지게 된다. 앞에 말한 무의식적 인격의 통합이 그 시작부터 얼마나 우연적인지를, 문헌에서 끌어낸 다음의 예가 잘 보여주고 있다. 마이어스(Frederic William Henry Meyers)는 심령연구학회(Society for Psychical Research) 회원으로 자기 자신을 대상으로 자동 기술(記述)을 실험하고 있던 미스터 A라는 사람을 관찰한 흥미로운 내용을 공개했다.

3일째

사람은 무엇인가? *TEFI H HASL ESBLE LIES.*
철자의 위치를 바꾼 문장인가? *그렇다.*
단어는 모두 몇 개인가? *5개다.*
첫 단어는 무엇인가? *맞춰 봐라.*
두 번째 단어는? *맞춰 보라니까. 아니면 내가 해석해?*
미스터 A는 해답을 찾아냈다. "Life is less able." 그는 이 같은 지적 정보에 크게 놀랐다. 지능이 마치 그가 없어도 존재할 수 있다는 점을 입증하는 듯이 보였다. 그래서 그는 계속 물었다.
당신은 누구인가? *클레리아.*

여잔가? *그렇다.*

이 땅에서 산 적이 있는가? *없다.*

언젠가 생명을 얻어 이곳으로 올 것인가? *그렇다.*

언제? *6년 안에.*

나와 대화하는 이유는? *E if Clelia el.*

미스터 A는 이 대답을 'I Clelia feel.'로 해석했다.

4일째

내가 질문을 던지고 있는 사람인가? *그렇다.*

거기에 클레리아 있는가? *없다.*

그러면 거기 누가 있는가? *아무도 없다.*

클레리아는 존재하긴 하는가? *존재하지 않는다.*

그렇다면 어제 내가 대화한 상대는? *아무도 없다.*

우리 환자가 자주 보이는 그런 고의적인 떨림을 근거로 한 독심술 현상을 고려한다면, 자동적인 테이블 터닝이 속임수라는 식의 반대 의견을 품기가 힘들 것 같다. 신속하게 이뤄지는 의식적인 독심술은 최소한 엄청난 양의 연습을 요구하는데, 우리 환자는 그런 연습을 하지 않았다는 사실이 드러난다. 우리 환자의 경우처럼, 전체 대화가 고의적 떨림을 통해 수행될 수도 있다.

잠재의식의 피암시성도 객관적으로 증명할 수 있다. 예를 들어, 손을 테이블에 올려놓고 있는 실험자가 영매의 손이 더 이상 테이블이나 유리컵을 움직일 수 없게 되기를 바라면, 정말 놀랍게도 테이블이 즉시 움직이지 않게 될 것이다. 당연히 다른 암시들도 실현될 수 있다. 다만, 이 다른 암시들이 부분적 최면이 이뤄진 영역을 신경 자극에 의해 침범하는 일이 벌어지지 않아야 한다. 이는 동시에 최면의 제한적인 성격을 입증하기도 한다. 따라서 다리와 다른 팔에 대한 암시는 실현되지 않을 것이다.

테이블 터닝은 전적으로 환자의 반 몽유 상태에서만 일어나는 그런 자동증이 아니다. 반대로, 테이블 터닝은 깨어 있는 상태에서 아주 분명하게 일어났으며, 대부분의 예를 보면 그런 다음에 반 몽유로 넘어갔다. 이런 상태가 나타났다는 사실은 보통 환각에 의해 확인된다.

2. 자동 기술

처음부터 보다 강력한 부분적 최면을 요구하는 두 번째 자동적 현상은 자동 기술(記述)이다. 나의 경험에 따르면, 자동 기술이 테이블 터닝보다 훨씬 드물고 성취하기도 훨씬 더 어렵다. 테이블 터닝에서와 마찬가지로, 자동 기술도 암시의 문제이다. 암시는 감각이 살아 있을 때에는 의식에, 감각이 사라진 뒤에는 무의식에 작용한다. 그러나 암시는 단순히 암시에서 그치지 않는다. 암시 자체가 이미 어떤 지적인 요소를 담고 있기 때문이다. "쓴다는 것"은 곧 "무엇인가를 쓴다"는 뜻이다. 단순한 운동의 차원을 넘어서는, 암시의 이 특별한 지적인 요소는 종종 실험 대상자의 내면에 곤혹스런 느낌을 불러일으키고, 따라서 자동성의 출현을 방해하는 약한 반(反)암시를 낳는다. 나는 몇 사람의 환자에게서 다소 무모한 암시(소위 정상적인 사람의 깨어 있는 의식을 향한 암시였다)가 먹히는 것을 관찰했다.

그러나 암시가 통하는 방식은 좀 기이했다. 암시가 처음에는 중추 신경계 중에서 최면과 관련 있는 운동 부분만 대체하더니, 이어서 운동 현상에서 비롯된 자기 암시를 통해 보다 깊은 최면에 이르렀다. 이는 앞에서 설명한 테이블 터닝의 절차와 비슷하다. 손에 연필을 쥔 실험 대상자는 쓰기에 주의를 기울이지 않은 가운데 의도적으로 대화에 몰입한다. 그러다가 손이 움직이기 시작한다. 대체로 위쪽으로 힘을 주며 치거나 지그재그로 선을 그리거나 그냥 선을 하나 그리는 것으로 시작한다. 연필이 종이에 닿지 않고 허공에 글을 쓰는 예도 간혹 있다. 이 같은 동작들은 "쓰다"라는 행위에 담긴 운동의 요소를 표현하는, 순수한 운동 현상으로 보아야 한다. 이런 현상은 다소 드물다. 대체로 처음에는 글자가 하나씩 쓰이며, 이 글자들이 단어와 문장으로 결합하는 데에도 앞에서 테이블 터닝과 관련해 말한 내용이 그대로 유효하다. 진짜 거울 문자(거울에 비추면 바로 보이도록 쓴 글씨/옮긴이)도 간혹 관찰된다.

대부분의 실험에서, 그리고 매우 특별한 암시를 받지 않고 있는 초심자들을 대상으로 한 모든 실험에서, 자동 기술은 어디까지나 실험 대상자의 쓰기이다. 이따금 서체가 크게 바뀌기도 하지만, 이 변화는 부차적이며 언제나 무의식적인 어떤 인격이 개입하면서 통합되고 있다는 것을 보여주는 징후로 여겨진다.

언급한 바와 같이, 우리 환자의 자동 기술은 절대로 크게 향상되지 않았다. 일반적으로 어둠 속에서 실시된 이 실험들에서, 그녀는 반 몽유 또는 무아경으로 넘어갔다. 따라서 자동 기술도 예비적인 테이블 터닝과 똑같은 효과를 낳았다.

3. 환각

두 번째 교령회에서 몽유 상태에 빠진 현상의 본질은 심리학적으로 중요하다. 언급한 바와 같이, 자동적인 현상은 어둠이 내릴 때 비교적 순조롭게 전개되었다. 이 교령회에서 가장 흥미로운 사건은 할아버지로부터 불쑥 영교가 내려온 일이었다. 이 영교가 서클의 구성원들 사이에 다양한 토론을 촉발시키는 출발점이 되었다. 두 가지 중요한 사항, 즉 어둠과 할아버지의 영교라는 놀라운 사건이 최면이 급속히 깊어지게 하는 바탕이 되었으며, 이 최면의 결과 환각이 일어날 수 있었다. 이 과정의 심리적 과정은 이런 식으로 진행되는 것 같다.

어둠이 감각기관의 피암시성에 영향을 끼친다는 사실은 널리 알려져 있다. 비네는 어둠은 수면 상태를 일으키는 히스테리 환자에게 특별한 영향력을 행사한다고 주장한다. 앞에서 말한 내용을 통해 분명해지듯이, 우리 환자는 부분적 최면 상태에 있었으며, 자신과 아주 가까운 관계인 무의식적 인격을 언어 영역에서 자기 자신과 하나로 간주했다. 이 인격의 자동적 표현은 새로운 인물에 의해 뜻하지 않게 방해를 받는다. 이 인물의 존재에 대해 아무도 눈치 채지 못했다. 이 새로운 인물은 어디서 오는가? 분명히, 첫 번째 교령회에 대한 뜨거운 기대감이 환자의 내면을 꼭 채우고 있었을 것이다. 나와 나의 가족에 대한 그녀의 회상도 아마 이 기대감을 중심으로 형성되었을 것이다.

따라서 이 회상들은 무의식적 표현의 절정에서 갑자기 튀어나왔을 것이다. 그것이 꼭 나의 할아버지였다는 점은, 다시 말해 그녀도 잘 알고 있듯이 나와 훨씬 더 가까운 나의 죽은 아버지가 아니고 내가 아는 바가 전혀 없는 할아버지였다는 점은 아마 새로운 인격의 기원을 찾아야 할 곳이 어딘지를 짐작하게 할 것이다.

새로운 인격이 돌연 끼어드는 것을 근거로, 우리는 관련된 표현들이 기대에 부응할 정도로 매우 생생할 것이라고 결론을 내릴 수 있다. 이

것은 아마 소녀의 수줍음이나 당혹감을 극복하려는 시도였을 것이다. 이 일은 꿈이 꿈을 꾸는 사람의 의식에, 그 사람이 그때까지 한 번도 자신에게 솔직하게 털어놓은 적이 없는 것을 다소 솔직한 상징을 빌려 제시하는 방법을 상기시킨다.

새로운 인격의 분열이 언제 일어났는지, 그 분열이 무의식 속에서 서서히 준비되었는지 아니면 교령회에서 처음 일어났는지, 우리는 모른다. 어쨌든 이 사건은 최면을 통해 접근 가능하게 된 무의식의 영역이 크게 확장되었다는 것을 의미했다. 동시에 이 사건은 환자의 깨어 있는 의식에도 암시성 강한 인상을 남기는 것으로 여겨져야 한다. 왜냐하면 이처럼 예상치 않은 새로운 어떤 힘을 지각하게 될 경우에 이 지각이 틀림없이 이상한 자동증의 느낌을 불러일으킬 것이고, 이 지각이 또 어떤 신령이 개인적으로 거기에 모습을 드러내고 있다는 점을 쉽게 암시할 것이기 때문이다. 따라서 그녀가 결국엔 이 신령을 보게 될 것이란 연상이 분명히 따랐을 것이다.

두 번째 교령회에서 벌어진 상황은 이처럼 강화하는 암시와 어둠에 따른 피암시성의 강화가 동시에 이뤄졌다는 사실로 설명된다. 최면 상태에 빠지고, 이어서 서로 다른 일련의 이미지들이 시각 영역으로 쳐들어오고, 지금까지 운동에만 국한되었던 무의식적 표현이 환각의 성격을 지닌 시각적 이미지로 나타난다. 이때 시각적 이미지는 단순히 언어 자동증에 수반되는 현상으로 나타나는 것이 아니라 언어 자동증을 대체하는 기능으로 나타난다. 첫 번째 교령회에서 일어났던 상황은 당시에 예상하지도 않았고 설명도 되지 않았는데, 그 상황에 대한 설명은 더 이상 말로 이뤄지지 않고 묘사적인 시각적 이미지로만 이뤄지고 있다. 예를 들면, "그들은 서로를 미워하지 않으며, 서로 친구 사이이다."라는 문장이 하나의 그림으로 표현되는 것이다.

우리는 몽유병 환자에게서 이런 종류의 사건들을 종종 접한다. 몽유병 환자들의 사고는 유연한 이미지들로 펼쳐지는데, 이 이미지들은 끊임없이 이 감각 영역 또는 저 감각 영역으로 쳐들어오며 환각으로 나타난다. 숙고 과정이 잠재의식 속으로 가라앉고, 그러면 숙고 과정의 최종 결과만 생생한 감각을 지닌 그림으로, 혹은 환각으로 의식에 떠오른다. 비네가 어떤 환자의 마비된 손을 아홉 번 찌르자, 이 환자가 숫자 9를 떠올렸다고 한다. 우리 환자의 경우에도 이와 똑같은 일이 일어난 것이다. 그렇다면 여기서 질문이 하나 생긴다. 자동증이 청각 영역에는 나타나지 않는데 시각 영역에 나타나는 이유는 무엇인가? 자동증이 시각 영역을 선택할 근거가 몇 가지 있다.

(1) 우리 환자는 청각 쪽으로 재능을 타고나지 못했다. 예를 들어, 그녀는 음악적 소질이 형편없다.

(2) 소리에 유리하게 작용할 만한 고요가, 어둠과 비교할 만한 그런 고요가 전혀 확보되지 않았다. 교령회 현장에선 온갖 대화가 생생하게 오갔다.

(3) 자동증이 너무나 기이하게 느껴지면서 신령들이 가까이 있다는 확신이 점점 더 커짐에 따라 신령이 나타날 수 있다는 생각이 팽배하게 되었고, 따라서 시각적 영역을 약간 자극하게 되었다.

(4) 어둠 속에서 눈에 일어나는 내시(內視)현상(눈 속의 영상이 보이는 현상을 말한다. 유리체나 망막 조직 또는 혈관의 영상이 보이기도 한다/옮긴이)도 환각이 일어나기에 좋은 환경을 조성한다.

이 중 (3)번과 (4)번, 즉 어둠 속에서 일어나는 눈의 내시현상과 시각 영역의 자극이 환각의 출현에 결정적으로 중요하다. 내시현상이 자동증을 일으키는 자기 암시에서 하는 역할은 운동 중추가 최면에서 촉각 자극을 일으키는 역할과 똑같다. 언급한 바와 같이, 환각적인 몽롱 상태가 처음 일어나기 전에 번쩍임들이 나타난다. 틀림없이 주의력은 이미 한껏 고조되어 있을 것이고, 시각적 지각 쪽으로 쏠리고 있었을 것이다. 그래서 평소에 아주 약한, 망막 자체의 빛도 엄청나게 밝게 보였다. 환각의 기원에서 내시현상에 따른 빛의 지각이 하는 역할은 추가적으로 고려해 볼 가치가 충분하다.

슐(Heinrich Schüle)은 이렇게 말한다. "어둠 속에서 시야를 자극하고 흥분시키는 빛과 색깔들의 향연이 비록 어둠 속일지라도 잠이 들기 전에 공상적인 형상들이 허공에 난무할 자료를 제공한다. 모두가 잘 알듯이, 절대 암흑은 절대로 없다. 어두운 시야에서 언제나 약간의 입자들이 빛을 발하게 되어 있다. 빛의 얼룩이 이리저리 움직이고 다니면서 서로 결합해 온갖 형상을 만들어낸다. 이 빛의 얼룩들에서 유명한 인물을 찾아내는 데는 그야말로 약간의 상상력밖에 필요하지 않다. 구름을 보면서 이런저런 사람의 모습을 떠올리는 것과 똑같다. 사람이 잠들면, 추리의 힘도 점점 사라진다. 그러면 공상이 마음대로 돌아다니면서 온갖 형상을 생생하게 만들어낸다. 어두운 시야에서 빛이 깜박이고 색깔이 변화하는 곳에서 대상의 윤곽이 명확하게 보인다."

잠들 때의 환각은 그런 식으로 생겨난다. 당연히 상상력이 중요한 역할을 한다. 따라서 특히 상상력이 풍부한 사람들이 잠들기 전에 환각을 많이 경험한다.

최면 상태에서 보는 그림들도 정상적인 수면에 나타나는 꿈 그림과 똑같을 가능성이 크다. 모리(Alfred Maury)는 자기관찰을 바탕으로 잠들기 전에 머리에 떠오르는 그림들이 꿈에 나타나는 대상이라는 점을 증명했다. 트럼불 래드(G. Trumbull Ladd)는 이 점을 더욱 설득력 있게 보여주었다. 그는 연습을 통해 잠들고 나서 2분 내지 5분 후에 갑자기 깨어날 수 있었다. 그런 다음에 그는 자신의 망막 앞에서 춤을 추고 있는 형상들의 윤곽이 간혹 잠에서 깨기 직전에 꾼 꿈의 그림들의 윤곽과 똑같다는 것을 관찰했다. 더 나아가, 그는 거의 모든 시각적 꿈은 망막 자체의 빛이 이루는 형상에 의해 다듬어진다고 주장한다. 우리 환자의 경우엔 이 그림들의 공상적인 부분은 주변 상황의 영향을 받았다.

　지나치게 부풀려진 기대의 영향도 과소평가해서는 안 된다. 이 기대감이 흐릿한 망막의 빛이 아주 밝게 보이도록 만들 수 있기 때문이다. 환각이 이런 식으로 나타난다는 점은 다른 공상가의 내면에서도 확인되었다. 잔 다르크(Jeanne d'Arc)는 처음에 빛의 구름을 보았고 그 다음에 성 미카엘(St. Michael)과 성 카타리나(St. Catherine), 성 마르가리타(St. Margaret)를 보았다. 스베덴보리는 한 시간 동안 빛나는 영역과 불꽃만을 보았다. 그는 뇌에서 엄청난 변화를 느꼈으며, 그것이 그에겐 "빛의 방출"로 보였다.

　공상가의 복잡한 환각은 과학적 비평에서 언제나 특이한 자리를 차지해 왔다. 마카리오(Macario)는 일찍이 소위 이런 직관 환각과 다른 환각을 구별했다. 직관 환각이 열광적인 마음을 가진 사람이나 이해력 깊은 사람, 신경의 감수성이 예민한 사람에게서 곧잘 일어난다는 판단에서였다.

　헤커(Hecker)는 비슷한 의견을 더 열정적으로 제시했다. 그의 견해는 그런 특성을 지닌 사람들의 경우에 "정신적 기관(器官)이 선천적으로 잘 발달되어 있는데, 이 기관이 상상력이 마음껏 활동하며 유희를 벌이도록 자극한다"는 것이다. 이 환각들은 "강력한 정신적 힘을 보여주는 신호이거나 그런 힘의 전조이다". 환상은 "일종의 강화된 흥분으로, 몸과 마음의 완벽한 건강을 위한 조화로운 적응"이다. 복잡한 환각은 깨어 있는 상태에선 잘 일어나지 않으며 대체로 반쯤 깨어 있는 상태를 선호한다. 몽상가는 자신을 완전히 소멸시켜버릴 만큼 철저히 환상에 묻힌다. 플루누아는 H. S.의 환상에서 언제나 "어느 정도의 혼미 상태"를 발견할 수 있었다. 우리 환자의 경우에는 환상이 수면 상태에 의해 복잡해지는데, 환상의 특성에 대해서는 뒤에서 논할 것이다.

성격의 변화

우리 환자의 경우에 두 번째 단계에서 보인 가장 놀라운 특징은 성격에 변화가 나타났다는 점이다. 이 분야의 저술들을 보면, 자동적인 성격 변화의 징후를 보이는 예들이 많이 나온다. 과학 출판물에 처음 등장하는 예는 위어 미첼(Weir Mitchell)이 관찰한 메리 레이놀즈이다.

레이놀즈는 1811년에 미국 펜실베이니아에서 살았던 젊은 여인이다. 20시간에 이르는 긴 잠을 잔 뒤에, 그녀는 자신의 과거와 자신이 배운 모든 것을 깡그리 망각해 버렸다. 심지어 그녀가 말하던 단어까지도 그 의미를 완전히 상실해 버렸다. 그녀는 더 이상 친척들도 알아보지 못하게 되었다. 그녀는 쓰고 읽는 것을 서서히 다시 배웠지만, 필기는 오른쪽에서 왼쪽으로 하게 되었다. 더욱 놀라운 것은 그녀의 성격에 나타난 변화였다. 수줍어하며 망설이는 모습을 보이던 그녀가 쾌활하고 사교적인 모습으로 바뀐 것이다. 예전에는 말이 없고 소극적이었으나 지금은 익살맞았다. 성향이 완전히 바뀐 것이다.

이 상태에서 그녀는 예전의 소극적인 삶을 거부하고 아무 무장을 하지 않은 채 걷거나 말을 타고서 숲속이나 산속을 돌아다니며 모험을 즐겼다. 이런 식으로 떠돌던 어느 날, 그녀는 덩치가 큰 흑곰과 맞닥뜨렸다. 처음에 그녀는 곰을 돼지로 착각했다. 곰이 뒷발로 곧추선 채 그녀를 노려보며 이빨을 드러냈다. 그녀는 말을 더 이상 몰 수 없게 된 상황에서 몽둥이를 들고 곰이 달아날 때까지 내리쳤다. 그리고 5주일 뒤 깊은 잠을 자고 난 뒤에 그녀는 옛날의 상태로 다시 돌아왔다. 그러면서 그 동안에 벌어진 일도 망각했다. 16년 동안 두 가지 상태가 번갈아 나타났다. 그러나 마지막 25년 동안에 메리 레이놀즈는 두 번째 상태로만 살았다.

슈뢰더 폰 데어 칼크(Schroeder von der Kalk)는 다음과 같은 케이스에 대해 보고하고 있다. 환자는 3년 동안 지루하게 병을 앓은 뒤인 열여섯 살 때부터 주기적으로 기억 상실증을 보였다. 잠에서 깨어난 뒤 아침에 가끔 기이한 무도병에 걸린 것 같은 모습을 보였다. 그럴 때면 이 여자 환자는 춤을 추듯 팔을 율동적으로 움직였다. 그러고 나면 하루 종일 유치한 행동을 하며 교육을 통해 습득한 능력을 모두 잃어버렸다. (정상적인 상태에서 그녀는 매우 지적이고 글도 잘 읽고 프랑스어를 유창하게 했다.) 제2의 상태로 들어가면 그녀는 프랑스어를 엉터리로 말하기 시작했다. 그 다음 날에도 그녀는 다시 이따금 정상적인 모습을 보였다. 두 가지 상태는 기억 상실증에 의해 완전히 구분되었다.

회펠트(Hoefelt)는 자발성 몽유병을 앓는 소녀에 대해 보고하고 있다. 이 소녀는 정상적인 상태일 때에는 순종적이고 겸손하지만 몽유 상태에선 고집이 세고 무례하고 폭력적으로 변했다. 아잠이 보고한 펠리다는 정상적인 상태에서는 우울해하고 소심하지만 제2의 상태로 바뀌면 팔팔하고 확신에 차고 무모할 만큼 진취적인 모습을 보인다. 제2의 상태는 점차적으로 제1의 상태가 되었으며, 그러다 마지막에는 제2의 상태가 제1의 상태를 지배하게 되다 보니 환자는 이젠 짧은 시간 동안 지속되는 정상적인 상태를 오히려 "위기"라고 부르게 되었다. 기억 상실 발작은 14세 반에 시작되었다. 곧 제2의 상태가 순화되면서 두 가지 상태의 성격이 서로 비슷해졌다.

성격 변화를 가장 두드러지게 보여준 예는 바로 기억 상실증을 보이면서 두 가지 성격을 오갔던, 심각한 히스테리 환자인 루이(Louis) 5세이다. 첫 단계에서 그는 무례하고 건방지고 불만이 많고 탐욕스럽고 경솔했다. 두 번째 상태에서 그는 동정적이고 근면하고, 유순하고, 순종적이었다. 이처럼 기억 상실증과 함께 성격이 변화하는 현상은 폴 린도(Paul Lindau)의 연극 '타자(他者)'(Der Andere)의 주제로 다뤄지고 있다.

콘라트 리거(Conrad Rieger)는 린도의 작품에 나오는 형사 변호사와 비슷한 예에 대해 보고하고 있다. 피에르 자네가 관찰한 루시와 레오니의 무의식적 성격과 모튼 프린스(Morton Prince)가 관찰한 예도 우리 환자의 예와 비슷하다. 그러나 치료 목적으로 인위적으로 제2의 상태를 만들어내는 경우도 있는데, 이때 그런 상태의 중요성은 의식과 기억의 분열이라는 영역에 있다.

앞에 보고된 예들을 보면, 제2의 상태는 언제나 기억 상실성 분열에 의해 첫 번째 상태와 분리되고 있으며, 성격 변화는 간혹 의식의 지속성에 단절을 부른다. 우리 환자의 경우에 기억 상실 장애가 전혀 없다. 제1의 상태에서 제2의 상태로 넘어가는 과정은 상당히 점진적이며, 의식의 지속성도 그대로 이어진다. 우리 환자는 자신이 제2의 상태에서 환각을 일으키는 동안에 경험한 무의식 영역의 모든 것을 깨어 있는 상태에서 수행한다. 아마 이 환자의 의식이 지속되지 않는다면 환자는 제2의 상태에서 일어난 일을 몰라야 할 것이다.

기억 상실성 분열 없이 성격에 주기적 변화가 일어나는 현상은 '순환성 정신 장애'의 영역에서 발견되지만 히스테리 환자에게서는 드물게 발견된다. 르노댕(E. Renaudin)이 관찰한 한 젊은이는 언제나 훌륭한 행동을 보이다가 갑자기 형편없는 태도를 보이기 시작했다. 광기의 증후는 전혀 없지만, 신체의 표면 전체가 마비 상태를 보였다. 이 같은 상태가 주기적으로 나타났으며, 동시에 환자의 성격도 변화를 보였다. 마비가 사라지기만 하면, 그는 유순하고 다정한 사람으로 돌아왔다. 그러다가도 마비가 다시 일어나면, 그는 최악의 본능에 휘둘리면서 심지어 살인 욕구까지 느끼는 것으로 관찰되었다.

우리 환자의 나이가 장애가 시작될 무렵에 14세 반이었다는 점을 기억한다면, 다시 말해 이제 막 사춘기에 접어들 시점이었다는 사실을 감안한다면, 사춘기에 생리적 변화에 따라 일어나는 성격 변화와 그 같은 장애 사이에 어떤 연결을 짐작할 수 있다. "사춘기 동안에 개인의 의식에 새로운 감각들이 나타나는 것 같다. 당연히 이 감각들에서 새로운 감정과 관념들이 생겨나게 된다. 익숙하지 않은 정신 상태들이 이처럼 지속적으로 가하는 압박은 언제나 강하게 느껴지기 마련이다. 왜냐하면 그 원인이 언제나 작용하고 있기 때문이다. 그런데 그 정신 상태들은 똑같은 원천에서 비롯되기 때문에 서로 조정되어 있고 점진적으로 자아에 깊은 변화를 초래한다."⟨Quoted by Ribot, "Die Personlichkeit", p. 69⟩

기분이 수시로 바뀌고 있다는 것은 쉽게 확인된다. 또 어린 아이 같은 태도로 돌아가고 싶은 감정과 나란히, 혼란스럽고 강력한 새로운 감정들, 이상주의 추구, 고양된 신앙심, 신비주의 등은 사춘기의 두드러진 특징이다. 인간은 사춘기에 모든 방향에서 어설프게 독립을 시도하고, 가족과 학교가 그때까지 제공해 온 것들을 처음으로 직접 챙기고, 이상을 품고, 먼 미래를 위해 계획을 세우고, 야심에 넘치고 자기중심적인 내용의 꿈들을 꾸며 살게 된다. 이것은 모두 생리적이다. 정신병을 앓는 사람의 사춘기는 이보다 훨씬 더 중대한 위기이다. 정신적, 육체적 변화들이 난폭한 과정을 거칠 뿐만 아니라 유전적인 성격의 나쁜 특징들이 고착되기도 한다. 아이일 때에는 이런 것들은 전혀 나타나지 않거나 이따금 나타날 뿐이다. 우리 환자에 대한 설명을 제시하기 위해서, 먼저 사춘기의 어떤 특이한 장애를 고려해야 한다. (편의를 위해, 우리 환자의 제2의 인격을 이베네스라고 부를 것이다. 환자 본인이 보다 고귀한 자신의 자아에 붙인 이름이다.)

이베네스는 바로 우리 환자가 일상에서 보이고 있는 자아의 연장이다. 이베네스는 그녀의 의식의 내용물을 전부 포함한다. 반 몽유 상태에서 그녀가 외부 세계와 하는 교류는 깨어 있을 때 하는 교류와 비슷하다. 말하자면, 그녀가 거듭 환각의 영향을 받고 있지만, 병적이면서도 혼란을 일으키지 않는 정신병적 환각을 느끼는 사람들과 다르지 않다는 뜻이다. 이베네스의 연속성은 분명히 극적 장면과 환상 등이 수반되는 히스테리 발작에서도 확인된다. 발작이 일어나는 동안에, 그녀는 대체로 외부 세계로부터 고립되어 있다. 그녀는 주변에서 벌어지고 있는 일을 눈치 채지 못하고 또 자신이 큰 소리로 말을 하고 있다는 사실도 알지 못한다. 그래도 발작 동안의 꿈 내용을 기억하지 못하는 예는 절대로 없다. 관념 운동 표현과 주변 환경의 변화를 기억하지 못하는 현상도 늘 나타나는 것은 아니다. 그녀의 기억 상실이 몽유 상태의 강도에 좌우되고 또 그녀의 개별 감각 기관에 가끔 부분적으로 마비가 일어난다는 사실은 그녀가 나를 알아보지 못하는 경우에 의해 증명된다. 그런 경우에 그녀의 두 눈은 풀려 있으며, 그때는 그녀가 다른 존재들을 보고 있을 가능성이 있다. 그런 상태에서는 내가 말을 걸어야만 그녀가 나를 알아볼 수 있다. 이것은 히스테리 환자에게서 자주 관찰되는 '부정적 환각'(negative hallucination: 환자가 자기 앞에 있는 사람이나 대상의 존재를 믿지 않는 현상을 말한다/옮긴이)의 한 예이다.

예를 들어, 플루누아가 헬렌 스미스에 대해 보고한 내용을 보면, 교령회 도중에 그녀가 갑자기 거기에 참석하고 있는 사람들을 보지 못하게 된다. 그런데도 그녀는 그 사람들의 목소리를 계속 듣고 그들이 자신을 만지는 것을 느낄 수 있었다. 그러다가 그녀가 더 이상 듣지 못하게 되기도 했다. 이런 경우에도 그녀는 말하는 사람들의 입술 움직임은 볼 수 있었다.

이베네스는 S. W.의 깨어 있는 자기의 연속이다. 그녀는 S. W.가 깨어 있는 상태에서 갖고 있는 의식 전부를 포함하고 있다. 주목할 만한 그녀의 행동은 '이중 의식'의 예와 비교되는 것을 완강히 거부한다. 이베네스의 특징들은 환자의 일상적인 자기와 바람직한 쪽으로 대조를 이루고 있다. 이베네스는 보다 차분하고 침착한 인격이다. 그녀의 겸손과 정확성, 일관된 지성, 자신에 넘친 대화 방식은 존재의 전반적인 향상으로 여겨져야 한다. 그 점에서 피에르 자네가 관찰한 레오니와 비슷하다. 그러나 이것은 유사성의 측면이다. 기억 상실을 제쳐 둔다면, 둘은 심리적 차이를 뚜렷이 보인다. 레오니 Ⅱ가 더 건강하고 더 정상적이다. 그녀는 타고난 능력을 되찾았고, 만성적 히스테리에서 두드러질 만큼 큰 향상을 보이고 있다.

이베네스는 인위적인 산물이라는 인상을 준다. 이베네스에게는 곰곰 생각해 다듬어낸 무엇인가가 있는 것 같다. 탁월한 점을 많이 갖고 있음에도 불구하고, 이베네스는 어떤 역할을 훌륭하게 연기하고 있다는 인상을 준다. 이베네스가 세상에 대해 느끼는 슬픔과 일들의 다른 쪽에 대한 갈망은 단순한 경건함이 아니라 성인(聖人) 같은 속성을 보인다. 이베네스는 단순한 인간이 아니라 부분적으로만 현실에 발을 담그고 있는 그런 신비한 존재이다. 구슬퍼 보이는 특징과 슬픈 정서, 신비한 운명은 이베네스의 원형으로 꼽히는 역사 속의 인물, 즉 유스티누스 케르너의 "프레포르스트의 예언녀"를 상기하게 한다. 케르너의 책은 널리 알려진 것으로 보아야 하며, 따라서 나는 여기서 두 사람의 공통적인 특징에 대한 언급을 피할 것이다. 그러나 이베네스는 이 예언녀의 복사판은 절대로 아니다. 이베네스에겐 체념하는 마음이 부족하고, 예언녀의 성인 같은 경건함이 다소 모자란다. 이베네스는 단지 자신만의 독창적인 개념들을 찾는 노력의 한 도구로 예언녀를 이용하고 있다.

환자는 자신의 영혼을 예언녀의 역할에 쏟아붓고 있으며, 그러면서 이상적인 미덕과 완벽을 성취하려고 노력하고 있다. 환자는 자신의 미래를 예견하고 있다. 환자는 자신이 20년 후에 원하는 모습을, 말하자면 대담하고, 영향력 있고, 감사할 줄 알고, 경건한 그런 여인의 모습을 이베네스를 통해 구현하고 있다. 레오니 Ⅱ와 이베네스의 가장 큰 차이는 제2의 인물의 구축에 있다. 둘 다 정신 상태에서 생긴다. 그러나 레오니Ⅰ이 레오니Ⅱ에서 진정으로 자신에게 속하는 것을 받아들이는 한편, S. W.는 자기 자신 그 너머의 어떤 인물을 구성하고 있다. S. W.가 보다 고상하고 보다 이상적인 상태로 바뀌기 위해 자신을 속이고 있는 것이 아니라 꿈을 꾸고 있다고 말하는 것이 더 맞을 것 같다.

이 꿈의 실현은 병적인 속임수의 심리학을 생생하게 떠올리게 한다. 안톤 볼프강 델브룩(Anton Wolfgang Delbruck)과 아우구스테 포렐(Auguste Forel)은 병적인 속임수와 몽상의 형성에 자기 암시가 중요하다고 주장했다. 아놀드 픽(Arnold Pick)은 강력한 자기 암시성을 히스테리성 몽상가의 첫 번째 징후로 보고 있다. 픽이 관찰한 환자 한 사람은 자신이 도덕적으로 위험한 상황에 처했다는 꿈을 꾸고는 최종적으로 자신을 강간하려 들었다. 그녀는 발가벗은 채 바닥에 누워서 탁자와 의자에 자신을 묶었다.

감각들이 강하게 각인된 꿈 같은 이미지들에서부터 복합적인 진짜 환각까지의 거리는 겨우 한 걸음밖에 되지 않는다. 예를 들어, 픽의 환자 중에서 자신이 엘리자베스 여왕이라고 굳게 믿고 있던 환자는 점점 꿈에 몰입하는 모습을 보이다가 급기야 진짜 "몽롱" 상태를 보이기에 이르렀다. 훗날 그녀의 꿈 공상이 전형적인 환각으로 변할 때, 몽롱 상태는 히스테리성 정신 착란 상태로 변했다. 공상을 통해 거짓말을 일삼는 병적 거짓말쟁이는 놀이에 몰입하고 있는 아이처럼 행동한다. 아니면 자신의 배역에 몰입하고 있는 배우와 비슷하다고 할 수 있다. 여기엔 몽유 상태의 인격 분열과 근본적으로 구분되는 점이 전혀 없다. 단지 정도의 차이만 있을 뿐이다. 이 정도의 차이는 기본적인 자기 암시성의 강도나 정신적 요소들의 분열에 좌우된다. 의식의 분열이 심할수록, 꿈 상황의 유연성은 더 커지고, 의식적인 거짓말의 양은 더 적어지고 전반적인 의식의 크기도 더 작아지게 된다. 대상에 대한 관심이 의식을 휩쓸어버린 탓에 일어나는 이 같은 현상을 프로이트는 '히스테리성 동일시'(hysterical identification)라고 부른다. 예를 들어보자. 얼러(Erler)가 관찰한 히스테리 환자가 잠에 막 들려 할 때 종이로 만든 작은 기수들이 나타났다. 이 기수들이 그녀의 상상력을 완전히 사로잡았기 때문에 그녀는 자신이 그 기수 중 하나라는 느낌을 받았다. 이와 비슷한 현상은 일반적으로 우리의 꿈에도 일상적으로 나타나는데, 그럴 때면 우리는 꿈속에서 "히스테리 환자"처럼 생각한다.

사람들이 재미있는 이미지에 완전히 마음을 빼앗기는 현상을 고려한다면, 몽유 상태에서 나타나는 이미지들이 의식적으로 성취될 수 없는 것인데도 자연스럽게 다가오는 것이 어렴풋이 이해된다. 깨어 있는 의식 상태가 깊은 생각이나 추리로 간섭하는 예가 적을수록, 꿈의 구체화, 예를 들어, 몽유병 환자들의 지붕 올라가기가 그만큼 더 확실해지고 더 그럴 듯해진다.

우리 환자는 '병적 허언증'과 비슷한 점을 한 가지 더 보인다. 발작이 일어나는 동안에 공상이 펼쳐진다는 점이다. 문헌 속에도 병적 허언증이 발작 중에, 그리고 히스테리 증세를 심각하게 보이는 중에 일어난다는 점을 보여주는 예가 많이 보인다.

우리 환자의 경우에 발작이 일어나는 동안에만 공상 체계가 펼쳐진다. 정상적인 상태일 때 그녀는 새로운 아이디어나 설명을 좀처럼 제시하지 못한다. 그렇다면 그녀는 자기 자신을 몽유 상태로 바꿔놓거나 몽유 상태가 저절로 나타나기를 기다리고 있었음에 틀림없다. 이 점이 병적 허언증이나 병적인 꿈 상태와 다른 부분이다.

우리 환자의 상태는 병적으로 꿈을 꾸는 현상과도 다르다. 왜냐하면 그녀의 꿈을 이루고 있는 것들이 앞서 낮 시간에 그녀의 관심의 대상이 되었던 것이라는 점이 절대로 증명되지 않기 때문이다. 그녀의 꿈들은 폭발적으로 나타나며, 무의식에서 나올 텐데도 무의식의 어둠으로부터 완전히 벗어나 있다. 플루누아가 관찰한 헬렌 스미스의 예와 똑같다. 그러나 다른 많은 환자들의 경우엔 꿈이 정상적인 상태의 지각과 연결되어 있다는 것이 확인된다. 따라서 모든 꿈의 뿌리는 원래 감정이 강하게 실린 이미지들이라는 말도 가능하지만, 꿈의 뿌리가 될 만한 이미지들은 깨어 있는 의식의 주목을 아주 잠깐만 받았던 이미지일 가능성이 크다. 그런 꿈의 기원에 히스테리성 기억 상실증이 어느 정도의 역할을 한다는 점을 우리는 인정해야 한다.

의식이 경계하도록 만들 많은 이미지들은 묻히고, 또 이 이미지들과 연결되어 있는 생각들도 설 자리를 잃고 무의식으로 들어가서 거기서 거미줄 비슷한 것을 계속 엮는다. 이것이 바로 우리의 꿈의 기원을 찾으면서 다시 접하는 정신 과정이다.

"의식적으로 깊이 생각해 보면, 우리가 주의력을 발휘할 때에 어떤 명확한 노선을 추구하고 있다는 것을 알 수 있다. 그러나 만약에 이 노선이 우리가 인정하지 못할 어떤 생각으로 이어진다면, 우리는 이 노선을 따르길 거부하고 더 이상 주의를 기울이지 않을 것이다. 그러면 이런 식으로 시작되었다가 중간에 포기한 일련의 생각들은 우리의 주의를 다시 잡아끌 수 있을 만큼 치열해지지 못하는 경우에 우리의 주의를 끌지 못하는 상태에서 계속 앞으로 나아갈 것이다. 애초에 이 노선을 거부한 이유는 아마도 이 노선이 정신적 행위의 실제 목표에 적절하지 않다고 판단했기 때문일 텐데, 바로 이 거부가 우리가 잠들 때까지 어떤 정신 과정이 우리의 의식이 눈치 채지 못하는 가운데 계속되고 있다는 사실을 설명해 준다."〈Freud, "The Interpretation of Dreams", p. 469〉

이런 식으로, 우리는 꿈 상태들이 갑자기 직접적으로 나타나는 현상을 설명할 수 있다. 우리 환자가 지어내는 허구의 이야기들은 그녀의 꿈의 주관적인 뿌리들이 무엇인지를 밝혀줄 중요한 빛이다. 그녀의 이야기에는 은밀하거나 공개적인 연애, 혼외 관계의 출생과 다양한 성적 암시들이 넘쳐난다. 이런 모호한 스토리들의 핵심을 차지하고 있는 사람은 그녀가 좋아하지 않는 어떤 여인이다. 스토리 중에서 이 여인은 점점 그녀의 성격과 정반대의 성격으로 그려진다. 이베네스가 점진적으로 미덕의 정점을 향해 올라가고 있다면, 이 여자는 온갖 악덕이 고여 있는 하수구이다. 그러나 그녀가 무수히 많은 존재들의 어머니로 환생하는 윤회의 원리는 당연히 사춘기의 두드러진 특징인 상상력 풍부한 공상에서 비롯되고 있다. 우리 환자가 이런 괴상한 생각들로 바꿔놓은 것은 바로 이 여인의 성적 감정의 징후였다. 대단히 비옥한 이 토양을 가득 채우고 있는 성욕에서 그 병의 기이한 형태를 찾아도 별로 틀리지는 않을 것이다. 이 관점에서 보면, 이베네스가 엄청나게 많은 가족들을 갖고 창조해내는 모든 허구의 이야기는 성적 소망을 성취하는 내용의 꿈에 지나지 않으며, 밤에 꾸는 꿈과 다른 점은 허구의 이야기가 몇 개월 또는 몇 년 동안 줄기차게 이어진다는 점뿐이다.

히스테리 발작에 대하여

S. W.의 병력(病歷) 중에서 한 가지가 아직까지 설명되지 않고 있다. 그것은 바로 그녀의 발작이다. 두 번째 교령회에서 그녀는 갑자기 일종의 기절 같은 증상을 보였다. 그랬다가 깨어날 때 그녀는 다양한 환각을 떠올렸다. 본인의 설명에 따르면, 그녀는 한 순간도 의식을 잃지 않았다고 한다. 외부로 나타난 증상과 발작 과정을 기준으로 판단한다면, 그녀의 발작은 기면증으로 여겨질 만하다. 그녀의 가족 중 한 사람(할머니)이 기면증 상태에 빠지곤 했다는 것으로 봐서 그녀의 발작도 그런 종류일 가능성이 크다.

영적 분위기가 강한 교령회에서 히스테리성 발작을 보는 일은 흔하지 않다. 우리 환자는 경련성 증후는 전혀 보이지 않았지만 대신에 특이한 수면 상태를 보였다. 병의 원인을 찾는다는 측면에서, 처음부터 두 가지 사항이 고려되어야 한다.

1. 갑작스런 최면 상태
2. 심령(心靈)의 자극

1. 갑작스런 최면 상태

피에르 자네는 잠재의식적 자동증은 최면의 효과를 발휘하고 또 완전한 몽유를 초래한다는 점을 관찰하고 있다.

그는 다음과 같은 실험을 실시했다. 완전히 깬 상태에 있는 환자가 제2의 관찰자와 대화를 하고 있는 동안에, 자네는 환자의 뒤에 자리 잡고 앉아서 암시를 속삭여 환자가 무의식적으로 손을 움직이게 하고 글로 쓴 신호를 이용해 질문에 대답하도록 했다. 그러던 중에 갑자기 환자는 대화를 중단한 채 주위를 돌면서도 의식을 갖고 그때까지 자네와 하던 잠재의식의 대화를 계속했다. 그러다 그녀는 최면성 몽유 상태에 빠졌다.

2. 심령의 자극

독일 작가 베티나 브렌타노가 괴테를 처음 만나던 날 갑자기 그의 무릎 위에서 잠이 들었다는 이야기가 전해 오고 있다.

극도의 고민 중에 일어나는 이런 무아경의 잠, 소위 "마녀 수면"은 마술의 역사에 아주 잘 알려져 있다.

감수성이 예민한 사람들을 대상으로 하는 경우에, 비교적 약한 자극만으로도 그 사람을 몽유 상태에 빠뜨릴 수 있다. 한 예로, 예민한 어떤 여인이 손가락에 박힌 유리 조각을 빼내야 했다. 그녀는 육체에 아무런 변화를 느끼지 않고도 돌연 자신이 아름다운 초원의 시냇가에 앉아서 꽃을 꺾고 있는 모습을 보았다. 이 같은 상태는 가벼운 수술이 진행되는 동안에 계속되다가 저절로 사라졌다.

로웬펠드(Loewenfeld)는 최면을 걸면 의도하지 않은 히스테리성 기면증이 일어날 수 있다는 사실을 알게 되었다.

로웬펠드가 묘사한 바에 따르면, 우리 환자는 히스테리성 기면증과 닮은 점을 일부 갖고 있다. 예를 들면, 호흡이 얕고, 맥박이 떨어지고, 얼굴이 시신처럼 창백해지고, 죽을 것 같다는 느낌을 받고 또 죽음에 대해 생각하는 점이 비슷하다.

어느 한 가지 감각을 갖고 있는 것은 기면증과 모순되지 않는다. 그래서 일부 무아경의 경우에 청각은 여전히 살아 있다. 보나마이손

(Bonamaison)이 관찰한 환자의 경우에, 촉각만 살아 있는 것이 아니라 청각과 후각이 더 예민해지기까지 했다. 그러나 로웬펠드의 환자 D는 흐릿한 회상을 보였으며, 보나마이손의 환자에겐 기억 상실증이 전혀 일어나지 않았다. 기면증 환자들은 깨어 있을 때 일상적인 자극에 민감한 것으로 드러나지 않지만, 로웬펠드는 환자 St.를 상대로 최면술을 이용해 기면증을 최면 상태로 바꿔놓는 데, 그리하여 최면 상태와 의식의 나머지를 결합시키는 데 성공했다. 우리 환자는 기면증 초기엔 완전히 무감각했으나 나중에는 스스로 말하기 시작했으며 몽유 상태에 있는 그녀의 자아가 말을 할 때에는 어떤 주의도 기울이지 못했으나 그 자아가 그녀의 무의식적인 인격일 때에는 주의를 기울일 수 있었다. 마지막 예의 경우에 자동증의 최면 효과가 부분적으로 기면증을 최면으로 바꾸는 데 성공했다고 볼 수 있다. 로웬펠드의 견해를 받아들여, 기면증 경향과 히스테리 때 신경 계통에 일어나는 특이한 조건을 쉽게 동일시해서는 안 된다는 점을 고려한다면, 우리 환자의 경우에 이 경향이 유전으로 내려 왔을 확률이 꽤 높다. 병은 이런 발작으로 인해 더욱 악화된다.

지금까지 우리는 환자가 자신의 자아를 의식하는 것은 어떤 상태에서나 동일하다는 것을 보았다. 우리는 의식의 두 가지 부차적인 콤플렉스들에 대해 논했으며, 이 콤플렉스들이 몽유 발작으로 바뀌는 현상을 추적해왔다. 이 몽유 발작 동안에 의식의 콤플렉스들은 환자에게 환상으로 나타나고, 그 사이에 그녀는 관념 운동 활동을 상실했다. 그 다음 발작들이 일어나는 동안에 그녀는 외부 사건들에 둔감했으나, 한편으로 그녀는 몽롱 상태 안에서 훨씬 더 치열한 활동을 환상의 형태로 발달시켰다.

부차적인 일련의 많은 관념들은 일차적인 무의식적 인격으로부터 꽤 일찍부터 갈라져 나왔음에 틀림없어 보인다. 왜냐하면 처음 두 차례의 교령회 뒤에 "신령들"이 이미 무더기로 등장했기 때문이다. 신령들의 이름은 아주 다양하다. 그러나 인격들 사이의 차이들은 곧 바닥을 드러냈으며, 그 인격들은 크게 두 부류로 분류될 수 있다는 사실이 분명해졌다. 하나는 '진지하고 종교적인' 유형이고, 다른 하나는 '유쾌하고 즐거운' 유형이다. 지금까지 이 문제는 단지 서로 다른 두 가지 무의식적 인격의 문제였으며, 이 인격은 다양한 이름으로 나타났어도 근본적인 차이는 전혀 없다.

자동증들을 처음 일으켰던 나이 많은 유형, 즉 할아버지는 또한 몽롱 상태도 가장 먼저 이용하기 시작했다. 나는 자동적인 말하기를 초래했을 수 있는 암시에 대해 아무것도 기억하지 못한다. 앞의 견해에 따르면, 그런 상황에서 일어나는 발작은 부분적인 자기최면으로 여겨질 수 있다. 그래도 남아 있는 자아의식은 외부 세계로부터 고립된 탓에 환각에만 몰입하고 있는데, 깨어 있는 의식 중에서 남은 것은 이 자아의식이 전부다. 따라서 자동증이 작동할 수 있는 폭이 아주 넓다. 개인의 핵심적인 영역들이 독립을 누린다는 점은 처음부터 우리 환자에게서도 확인되었는데, 이 독립성 때문에 무의식적으로 말하는 행위가 그럴 듯해 보인다. 자면서 꿈을 꾸는 사람이 간혹 말을 하듯이, 깨어 있는 사람도 치열하게 생각하다 보면 무의식적으로 말이 나올 수 있는 것이다. 언어 근육 조직의 특이한 움직임은 주목할 만하다. 이 움직임은 다른 몽유병 환자들에게서도 관찰되었다.

이런 서투른 시도들은 테이블이나 유리컵의 서투른 움직임과 직접적으로 비교되어야 하며, 이 시도들은 테이블 터닝의 시범 중에서 관념 운동 부분을 미리 활성화시키는 작업에 해당할 가능성이 크다. 말하자면, 그때까지 보다 높은 체계 어떤 것에도 종속되지 않고 있던 운동중추에만 국한된 자극일 수 있다는 뜻이다. 꿈을 꾸면서 말을 하는 사람들에게도 이와 비슷한 현상이 일어나는지, 나는 알지 못한다. 그러나 최면에 걸린 사람들의 내면에선 그 같은 현상이 관찰되었다.

언어라는 편리한 매체가 소통의 수단으로 이용되었기 때문에, 잠재의식적 인격들에 관한 연구가 한결 가벼워졌다. 잠재의식적 인격들의 지적 범위는 비교적 평범한 편이다. 잠재의식적인 인격들의 지식은 깨어 있는 환자의 지식보다 더 넓으며, 이 지식은 죽은 이방인들의 생일 같은 몇 가지 우연적인 세부 사항을 포함한다. 이 지식들의 원천은 다소 불분명하다. 환자가 이런 사실들에 관한 지식을 어떤 식으로 얻는지에 대해 모르고 있기 때문이다. 이런 것이 소위 잠복 기억의 예들이다. 너무나 하찮아서 많은 주의를 기울일 필요가 없는 그런 기억 말이다. 두 명의 잠재의식적 인격들의 지능은 매우 낮다. 그들은 거의 전적으로 진부한 말만을 풀어놓는다. 그러나 환자가 몽유 상태에 있을 때의 의식적 자아와 이 잠재의식적 인격의 관계가 흥미롭다. 잠재의식적 인격들은 무아경 상태에 일어나는 모든 것을 틀림없이 알고 있으며 가끔은 매순간 일어난 일을 매우 정확히 보고한다.

잠재의식적 인격들은 환자의 생각이 공상적으로 변화하는 것에 대해서 매우 피상적으로만 안다. 그 인격들은 이 변화를 이해하지 못하고 그런 상황에 대한 질문에는 대답을 한 번도 하지 못한다. 그 인격들이 이베네스에 대해 하는 말은 한결같이 "이베네스에게 물어봐."라는 식이다. 이 같은 관찰은 무의식적 인격들의 성격에 들어 있는, 설명하기 어려운 이중성을 드러내고 있다. 왜냐하면 이베네스의 설명에 따르면 무의식적 말을 통해 정보를 제시하는 할아버지가 그녀에게도 나타나 그녀에게 문제가 되고 있는 것들에 대해 가르치기 때문이다. 할아버지가 환자의 입을 통해 말을 하는데, 바로 그 할아버지가 무아경에 빠진 환자에게 가르치고 있는 내용에 대해 어떻게 아무것도 모를 수 있단 말인가?

여기서 우리는 환각이 처음 나타나던 때에 대한 논의로 다시 돌아가야 한다. 그 대목에서 우리는 환상을 최면이 시각 영역으로 난입해 들어가는 것으로 묘사했다. 그런데 이 난입이 "정상적인" 최면을 낳지 않고 "신경성 최면"을 낳는다. 즉, 단순한 최면이 히스테리 발작에 의해 병적인 최면으로 바뀌는 것이다.

최면의 영역에서, 정상적인 최면이 방해를 받거나 예기치 않은 히스테리성 몽유 상태로 대체되는 경우가 드물지 않게 일어난다. 그렇게 되면, 많은 경우에 최면술사는 환자와의 연결을 잃고 만다. 우리 환자를 보면, 관념 운동 영역에서 일어나고 있는 자동증이 최면술사의 역할을 대신하고 있다. 그 자동증에서 나오는 암시들(객관적인 자기 암시라 불린다)이 어느 정도 감수성이 생긴 인접 영역들에 최면을 건다. 최면이 시각 영역으로 흘러 들어가는 순간, 히스테리 발작이 일어난다. 이 발작은 정신 영역의 아주 넓은 지역에 매우 깊은 변화를 일으키게 된다. 이때 자동증과 발작의 관계는 최면술사와 병적인 최면 상태의 관계와 똑같다고 봐야 한다. 왜냐하면 자동증이 그 상황의 추가적 전개에 미치는 영향력을 상실했기 때문이다. 최면 걸린 인격 또는 암시된 생각이 환각 속에 나타나는 것은 자동증이 몽유 상태의 인격에 행사하는 마지막 효과로 여겨질 수 있다. 이후로 최면술사는 몽유 상태의 인격이 개별적으로 마음을 주고 있는 하나의 형상에 지나지 않는다. 그러면 최면술사는 벌어지고 있는 일에 대해 언급할 수 있을 뿐이며 더 이상 몽유 발작의 필수 선행조건은 아니다. 이젠 발작이 일어날 때의 독립적인 자아 콤플렉스가, 우리 환자의 경우엔 이베네스가 우위에 선다. 이베네스는 자신의 정신적 산물들을 최면술사의 인격, 즉 지금은 하나의 이미지로 격하된 할아버지의 인격 주위로 집합시킨다. 이런 식으로, 우리는 할아버지의 성격에 나타나는 이중성을 이해할 수 있게 된다.

교령회 현장에 있던 사람들에게 직접적으로 말을 하는 할아버지 Ⅰ은 완전히 다른 인물이며, 할아버지 Ⅰ은 이베네스의 선생으로 등장하는 그의 더블(double), 즉 할아버지 Ⅱ를 그냥 지켜보는 방관자이다. 할아버지 Ⅰ은 둘이 똑같은 인물이라고, 또 할아버지 Ⅰ이 할아버지 Ⅱ가 가진 지식을 모두 갖고 있지만 단지 언어의 어려움 때문에 정보를 제시하지 못하고 있다고 주장한다. (이 두 인격을 한 인물로 생각하는 환자는 당연히 분열을 깨닫지 못했다.)

그러나 엄밀히 따지고 보면 할아버지 Ⅰ의 주장도 완전히 틀린 것은 아니다. 할아버지 Ⅰ과 할아버지 Ⅱ를 동일한 인물로 생각하게 만드는 한 가지 사실, 즉 두 인격이 동시에 등장하는 경우는 절대로 없다는 사실을 근거로 판단한다면 그런 생각이 든다. 할아버지 Ⅰ이 자동적으로 말할 때, 할아버지 Ⅱ는 그 자리에 없다. 이베네스가 그의 부재에 대해 언급하고 있으니 말이다. 마찬가지로 그녀가 할아버지 Ⅱ와 함께 있는 무아경의 상태에서, 그녀는 할아버지 Ⅰ이 있는 곳을 말하지 못하거나, 상상의 여행에서 돌아온 뒤에야 그녀는 여행하는 동안에 할아버지 Ⅰ이 자신의 신체를 지키고 있었다는 것을 알게 될 것이다. 거꾸로, 할아버지 Ⅰ은 자신이 이베네스와 함께 어떤 여행을 하고 있다는 것을 절대로 말하지 않으며 또 그녀에게 아무것도 설명해주지 않는다. 이 같은 행동에 주목해야 한다. 왜냐하면 할아버지 Ⅰ이 정말로 할아버지 Ⅱ와 별도로 존재한다면 할아버지 Ⅰ이 할아버지 Ⅱ가 등장함과 동시에 자동적으로 말을 하지 말아야 할 이유나 무아경의 상태에서 할아버지 Ⅱ와 함께 있지 않아야 할 이유가 전혀 없을 것 같기 때문이다.

할아버지 Ⅰ과 할아버지 Ⅱ가 함께 있는 것이 가능할 것처럼 보이는데도, 실제로 그런 경우는 한 번도 관찰되지 않았다. 이 딜레마는 어떻게 풀어야 할까? 아무튼 할아버지 Ⅰ과 할아버지 Ⅱ가 동일할 수 있지만, 그 동일성은 지금 논의되고 있는 인격의 영역에는 있지 않다. 그 동일성은 할아버지 Ⅰ과 할아버지 Ⅱ에 공통적으로 있는 바탕에, 말하자면 가장 깊은 핵심에서 분리 불가능한 하나로 존재하고 있는 환자의 인격에 있다. 여기서 우리는 모든 히스테리성 의식의 분열들의 특성을 만난다. 의식의 분열들은 오직 표면적으로만 영향을 미치는 장애들이며, 이 장애들 중에서 자아 콤플렉스의 단단한 토대까지 공격할 만큼 깊이 닿는 것은 하나도 없다.

그런 많은 예들에서, 우리는 절대로 건널 수 없을 것처럼 보이는 심연 위로, 종종 잘 숨겨져 있긴 해도 어떤 다리가 하나 놓여 있는 것을 발견한다. 예를 들어, 최면에 걸린 사람에게 연상을 통해서 카드 4장 중 하나가 보이지 않게 한다. 따라서 그 사람은 다른 카드 3장의 이름을 댄다. 그런 다음에 이 사람에게 거기에 놓여 있는 카드 전부의 이름을 적으라는 지시와 함께 손에 연필을 쥐어주면, 그는 네 번째 카드의 이름까지 정확히 적는다.

피에르 자네의 한 환자는 히스테리성 간질 발작을 일으키는 동안에 대화재의 환상을 보았으며, 그 후로는 불을 볼 때마다 간질 발작을 일으켰다. 정말로, 성냥불만 보여줘도 발작을 일으켰다. 이 환자의 왼쪽 시야는 30도로 제한되어 있고, 오른쪽 눈은 감겨 있었다. 왼쪽 눈을 어떤 원의 중심에 고정시키고 있을 때, 시야의 80도 위치에 성냥불을 들어 보였다. 그러자 즉시 히스테리성 간질 발작이 일어났다. 이중 의식의 많은 예들을 보면, 광범위한 기억 상실에도 불구하고 환자의 행동이 기억 상실에 따르는 무지와 일치하지 않는다. 마치 깊은 곳의 본능이 예전의 지식에 어울리게 환자의 행동을 안내하고 있는 것처럼 보인다. 이처럼 비교적 가벼운 기억 상실성 분열뿐만 아니라 앞에서 논한 간질성 몽롱 상태의 심각한 기억 상실까지도 몽롱 상태의 자아 콤플렉스와 정상적인 자아를 묶고 있는 깊은 곳의 끈을 끊지 못한다. 어느 환자의 경우엔 몽롱 상태의 내용물을 깨어나고 있는 자아 콤플렉스로 이식할 수도 있었다.

이 실험들을 우리의 환자를 위해 이용한다면, 우리는 분열의 영향이 미치지 않는 무의식의 층들은 무의식적 인격의 통일성을 보여주려고 노력한다는 가설을 끌어낼 수 있다. 무의식의 이런 노력은 히스테리성 발작이라는, 보다 깊은 곳에 자리 잡고 있고 또 보다 근본적인 장애 앞에서 물거품으로 돌아가고 마는데, 이 히스테리성 발작은 의식적인 인격의 가장 독특한 특성인 연상들을 고착시킴으로써 보다 완전한 통합을 이루지 못하도록 방해한다.

무의식적 인격과의 관계

지금까지 본 바와 같이, 무수히 많은 인격들이 두 가지 유형, 즉 할아버지와 게르벤슈타인을 중심으로 무리를 짓고 있다. 첫 번째 유형은 믿음이 두터운 종교성을 낳고 도덕적인 훈계를 제시한다. 두 번째 유형은 한 마디로 말해 "왈가닥"이다. 이름만 빼고는 남자다운 구석이 하나도 없다. 여기서 우리는 환자가 열다섯 살 때 매우 완고한 성직자에게 견진 성사를 받고 집에서 이따금 도덕적인 말을 들었다는 사실을 더해야 한다. 할아버지는 그녀의 과거 중에서 바로 이 부분을 나타내고, 게르벤슈타인은 다른 반쪽을 나타낸다. 호기심을 자극하는 대조가 아닐 수 없다.

여기서 우리는 그녀의 중요한 옛날 성격들을 구체화했다. 한편에 아직 교육을 많이 받지 않은 가운데 독실한 체하는 인간이 있고, 다른 한편에는 지나치게 까부는 열다섯 살 소녀가 있다. 우리는 대조적인 두 가지 특성이 환자의 내면에서 뒤섞여 있는 것을 확인한다. 간혹 그녀는 불안해하고, 수줍어하고, 극도로 말을 삼간다. 그러다가도 가끔 요란스러워진다. 그녀 자신도 이런 모순을 아주 고통스럽게 자각한다. 이 같은 상황이 우리에게 두 가지 무의식적 인격의 원천을 찾을 열쇠를 준다. 환자는 분명히 두 극단 사이의 중도를 추구한다. 그녀는 극단적인 특성을 누르면서 이상적인 조건을 추구하려고 노력한다. 이 같은 노력이 그녀가 이상적인 이베네스라는 사춘기 꿈을 꾸게 한다. 이베네스라는 이상적인 형상과 비교하면, 그녀의 성격 중에서 인정받지 못하는 경향들은 뒤로 밀려난다. 그러나 그 경향들은 없어지는 것이 아니라 억눌러질 뿐이다. 그 경향들은 억압된 관념들로서 이베네스라는 관념과 마찬가지로 무의식적인 인격들로 독립적인 존재를 시작한다.

S. W.의 행동은 억압된 생각들이 개별적으로 성장한다는 점을 보여준 프로이트의 꿈 연구를 생생하게 상기시킨다. 이제 우리는 환각 속

의 인물들이 자동적으로 글을 적는 인물들과 분리되는 이유를 이해할 수 있게 되었다. 전자, 즉 환각 속의 인물들은 이베네스에게 '저승'의 비밀을 가르쳐주고, 그녀의 인격의 특별함에 대해 온갖 공상적인 이야기를 들려주고, 이베네스가 권력과 지혜와 미덕의 속성을 갖고 극적으로 나타날 수 있는 장면을 창조한다. 이런 것들은 그녀의 꿈 자기(dream-self)가 극적으로 분열된 것에 지나지 않는다. 후자, 즉 무의식적 인격들은 극복되어야 할 것들이며, 이 인격들은 이베네스에겐 어떤 역할도 맡아서는 안 된다. 이들이 이베네스와 동행하는 신령들과 같은 것은 오직 이름뿐이다. 짐작컨대, 이 같은 구분이 결코 명쾌하지 않은 우리 환자의 경우에, 그런 두 가지 특징적인 개성이 몽유 상태의 자아 콤플렉스로부터, 다시 말해 깨어 있는 의식과 아주 밀접한 관계를 맺고 있는 그 자아 콤플렉스로부터 완전히 사라질 것이라고 기대하기는 어려울 것이다. 실제로 우리는 그런 특징적인 개성들을 부분적으로 무아경의 상태에서 참회하는 장면에서, 또 부분적으로 다소 통속적인 연애로 가득한 허구의 이야기에서 만난다.

병의 진행 과정

이제 이 이상한 병의 과정에 대해 몇 마디 해야 할 때이다. 그 과정은 4주에서 8주 사이에 절정에 달했다. 이베네스와 무의식적 인격들에 대한 묘사는 대체로 이 기간에 해당한다. 그 후로 점진적으로 약화되는 현상이 두드러지게 나타났다. 무아경도 점점 의미를 잃어갔고, 게르벤슈타인의 영향력이 갈수록 더 커졌다. 그 현상의 유연성도 갈수록 특색을 잃어갔고, 처음에 뚜렷이 구분되었던 성격들도 구분 불가능할 만큼 뒤섞였다. 심리적인 측면도 점점 약해지다가 마침내 전체 이야기가 가공이라는 것이 뚜렷이 드러나기에 이르렀다. 이베네스는 이 같은 약화에 대해 걱정을 아주 많이 했다. 그녀는 불쌍할 만큼 확신을 잃었고, 말도 조심스럽게 하고, 자신의 길을 더듬고, 자신의 성격을 위장하지 않은 채 그대로 드러내고 있었다. 몽유 발작의 빈도와 강도도 마찬가지로 줄고 약해졌다. 몽유 상태에서부터 의식적인 거짓말까지 모든 단계가 관찰 가능해졌다. 그리하여 마침내 막이 내려졌다. 그 이후로 환자는 외국에 머물고 있다. 우리는 그녀의 성격이 더 유쾌해지고 더 안정적으로 변했다는 사실의 중요성을 과소평가해서는 안 된다. 여기서 우리는 제2의 상태가 점진적으로 제1의 상태를 대체했던 환자들을 떠올릴 것이다. 아마 이런 현상도 나의 환자와 비슷한 현상일 것이다.

몽유의 징후들이 사춘기에 시작된다는 것은 잘 알려져 있다. 디체(Dyce)가 관찰한 환자의 몽유 발작은 사춘기 직전에 시작되어 사춘기가 끝날 때까지만 이어졌다. H. 스미스의 몽유병도 마찬가지로 사춘기와 밀접히 연결되어 있다.

칼크의 환자는 병을 앓기 시작했을 때 16세였고, 펠리다는 14세 반이었다. 우리는 또 이 시기에 미래의 성격이 형성되고 고착된다는 것을 알고 있다. 펠리다와 메리 레이놀즈의 경우에도 우리는 제2의 상태의 성격이 제1의 상태의 성격을 대체하는 것을 보았다. 그러므로 이중 의식을 보여주는 이 현상들은 미래 인격을 위해 성격이 형성되는 것에 지나지 않는다는 주장도 전혀 터무니없는 것이 아닐 수 있다. 특별한 어려움(불리한 외적 조건과 신경 계통의 정신병적 성향 등) 때문에, 새로운 성격의 형성이 의식의 특이한 장애와 밀접히 연결되었을 수 있다.

미래의 성격에 반대하는 어려움들을 고려한다면, 간혹 몽유는 뚜렷한 목적론적 의미를 지닌다. 왜냐하면 몽유 상태가 그렇지 않았더라면 패배했을 개인에게 승리의 수단을 안겨주기 때문이다. 지금 여기서 나는 무엇보다 먼저 잔 다르크에 대해 생각하고 있다. 잔 다르크의 특출한 용기는 메리 레이놀즈가 제2의 상태에서 보이던 행동을 떠올리게 하지 않는가. 이 대목에서 "목적론적 환각"이 갖는 이와 유사한 기능도 지적해야 할 것 같다. 목적론적 환각이 과학적 연구의 대상이 된 적은 없지만, 일반 대중은 환각에서도 그런 기능을 어렴풋이 확인하고 있다.

무의식의 추가적인 창조 작업

우리 환자가 보여준 징후들 중에서 환자의 내적 구조에 중요한 기본적인 징후들에 대한 논의를 모두 끝냈다. 이젠 부수적인 징후들에 대해 간략히 고려할 것이다. 말하자면 무의식의 창조적 작업을 볼 것이다. 여기서 우리는 과학적인 마인드를 가진 사람이 보면 그렇게 터무니없이 들리지 않는 어떤 회의(懷疑)에 봉착할 것이다. 제2의 자아라는 막스 데스와(Max Dessoir)의 개념은 많은 반대를 불러일으키면서 여러 방향으로 지나치게 앞서 나간 것으로 여겨져 거부당했다. 잘 알다시피, 신비주의는 이 분야에서 특별한 권리를 주장하면서 의문스런 관찰을 바탕으로 설익은 결론을 끌어냈다. 정말로 우리는 이 분야에서 무엇인가에 대해 단호하게 결론을 내릴 단계에 이르려면 아직 먼 길을 가야 한다. 현재로선 대단히 부적절한 자료밖에 확보하지 못했기 때문이다. 따라서 만약에 무의식의 창조적 활동이라는 영역을 건드리길 원한다면, 우리 환자의 모든 면을 두루 다루는 것이 합당할 것이다.

'무의식적 확장'(unconscious addition)을 우리는 어떤 자동적 과정을, 그러니까 결과가 그 개인의 의식적인 정신 작용에 침투하지 않는 그런 자동적인 과정을 뜻하는 것으로 이해하고 있다. 무엇보다 테이블 떨림을 통한 독심술이 이 영역에 속한다. 의도적으로 일으킨 떨림을 바탕으로 추론 과정을 통해 일련의 생각들을 예측할 수 있는 사람이 있는지, 나는 모른다. 그러나 이런 예측이 가능하다고 가정한다면 그런 사람들은 피나는 노력 끝에 성취한, 판에 박힌 어떤 것을 적절히 이용하고 있는 것만은 분명하다. 그러나 우리 환자의 경우엔 긴 기간의 연습은 없었고, 따라서 무의식이 원래 갖고 있던 감수성을 받아들이는 수밖에 없다. 그래도 우리 환자의 경우에 무의식의 감수성이 의식의 감수성을 훨씬 앞서고 있다.

이 같은 가설은 몽유병 환자들을 대상으로 한 수많은 관찰에 의해 뒷받침되고 있다. 여기서 나는 비네의 실험에 대해서만 언급할 것이다. 비네는 작은 글자나 숫자들의 형상을 손등이나 목의 마비된 피부 위에 놓았다. 그런 다음에 실험 대상자들의 무의식적 지각을 신호로 기록했다. 이 실험을 바탕으로 그는 이런 결론을 내렸다. "히스테리 환자의 무의식의 감수성은 정상적인 사람의 무의식의 감수성에 비해 50배나 더 예민하다." 우리 환자와 많은 몽유병 환자들의 내면에서 일어나는 창조 중에서 두 번째로 고려해야 할 것은 프랑스 전문가들이 "잠복 기억"이라고 부르는 상태이다.

"잠복 기억"은 그 자체로는 일차적이지 않고 기껏해야 부차적인 것으로 여겨질 수 있는 기억 속의 그림을 회상이나 추론에 의해 의식하게 되는 것을 뜻한다. 잠복 기억의 특징은 의식에 나타나는 그림이 기억 그림의 명백한 특색을 갖추고 있지 않다는 점이다. 말하자면, 잠복 기억은 특유의 초(超)의식적인 자아 콤플렉스와 밀접한 관련이 없다는 뜻이다.

잠복 그림이 의식으로 불려나오는 길은 3가지인 것 같다.

1. 그림이 감각 영역의 간섭을 전혀 받지 않고 의식으로 들어간다. 이 그림은 돌연 의식으로 난입하는 어떤 생각인데, 이 생각의 인과적 결과는 그 개인의 내면에 깊이 숨어 있다. 이 잠복 기억 때문에 수사관이나 작가나 작곡가가 자신의 아이디어를 독창적이라고 믿는 경우가 얼마나 자주 있는지 모른다. 비평가들은 그 아이디어의 원천을 잘 알고 있는데도 말이다. 일반적으로 표현에 개성이 있는 경우에 작가나 작곡가는 표절 비난으로부터 보호를 받고 정직을 인정받는다. 그래도 언어의 무의식적 재현은 계속 일어난다. 만약에 문제가 된 구절이 두드러진 아이디어를 포함하고 있다면, 다소 의식적인 표절도 정당화된다. 어쨌든 소중한 아이디어는 무수한 연상을 통해서 자아 콤플렉스와 연결되어 있기 때문에 다양한 시기에, 다양한 장소에서 이미 여러 차례 숙고되었을 것이며, 따라서 온갖 방향으로 무수히 많은 연결을 낳게 되어 있다. 따라서 이 아이디어가 의식적인 기억의 영역 안에서 그 연속성을 완전히 상실할 만큼 의식에서 사라져 버리는 일은 절대로 일어나지 않는다.

그러나 우리에겐 잠복 기억을 항상 객관적으로 분간할 수 있는 기준이 한 가지 있다. 잠복 기억의 표현은 최소한의 연상으로 자아 콤플렉스와 연결된다. 이유는 개인과 구체적인 대상의 관계에, 그 대상에 쏟는 관심의 불균형에 있다. 잠복 기억이 되는 길은 두 가지가 있을 수 있다. (1)대상은 관심을 끌 만하지만, 이해력의 부족이나 주의력 분산으로 인해 관심이 약할 수 있다. (2)대상이 관심을 끌 만한 가치를 지니지 않고, 따라서 관심이 약할 수 있다. 두 경우에 모두 의식과의 연결이 극도로 불안정하고, 이 때문에 망각이 빨리 일어난다. 대상과 의식을 잇고 있던 허약한 다리는 곧 무너지고, 이어서 습득된 표현은 무의식 속으로 가라앉는다. 무의식으로 들어가고 나면 그 대상은 더 이상 의식에 접근하지 못하게 된다. 이런 상황에서 만약에 그 대상이 잠복 기억으로 의식 속으로 들어가야 한다면, 거기에 낯설다는 느낌과 독창적인 창작이라는 느낌이 수반될 것이다. 왜냐하면 그 대상이 잠재의식으로 들어갔던 경로가 찾아낼 수 없게 되었기 때문이다. 문학에서 천재성이 발휘된 것으로 통하는 수많은 작품을 보면, 기이하다는 느낌과 독창적인 창조가 서로 밀접히 연결되어 있는 것이 확인될 것이다.

잠복 기억인지 독창적인 창조인지 의심스러워 보이는 예들은 별도로 하더라도, 본질적인 내용을 전혀 담고 있지 않은 구절도 종종 압축되어 재현되고 있다. 다음의 예가 그런 경우이다.

> 차라투스트라가 지복(至福)의 섬에 살 때, 어떤 배가 연기를 내뿜는 산이 위치한 그 섬에 닻을 내렸다. 이어서 배의 선원들은 토끼를 잡기 위해 해안에 내렸다. 그러나 정오쯤, 선장과 선원이 다시 한자리에 모여 있을 때 그들의 눈에 갑자기 어떤 사람이 하늘을 날아 자신에게로 다가오는 것이 보였다. "때가 되었어! 정말 때가 되었어!" 그러나 그 사람이 그들에게 가까이 다가 왔을 때(그는 화산이 위치한 곳을 향해 그림자처럼 그들 곁을 획 지나갔다), 그들은 희미하게 그 사람이 차라투스트라라는 것을 알았다. 왜냐하면 선장만을 제외하고 선원들 모두는 전에 그를 본 적이 있고 또 세상 사람이 사랑하듯 그를 사랑했기 때문이다. 그를 향한 그들의 사랑은 사랑과 경외가 섞인

감정이었다. "보라! 저길!" 늙은 키잡이가 말했다. "차라투스트라가 지옥으로 가고 있구나!"

1686년에 "스핑크스" 호가 지중해에서 쓴 항해일지에서 경외감을 불러일으키는 대목을 발췌한다. 〈Just. Kerner, "Blätter aus Prevorst", vol. IV., p. 57.〉

4명의 선장과 상인인 미스터 벨은 토끼를 잡기 위해 스트롬볼리 섬의 해안에 내렸다. 3시에 그들은 선원들을 불러 배에 오르게 했다. 바로 그때 두 사람이 하늘에서 그들 위로 빠른 속도로 날아오고 있는 것을 보고는 깜짝 놀랐다. 한 사람은 검정색 옷을 입고 있었고 다른 한 사람은 회색 옷을 입고 있었다. 두 사람은 그 쪽으로 빠른 속도로 매우 가까이 다가오고 있었다. 그런데 실망스럽게도 두 사람은 무시무시한 화산인 스트롬볼리 산의 분화구의 불꽃 속으로 내려갔다. 그들은 두 사람이 런던 출신의 지인이라는 것을 알 수 있었다.

니체의 여동생 푀르스터 니체(Förster-Nietzsche)가 나의 물음에 대답한 바에 따르면, 니체는 12세와 15세 사이에 유스티누스 케르너의 책을 읽었으며, 니체의 외할아버지인 외홀러(Oehler)의 간섭으로 케르너의 책을 읽지 않게 된 후로는 다시는 보지 않았다. 니체에겐 선박의 운항 일지를 표절할 생각은 전혀 없었을 것이다. 만약에 그럴 뜻이 있었더라면, 그는 틀림없이 "토끼를 쏘기 위해"라는 평범하기 짝이 없는 부분을 지웠을 것이다. 이 표현은 그 상황에 절대로 필요한 것이 아니다. 차라투스트라가 지옥을 여행하는 것을 시적으로 묘사한 대목을 보면, 거기엔 니체가 젊은 시절에 받았다가 망각한 인상이 반쯤 혹은 전적으로 무의식적으로 삽입되고 있다.

이것은 잠복 기억의 특성을 고스란히 보여주는 예이다. 재빨리 망각될 수밖에 없는 그런 무가치한 디테일이 정확하게 재현되고 있는 한편, 이야기의 핵심 부분은 꽤 두드러지게 재창조되고 있다. 뚜렷이 구분되는 핵심, 즉 지옥으로의 여행이라는 아이디어에, 비슷한 상황에서 받았다가 망각한 인상이 하나의 디테일로 더해지고 있다. 원래의 글이 워낙 황당했던 나머지, 온갖 것을 다 읽었을 젊은 니체는 아마 그 책을 건성건성 읽었을 것이고 거기에 깊은 관심을 전혀 두지 않았을 것이다. 여기서 우리는 최소한으로 필요한 연상적 연결이 어떤 것인지를 보고 있다. 왜냐하면 우리는 그 케케묵고 황당한 이야기에서 1883년의 니체의 의식으로 건너뛰는 것보다 더 큰 도약을 쉽게 떠올리지 못하기 때문이다. 만약에 우리가 『차라투스트라는 이렇게 말했다』를 쓸 당시의 니체의 기분을 그리면서 거의 병적이었던 무아경에 대해 생각해 본다면, 우리는 이 비정상적인 회상을 이해하게 될 것이다. 앞에 언급한 두 가지 가능성 가운데 첫 번째 가능성, 즉 그 자체로 재미없지 않은 대상이 이해력이 부족하여 관심이 분산된 상태에서 받아들여지고 그것이 잠복 기억으로 재현되는 예는 주로 몽유병 환자들에게서 확인된다. 죽어가고 있는 유명 인사들을 다룬 글에서도 이런 잠복 기억의 예가 발견된다.

이런 현상들 중에서, 우리는 소위 '방언'(方言: 이 맥락에서는 성령을 받은 신자가 습득하지도 않은 언어를 무아경의 상태에서 하는 말을 뜻한다/옮긴이)을 하는 현상에 관심이 많다. 무아경과 비슷한 상태가 일어나는 곳이면, 어김없이 이 현상이 언급되고 있다. '신약 성경'

과 '성인전집'(聖人傳集), 마술(魔術) 시범, 최근에는 프레포르스트의 예언녀나 에드먼드 판사의 딸 로라, 플루누아의 환자 헬렌 스미스에서도 이런 현상이 보인다. 이 중에서 헬렌 스미스의 경우엔 연구의 관점에서 독특하다. 플루누아가 보여주듯이, 여기서 말하는 방언은, 그것이 진정으로 독립적인 언어인 한, 잠복 기억의 한 현상에 해당한다.

우리 환자의 경우엔 방언이 딱 한 번 관찰되었다. 그때 유일하게 이해할 수 있었던 단어들은 "베나(vena)"라는 단어를 변형시킨 것들뿐이었다. 이 단어의 원천은 분명하다. 며칠 전에 환자는 얼굴의 정맥을 공부하느라 라틴어로 된 해부도에 푹 빠진 바 있다. 그녀는 꿈에서 "vena"라는 단어를 썼는데, 이것은 정상적인 사람들에게도 이따금 일어나는 일이다. 외국어처럼 말한 나머지, 단어들과 문장들은 얼핏 환자가 어느 정도 유창하게 말하는 프랑스어를 변형시킨 것이라는 인상을 풍겼다. 불행하지만 나는 다양한 문장들을 정확히 옮기지 못한다. 환자도 그 뜻을 알려줄 생각이 없었다. 그러나 나는 그것이 헬렌 스미스의 '화성'(火星) 말과 비슷한 현상이라고 생각한다. 플루누아는 그 '화성어'가 프랑스어를 유치하게 바꿔서 말한 것에 지나지 않는다는 사실을 발견했다. 단어들은 바뀌었지만 문장 구조는 프랑스어와 똑같았던 것이다. 환자가 단어를 만들려는 노력조차 하지 않고 그냥 이상하게 들리는 의미 없는 단어들을 나열한 것에 지나지 않을 확률이 더 크다.

우리 환자는 프랑스어와 이탈리아어의 일부 특징을 빌려서 서로 결합시켜 말 비슷한 것을 만들어냈다. 헬렌 스미스가 산스크리트어를 닮은 말을 만들어서 진짜 산스크리트어 텍스트에서 누락된 부분을 채운 것처럼 말이다. 신비 체계의 이상한 이름들은 거슬러 올라가면 대개 널리 알려진 뿌리에 닿는다. 나는 모든 학교의 지도 교과서에 실린 식물 분류표를 생생하게 기억하고 있다. 또 태양과 각 행성의 관계가 서로 닮았다는 점도 뚜렷이 기억하고 있다. 만약 어떤 이름이 잘 알려진 천문학에 관한 기억을 떠올리게 한다면, 우리는 적어도 뭐가 뭔지 모르는 그런 상황에는 처하지 않을 것이다. 따라서 페르수스, 페누스, 네누스, 시럼, 수루스, 픽수스, 픽스 같은 이름에 대해 페르세우스, 비너스, 시리우스, 픽스트 스타 같은 것을 유치하게 비튼 것이라고 설명할 수 있다. 베나의 변형들도 마찬가지이다. 마그네소르는 분명히 마그네티즘(Magnetism)을 떠올리게 하는데, 자성의 신비적인 의미를 우리 환자는 프레포르스트의 예언녀를 통해 알고 있었다. 마그네소르의 경우와 정반대로, 코네소르의 접두사 ‘con’은 아마 프랑스어 “contre” (‘…에 반하여’라는 뜻의 전치사)일 것이다. 히프노스(Hypnos)와 히포니스무스(Hyfonismus)는 ‘hypnosis’(최면)와 ‘hypnotism’(최면술)을 떠올리게 한다. 최면이나 최면술과 관련해서 평범한 사람들 사이에 대단히 미신적인 이야기가 많이 오가고 있다. 가장 빈번하게 사용되는 접미사 ‘us’와 ‘os’는 사람들이 라틴어와 그리스어를 구분할 때 기준으로 삼는 글자들이다. 아마 이와 비슷한 것들로부터 비롯되었을 게 틀림없는 다른 이름들에 대해서는 우리는 아는 바가 전혀 없다. 우리 환자의 초보적인 방언 중에는 잠복 기억의 전형적인 예로 내세울 만한 것이 없다. 왜냐하면 이 방언이 다양한 인상들을 무의식적으로 사용하는 데서만 그치고 있기 때문이다. 이 인상 중에는 시각적인 것도 있고 청각적인 것도 있다. 모두가 매우 가까이 있는 인상들이다.

2. 잠복 기억의 이미지가 (하나의 환각으로서) 감각을 통해서 의식에 닿는다. 헬렌 스미스가 이런 종류의 잠복 기억을 보이는 대표적인

예이다.

3. 이미지가 관념 운동 자동증에 의해 의식에 닿는다. 헬렌 스미스는 귀중한 브로치를 잃었다. 그녀는 걱정을 하면서 그걸 찾아 온 곳을 돌아다니고 있었다. 열흘 뒤에 그녀의 안내령 레오폴드가 테이블을 통해서 브로치가 있는 곳을 알려주었다. 이런 식으로 정보를 들은 그녀는 밤에 모래로 덮인 들판에서 그것을 찾아냈다. 엄밀히 말하면, 잠복 기억에는 진정한 의미의 창조는 추가적으로 일어나지 않는다. 의식적인 기억의 기능에 증대가 전혀 일어나지 않고 내용물의 강화만 일어나기 때문이다. 그 자동증으로 인해 일부 영역이 간접적인 방법으로만 의식에 접근 가능해지는데, 이 영역은 그 전에는 의식에 닿지 못하게 '봉인'되어 있었다. 그러나 무의식은 그것으로 인해 질적으로나 양적으로 의식의 능력을 능가하는 어떤 창조도 성취하지 않는다. 잠복 기억은 실제로 기능의 증대를 낳는 기억 증진과 반대로 표면적으로만 일어나는 하나의 추가적인 창조일 뿐이다.

앞에서 우리는 주로 숫자들을 읽어내는 간단한 독심술과 관련해서 의식의 이해력보다 더 큰 무의식의 이해력에 대해 이야기했다. 이미 설명한 바와 같이, 우리의 몽유병 환자뿐만 아니라 비교적 많은 수의 정상적인 사람들도 의도적으로 일으킨 떨림을 바탕으로 제법 긴 일련의 생각들을 짐작할 수 있다. 이 생각들이 지나치게 복잡하지 않으면 말이다. 이 실험들은 말하자면 몽유병 환자들이 가끔 발휘하는 놀라울 정도의 직관적인 지식의 원형들을 제시하고 있다.

하인리히 초케(Heinrich Zschokke)는 『내성』(Introspection)이라는 책에서 이런 현상들이 몽유의 영역에만 해당하는 것이 아니라 몽유병이 없는 사람들에게도 일어난다는 점을 보여주었다. 그런 지식은 다양한 방법으로 형성되는 것 같다. 이미 언급한 바와 같이, 먼저 무의식적 지각의 예민함이 있다. 그 다음에는 몽유병 환자들의 엄청난 피암시성이 강조되어야 한다. 몽유병 환자는 암시로 나온 모든 생각을 어느 정도 받아들일 뿐만 아니라 실제로 암시대로, 자신의 특징을 포기하고 의사나 관찰자의 인격으로 살기도 한다. 하우프 부인과 케르너의 관계가 그런 놀라운 예이다. 그런 환자들이 상당한 정도의 연상 일치를 보인다는 사실도 전혀 놀라운 일이 아니다. 이것은 리헤트(Richet)가 생각 전이에 관한 실험에서 보다 쉽게 설명할 수 있었을 조건이다. 마지막으로, 몽유 상태에서 추가적으로 창조 작업을 하는 환자들이 있다.

이런 창조 작업은 무의식적 감각 작용의 예민함과 연상 일치만으로는 설명되지 않으며 매우 잘 발달한 무의식의 지적 활동을 전제로 한다. 만약에 무의식의 영역에서 일어나는 인지 과정과 의식의 영역에서 일어나는 인지 과정을 서로 비슷한 것으로 볼 수 있다면, 의도적으로 일으키는 테이블의 떨림을 해독하기 위해선 심리적으로나 생리적으로 감정이 극도로 민감하고 섬세해야 한다. 그래야만 개별적인 지각들을 하나의 완전한 생각으로 통합해낼 수 있기 때문이다. 무의식 안에서 감정과 생각이 뚜렷이 분리되지 않고, 심지어 이 두 가지가 하나일 가능성이 있다는 점을 언제나 고려해야 한다. 몽유병 환자들이 무아경의 상태에서 보여주는 지적 향상은 틀림없이 드문 일이지만, 그럼에도 간혹 관찰된다.

나는 우리 환자가 고안한 우주의 힘들의 체계도 평균적인 지능을 능가하는 창조적인 작업의 산물로 여긴다. 우리는 이미 그 체계의 일부가 어디서 나왔는지를 보았다. 두 번째 원천은 틀림없이 케르너의 책에 소개된 하우프 부인의 인생의 위기이다. 외적 형식은 이런 외부의 우발적인 사실들에 의해 결정된 것 같다. 우리 환자의 예를 소개하면서 이미 관찰했듯이, 이원론이라는 사상은 이 환자가 무아경 상태에서 벗어난 뒤에 일어나는 몽롱 상태에서 단편적으로 주워들은 대화에서 비롯되고 있다. S. W.의 창작의 원천에 대한 나의 지식은 이것이 전부다. 이원론이라는 개념이 어디서 생겨났는지에 대해 환자는 말하지 못한다. 당연히 나는 이 주제를 다룬 신비주의자들의 문헌을 뒤졌고, 다양한 시대로부터 영지(靈知)주의와 비슷한 것을 발견했지만, 그 자료들은 온갖 종류의 저작물 속에 산재해 있어서 환자가 접근할 수 없는 것들이었다. 더욱이, 어린 나이와 주변 환경을 고려한다면, 그녀가 그런 것을 공부했을 가능성은 거의 없다. 그녀 자신의 설명에 비춰가며 그녀의 체계를 간단히 조사하는 것만으로도 그 힘들의 체계를 구축하는 데 얼마나 많은 지력을 쏟았을 것인지가 드러난다. 그 지적 작업을 어느 정도로 평가할 것인가 하는 문제에는 의견이 분분할 수 있다. 어쨌든, 그녀가 어리다는 사실을 고려한다면, 그녀의 지력은 대단히 탁월한 것으로 여겨져야 한다. 〈1902년〉